借地上の建物の建替えと借地権の売買をめぐる法律トラブル解決法

●借地非訟をめぐる80のQ&Aと100の重要裁判例●

弁護士 宮崎 裕二

　　　　　は　じ　め　に

　当事務所では，借地上の建物の増改築や借地権の売買についての相談は相当数あります。

　借地権者（世間一般では借地人と呼ぶことが多いのですが，本書では借地借家法に従って「借地権者」といいます）からの相談もあれば，借地権設定者（ほとんどの場合は地主と一般的に言われる土地所有者ですが，やはり借地借家法に従って「借地権設定者」といいます）からもあります。

　なお，借地権者が支払うものについては，賃料，地代，借賃など言い方がさまざまですが，借地借家法11条が「地代等」とまとめていることや，世間一般でもっとも多く使われていることもあり，本書では，裁判所の決定文や判決文を除き，借地権が賃借権，地上権であるかを問わず「地代」で統一します。

　私は，借地権者，借地権設定者のいずれからの相談に対しても，これまでに裁判所が認めた増改築の承諾料や，譲渡承諾料の相場を伝え，これから新たに裁判所で時間をかけても結論はほぼ変わらないと説明すると，契約書の作成に関与する場合もありますが，その後は当事者間の交渉で終わることがほとんどです。

　ところで，借地借家法は，建物の増改築や借地条件の変更ならびに借地権の譲渡転貸などの許可について，「第二章　借地」の中の「第三節

借地条件の変更等」の17条から20条で定めるとともに，「第四章　借地条件の変更等の裁判手続」を同41条から60条で別途規定しています。第四章を「借地非訟手続」と呼びますが，その間に「第三章　借家」の規定が入っています。このために，借地非訟手続は，分かりにくい法律構成となっており，事件数が少ないこともあって，弁護士などの法律家でさえもあまりなじみのないものといえます。

　本書では，第1編において，主に借地非訟手続きのさまざまな疑問に対し一問一答で回答しています。いわば基礎編です。第2編においては，建物増改築許可や借地権譲渡の許可等の借地非訟事件についての代表的な裁判例を紹介しています。具体的な事例に対して裁判所が悩みながらもどのような判断を下しているのかが分かります。応用編ともいえます。

　本書が，借地非訟事件へのハードルを少しでも下げることに寄与できれば，著者としてこの上ない喜びです。

　本書を執筆するに当たり，『詳解　借地非訟手続の実務』（編集：東京地裁借地非訟研究会，新日本法規）と，『借地非訟の実務』（2003年10月改訂新版，大阪弁護士協同組合）ならびに東京地裁民事第22部および大阪地裁第10民事部の各ホームページを参考とさせていただきました。御礼申し上げます。

2024年　晩夏

宮崎　裕二

目　　次

第1編　借地非訟をめぐる80のQ&A

① 借地非訟のあらまし

Q-① 借地非訟事件とは，何ですか？ ……………………………… 2
Q-② 借地非訟の制度は，いつ，どういう背景から，どのような目的で作られましたか？ ……………………………… 4
Q-③ 借地非訟事件は，年間どの程度申立てされており，数の増減はどうですか？ ……………………………… 6
Q-④ 借地非訟事件は，どこが多いでしょうか？ ……………… 10
Q-⑤ 借地借家法の制定の際に，借地非訟の制度は，どう変わりましたか？ ……………………………… 12
Q-⑥ 借地非訟には，どのような類型がありますか？ ………… 14

② 借地非訟の手続き

Q-⑦ 借地非訟事件は，どのような法律や規則に基づいて手続が進められますか？ ……………………………… 16
Q-⑧ 借地非訟事件の手続きは，どのような考え方に基づいていますか？ ……………………………… 18
Q-⑨ 借地非訟事件を取り扱う裁判所はどこですか？　間違えた場合にはどうなりますか？ ……………………………… 20
Q-⑩ 借地非訟事件の申立書に記載する内容とは何ですか？ …… 22
Q-⑪ 借地非訟事件の申立費用は，どういう計算式で決められますか？ ……………………………… 24

- Q-12 鑑定委員会とは，どういう構成で，何をするところですか？ ………… 26
- Q-13 借地権者もしくは借地権設定者が複数の場合に，借地非訟事件の申立人や相手方は全員でなければなりませんか？ ………… 28
- Q-14 借地非訟事件の当事者である申立人もしくは相手方となる資格があるのに入っていない場合に，その者が手続きに参加し，もしくは参加させることができますか？ 脱退の申出はどうしますか？ ………… 30
- Q-15 借地非訟事件について委任による代理人となれるのは弁護士だけですか？ その範囲はどこまでですか？ ………… 32
- Q-16 借地非訟事件の申立書の書式は，どこで手に入りますか？ ………… 34
- Q-17 借地権の存在が争われているときに，借地非訟事件の申立ては可能ですか？ 借地権の存否についての訴訟が係属しているときには，借地非訟事件はどうなりますか？ ………… 36
- Q-18 借地非訟事件の手続きが中止されるのは，どういう場合ですか？ ………… 38
- Q-19 借地非訟事件の審理は，どのように行われますか？ ………… 40
- Q-20 鑑定委員会の調査はどのように行われ，意見はどう述べるのですか？ ………… 42
- Q-21 借地非訟事件の申立ての変更はできますか？ ………… 44
- Q-22 申立てが認められる場合の決定例は，どのようなものですか？ ………… 46
- Q-23 付随処分の要件と内容は，どのようなものですか？ ………… 48
- Q-24 借地非訟事件の裁判の効力はいつ生じ，その効力はどのようなものですか？ 借地権の存否についての既判力がありますか？ ………… 50
- Q-25 借地非訟事件での和解はどのようになされますか？ 「付調停」はありますか？ ………… 52

Q-26 借地非訟事件に対する不服申立てはどうしますか？　誰ができますか？ ………………………………………………… 54

3 借地条件変更の申立て

Q-27 借地条件変更の申立ての書式は，どのようなものですか？ ………………………………………………………………… 56

Q-28 借地条件変更の申立てについて，借地法では非堅固建物から堅固建物への変更申立てに限定されていたのに対し，借地借家法では借地条件全般に認められるようになったのはなぜですか？　借地借家法の施行後の申立てについては，借地借家法が適用されますか？ ……………………… 58

Q-29 借地条件変更の申立てとなるのはどういう場合ですか？　旧借地法とはどう違いますか？ …………………………… 60

Q-30 転借地権者が申立てをする場合にはどうしますか？ ……… 62

Q-31 建物の種類等を制限する特約に違反すると，借地契約の解除が認められますか？ ………………………………………… 63

Q-32 借地条件変更の申立ては，いつまでにしなければいけませんか？　協議不調が条件ですか？ ………………………… 65

Q-33 借地条件変更の申立てと増改築許可の申立て，あるいは賃借権譲渡許可の申立てを併合してできますか？ ………… 67

Q-34 借地条件変更の申立てにおいて建築建物を示す必要がありますか？　どの程度明らかにすべきですか？ …………… 69

Q-35 借地条件変更の申立てが認められるためには事情変更が必要とされていますが，具体的にはどのようなものですか？　事情変更が認められても借地条件変更の申立てが否定されるのはどういう場合ですか？ ……………………… 70

Q-36 借地条件変更の申立てにおいて，借地法と借地借家法とで建物の朽廃の位置づけは異なりますか？　朽廃している場合でも申立てが可能ですか？　残存期間が短いときはどうですか？ ………………………………………………… 72

- Q-37 借地条件変更の申立てにおいて予定されていた建物と大きく異なる建物を建築した場合はどうなりますか？ ………… 74
- Q-38 借地条件変更が認められる場合の財産上の給付額はどの程度ですか？ 裁判所はその場合にどのような手続きをしますか？ ………… 76
- Q-39 借地の一部についての借地条件変更の申立てが認められますか？ ………… 78
- Q-40 借地条件変更の申立てについて一部認められることがありますか？ ………… 79

4 増改築許可の申立て

- Q-41 増改築許可の申立ての書式は，どのようなものですか？ ……… 81
- Q-42 増改築制限特約にいう増改築とは何ですか？ 増改築制限特約が申立ての要件ですか？ そもそも増改築制限特約は有効ですか？ 借地条件とはどう違いますか？ ………… 83
- Q-43 申立人は建物所有者であることを要しますか？ 登記簿上の所有者でなければなりませんか？ ………… 85
- Q-44 数人の土地所有者の土地にまたがっている建物を所有している借地人は，増改築許可の申立てをどのようにしますか？ ………… 87
- Q-45 増改築許可の申立ては，いつまでにしなければいけませんか？ ………… 89
- Q-46 借地の一部について増改築許可の申立ては可能ですか？ … 91
- Q-47 増改築許可の決定により残存期間はどうなりますか？ 建物の朽廃が近いときはどうなりますか？ ………… 93
- Q-48 増改築許可の申立ては，借地条件変更の申立てとは何が違いますか？ 両者を同時に申立てることがありますか？ ‥ 95
- Q-49 建築基準法や条例に違反する増改築許可の申立ては認められますか？ ………… 97
- Q-50 付随処分として何がありますか？ …………… 99

- Q-51 増改築制限特約がある中で増改築許可の申立てをしないままに増改築した場合や，増改築許可の決定と異なる建物を築造した場合に，借地権設定者の解除が認められますか？ ……… 101

5 更新後の建物再築許可の申立て

- Q-52 更新後の建物再築許可の申立ての書式は，どのようなものですか？ ……… 103
- Q-53 借地借家法において更新後の建物再築許可の申立ての制度ができたのはなぜですか？ 増改築許可の申立てとの関係はどうなりますか？ ……… 105
- Q-54 更新後の建物再築許可の申立てにおける「やむを得ない事情」とは何ですか？ 裁判所が判断するとき，他にどのような事情を考慮しますか？ ……… 107
- Q-55 更新後の建物再築許可の申立てを認める場合の付随処分として何がありますか？ ……… 109

6 土地の賃借権譲渡・転貸許可の申立て

- Q-56 土地の賃借権譲渡・転貸許可の申立ての書式は，どのようなものですか？ ……… 111
- Q-57 地上権の場合には譲渡・転貸許可の申立ては一切できませんか？ 地上権の譲渡・転貸について借地権設定者の承諾を要する特約がある場合はどうなりますか？ ……… 113
- Q-58 賃借権の譲受人や転借人は申立てができませんか？ 債権者代位もできませんか？ 譲渡担保権者や仮登記担保権者はどうですか？ ……… 115
- Q-59 土地の賃借権譲渡・転貸許可の申立ては，いつまでにしなければいけませんか？ ……… 117
- Q-60 借地の一部について土地の賃借権譲渡・転貸許可の申立てができますか？ 土地の賃借権を分割して譲渡するこ

とはできますか？ ··· 119
- Q-61 土地賃借権の存否について争いがある場合に，土地の賃借権譲渡・転貸許可の申立てはできますか？ ················ 121
- Q-62 土地の賃借権譲渡・転貸許可の申立てには，建物の存在が必要ですか？ 申立て後に建物が消滅した場合はどうですか？ ··· 123
- Q-63 借地権者が借地上の建物に譲渡担保を設定した場合に，土地の賃借権譲渡許可の申立てができますか？ ············ 125
- Q-64 他の借地条件変更の申立てなどと併合して土地の賃借権譲渡・転貸許可の申立てができますか？ ······················· 127
- Q-65 土地の賃借権譲渡・転貸許可の申立てにおいて，「借地権設定者に不利となるおそれがない」とは，どういうことですか？ ··· 129
- Q-66 土地の賃借権譲渡・転貸許可の申立てにおける「鑑定意見書」は，どのようなものですか？ ······················· 131
- Q-67 土地の賃借権譲渡・転貸許可の申立てにおいて裁判所が考慮する事情には，どのようなものがありますか？ ········· 133
- Q-68 土地の賃借権譲渡・転貸許可の申立ての取下げができなくなるのは，どういう場合ですか？ ··························· 135
- Q-69 土地の賃借権譲渡・転貸許可の申立てを認める場合の財産上の給付額の相場は，どのようなものですか？ ············ 136
- Q-70 土地の賃借権譲渡・転貸許可の申立てを認める場合の財産上の給付の他の借地条件の変更としては何がありますか？ 譲渡・転貸を認める決定は，いつまでも効力がありますか？ ··· 138
- Q-71 借地権者が土地の賃借権譲渡・転貸許可の申立てをしないで借地権設定者に無断で土地の賃借権譲渡もしくは転貸をした場合に，賃貸借契約は解除されますか？ ············ 140

7 競売または公売に伴う土地賃借権譲受許可の申立て

- Q-72 競売または公売に伴う土地賃借権譲受許可の申立ての書式は，どのようなものですか？ ……………………… *142*
- Q-73 競売または公売に伴う土地賃借権譲受許可の申立ての申立人は誰ですか？ 転売したときはどうですか？ 当該第三者に共同相続が生じたときは単独で申立てができますか？ 申立ての期限はありますか？ ……………… *144*
- Q-74 競売または公売に伴う土地賃借権譲受許可の申立てを認める場合の財産上の給付額の相場はどうですか？ また，借地条件の変更として何がありますか？ ……………… *146*

8 借地権設定者の建物の譲受および土地賃借権の譲受または転借の申立て

- Q-75 借地権設定者の建物譲受および土地賃借権の譲受または転借の申立ての書式は，どのようなものですか？ ………… *148*
- Q-76 借地権設定者による建物および賃借権譲受の申立ての要件は何ですか？ 要件が備わっていれば，必ず申立てが認められますか？ ………………………………………… *150*
- Q-77 借地権者が複数の借地権設定者の土地にまたがった建物を所有していて全部の賃借権譲渡の申立てをした場合，あるいは借地権者が自己所有地と借地にまたがった建物を所有していて，賃借権譲渡許可の申立てをした場合に，借地権設定者は賃借権譲受の申立てができますか？ ……… *152*
- Q-78 借地権設定者の建物および賃借権譲受の申立てが認められると，どのような効果が生じますか？ 建物および土地賃借権の価格はどのように算定されますか？ 借地権設定者の義務と借地権者の義務とは，どういう関係になりますか？ ………………………………………………………… *154*
- Q-79 建物の賃借人や占有者との関係はどうなりますか？ 借家権価格は控除されますか？ ……………………………… *156*

Q-80 建物に(根)抵当権や仮登記担保権が登記されている場合の処理は，どうなりますか？ ………………………………… 158

第2編 借地上の建物の建替えと借地権売買をめぐる100の重要裁判例

第1章 借地非訟の手続き

【1】 借地条件変更の裁判において借地権存否の判断をしても憲法32条，82条に違反しない。
（最高裁昭和45年5月19日決定・民集24巻5号377頁）………………… 164

【2】 借地非訟事件手続きが長期間中止状態となる。
（東京高裁昭和62年6月30日判決・判時1243号34頁）……………… 166

【3】 中止決定に対する不服申立ては認められない。
（東京高裁昭和48年2月14日決定・判タ302号261頁）……………… 169

【4】 借地権設定者からの建物収去土地明渡請求訴訟の提起により借地非訟事件が事実上停止した。
（東京地裁令和3年3月25日判決・ウェストロー・ジャパン）………… 171

【5】 借地非訟の申立てに対し裁判を求める利益が失われたとして却下した。
（東京地裁八王子支部平成3年10月22日決定・ウェストロー・ジャパン）……………………………………………………………………… 174

第2章　借地条件変更の申立て

【6】 H形鋼は重量鉄骨造で堅固な建物に該当し，借地非訟の手続きをしないで建築すれば解除が認められる。
(新潟地裁長岡支部昭和43年7月19日判決・判時553号67頁) ………… ***177***

【7】 H形重量鋼造の組立式工場について堅固な建物であることを否定した。
(最高裁昭和48年10月5日判決・民集27巻9号1081頁) ……………… ***180***

【8】 2人の借地権者が同一の借地権設定者から隣り合った土地を借地している場合に両地にまたがる1棟の堅固な建物への条件変更の申立てを否定した。
(東京高裁昭和45年6月17日決定・判時605号67頁) ………………… ***182***

【9】 隣接する借地権者両名による共同ビル建築のための借地条件変更の申立てを却下した。
(名古屋高裁金沢支部昭和59年10月3日決定・判タ545号148頁) …… ***184***

【10】 借地条件変更申立事件係属中に増改築禁止特約違反の改築工事をした場合に借地契約の解除を認定した。
(東京高裁昭和54年7月30日判決・判タ400号163頁) ………………… ***186***

【11】 借地条件変更が借地権譲渡許可と併合して申し立てられた場合，借地権設定者からの介入権行使のないことが前提条件である。
(東京地裁昭和45年6月15日決定・判タ253号318頁) ………………… ***189***

【12】 事情の変更を否定した。──《その1》
(東京地裁昭和46年10月14日決定・判タ271号378頁) ………………… ***191***

【13】 事情の変更を否定した。──《その2》
(東京地裁昭和52年6月30日決定・判時879号110頁) ·················· *193*

【14】 事情の変更を否定した。──《その3》
(東京高裁昭和52年11月9日決定・判時877号54頁) ·················· *198*

【15】 財産上の給付は土地の利用方法の変更により借地権者の受ける利益の調整であり，借地権設定者の蒙る損失の補償ではない。
(東京高裁昭和51年9月17日決定・判時838号46頁) ·················· *202*

【16】 更新拒絶の正当事由の可能性を理由に借地条件変更を否定した。
(高松高裁昭和63年11月9日決定・判時1319号119頁) ·················· *204*

【17】 借地契約の存続期間が近い将来満了し，借地権設定者が更新拒絶の意思を明らかにしているときには，特段の事情がない限り借地条件変更の申立てを認容するのは相当でないとした。
(東京高裁平成元年11月10日決定・判タ752号231頁) ·················· *206*

【18】 近い将来の朽廃などを理由に借地条件変更の申立てを棄却した。
(大阪高裁平成3年12月18日決定・判タ775号171頁) ·················· *209*

【19】 借地権の期間満了が近い場合に，契約更新の見込みが確実であることなどが必要であるとして借地条件変更の申立てを棄却した。
(東京高裁平成5年5月14日決定・判時1520号94頁) ·················· *212*

【20】 残存期間が短期間である場合に将来の更新拒絶に正当事由が
    具備する可能性があり，かつ借地条件に緊急の必要性がない
    として申立てを棄却した。
    （東京地裁平成6年5月30日決定・ウェストロー・ジャパン）……… *215*

【21】 条件とされた一定期間内に財産上の給付をしなかった場合に
    再度の申立てを認容した。
    （東京地裁昭和53年8月31日決定・判時929号91頁）……… *219*

【22】 転借人から転貸人および賃貸人双方に対する転借地条件変更
    の申立てを認容し，それぞれに財産上の給付を命じた。
    （大阪地裁昭和56年12月23日決定・判タ462号167頁）……… *222*

【23】 更地価格の10％に当たる財産上の給付と現建物の根抵当権
    設定登記の抹消を命じた。
    （東京地裁昭和47年6月6日決定・判タ282号380頁）……… *225*

【24】 3か月以内の更地価格の10％に当たる財産上の給付と借家人
    明渡しを条件に借地条件変更の申立てを認めた。
    （東京地裁昭和48年6月29日決定・ウェストロー・ジャパン）……… *227*

【25】 更地価格の10％に当たる財産上の給付を命じた。
    （東京地裁昭和51年4月27日決定・判タ341号227頁）……… *230*

【26】 またがり建物の建築予定を考慮して更地価格の15％に当た
    る財産上の給付を命じた。
    （東京地裁昭和56年3月20日決定・判タ444号159頁）……… *232*

【27】 残存期間1年足らずで存続期間を30年とする借地条件変更
    を認める代わりに更地価格の15.15％の給付を命じた。
    （東京地裁昭和56年5月13日決定・判時1021号120頁）……… *236*

【28】 土地改良費用を借地権者の負担とした。
（東京高裁昭和60年11月14日決定・判時1180号62頁） ……… *239*

【29】 建築関係規定との関係は相当性判断の一要素となるとして更地価格の12%の支払いを命じた。
（千葉地裁平成3年11月20日決定・ウェストロー・ジャパン） ……… *243*

【30】 借地条件変更の承諾料を更地価格の6%とした鑑定委員会の意見を相当とした。
（大阪地裁平成30年1月12日決定・判タ1448号176頁） ……… *248*

第3章　増改築許可の申立て

【31】 増改築禁止特約の有効性を前提としつつ信頼関係破壊の法理により解除を制限した。
（最高裁昭和41年4月21日判決・民集20巻4号720頁） ……… *255*

【32】 増改築禁止特約違反の改築工事に対する解除を否定した。
（東京高裁昭和54年7月11日判決・東高民時報30巻7号194頁） …… *257*

【33】 増改築制限特約の不存在について争いのない場合の増改築許可の申立てを否定した。
（東京高裁昭和43年7月19日決定・判時529号55頁） ……… *259*

【34】 以前に借地条件変更の決定を得た借地権者がその際に予定していた建物と規模などが大きく異なる建物を建築するための増改築許可の申立てを却下した。
（東京地裁平成5年1月25日決定・判時1456号108頁） ……… *262*

【35】 Y_1所有地とY_1がY_2から借りている借地を合わせてY_1から借りている場合の付随処分としてXのY_2に対する財産上

の給付およびX・Y_1間だけでなくY_1・Y_2間の地代の増額を命じた。
(東京地裁昭和55年12月17日決定・判タ444号162頁)･･････････ *266*

【36】 増改築許可における改築の意義と同許可による異議権喪失の有無。
(東京地裁昭和44年12月11日決定・判タ243号287頁)･･････････ *271*

【37】 借地上に建物を所有するが借地権者ではない者による申立てを否定した。
(東京地裁昭和46年10月1日決定・判タ271号376頁)･･････････ *273*

【38】 転貸借契約にのみ増改築制限特約がある場合に，借地権設定者・転借地権設定者の双方を相手方に転借地権者が申立てをすることを認めた。
(東京地裁昭和43年11月29日決定・判タ229号292頁)･･････････ *275*

【39】 工事着工後の増改築許可の申立てを認めた。
(東京地裁昭和45年6月11日決定・判タ253号316頁)･･････････ *278*

【40】 改築工事が完成している場合の申立てを却下した。
(東京高裁昭和47年12月21日決定・判タ298号423頁)･･････････ *280*

【41】 借地権の残存期間が不明の場合に増改築許可の申立てを認めた。
(福島地裁いわき支部昭和43年12月23日決定・判タ230号287頁)･･･ *283*

【42】 借地権存否の別訴があっても増改築を許可した。
(東京高裁昭和51年3月12日決定・判時823号59頁)･･････････ *285*

- 【43】 増改築許可の申立てにおいて建物の種類・構造および床面積の特定で十分である。
  （東京高裁昭和45年6月10日決定・判タ254号156頁） ……………… *287*

- 【44】 更地に最初に建築する場合に増改築許可の申立ては不要である。
  （東京地裁昭和58年10月19日決定・ウェストロー・ジャパン） ……… *289*

- 【45】 増改築制限のある借地契約における借地条件変更の裁判は増改築許可の裁判も含み，裁判で表示された建物と建築する建物との間の差が僅少であれば建築は可能である。
  （東京高裁昭和53年7月4日決定・判時898号50頁） ……………… *290*

- 【46】 黙示の合意により堅固建物所有目的に変更されたことを前提に既存の木造建物を堅固建物に改築する許可を認めた。
  （東京地裁昭和43年7月10日決定・判時535号70頁） ……………… *293*

- 【47】 木造平家建てとする特約について増築許可で排除した。
  （東京地裁昭和46年12月21日決定・判タ275号345頁） ……………… *295*

- 【48】 増改築許可の申立ては土地賃借権譲渡許可の申立てと同時になし得る。
  （東京地裁昭和48年3月12日決定・判タ302号271頁） ……………… *297*

- 【49】 建築基準法に違反する改築は，土地の通常の利用上相当でない。
  （東京地裁昭和47年9月7日決定・判タ288号361頁） ……………… *299*

- 【50】 地下1階の鉄筋コンクリート造車庫への改築は，土地の通常の利用上相当でない。
  （東京地裁昭和43年12月16日決定・判タ230号280頁） ……………… *301*

【51】接道義務との関係で建築確認を得られないことが明らかとは
　　　いえないとして改築を許可した。
　　　　（東京高裁昭和52年5月31日決定・判時859号40頁）………… *304*

【52】隣の借地権設定者の日照を考慮して改築を認めた。
　　　　（東京地裁昭和45年11月25日決定・判タ259号277頁）………… *307*

【53】翌年の期間満了時に正当事由が肯定される可能性が十分ある
　　　として増改築を否定した。
　　　　（東京地裁平成2年6月28日決定・ウェストロー・ジャパン）………… *310*

【54】建物の朽廃が近い状態であるとして増改築を否定した。
　　　　（東京地裁昭和42年12月22日決定・判時511号60頁）………… *312*

【55】財産上の給付額について土地利用の有効度の増加分を基準と
　　　して算定し更地価格の3%とした。
　　　　（東京地裁昭和47年10月13日決定・判時696号200頁）………… *314*

【56】財産上の給付額について決定する際に考慮すべき諸事情を挙
　　　げて更地価格の約6%とした。
　　　　（東京高裁昭和51年3月12日決定・判時823号59頁）………… *318*

【57】地代が高裁でより増額された。
　　　　（東京高裁昭和50年10月13日決定・判時806号39頁）………… *321*

【58】存続期間の延長を否定した。
　　　　（大阪地裁昭和55年8月7日決定・判時1002号112頁）………… *323*

【59】付随処分として危険物貯蔵のための使用禁止を条件とした。
　　　　（東京地裁昭和43年11月7日決定・判タ228号208頁）………… *326*

【60】借地権価格の1割に相当する立退料と引換えに期間満了による建物収去土地明渡請求を認容した。
（東京地裁令和4年3月17日判決・ウェストロー・ジャパン）………… *329*

第4章　土地の賃借権譲渡・転貸許可の申立て

【61】借地権の無断譲渡による解除を否定した。
（大阪地裁昭和51年10月27日判決・判タ352号264頁）………… *334*

【62】借地権者と転借地権者である建物所有者との共同申立てによる借地権等の譲渡許可の申立てを適法とした。
（大阪高裁平成2年3月23日決定・判時1356号93頁）………… *337*

【63】借地上の建物譲受人による借地権譲渡許可の代位の申立てを否定した。
（東京地裁昭和43年9月2日決定・判タ227号208頁）………… *339*

【64】借地権譲渡後の借地権譲渡許可の申立てを否定した。
（東京地裁昭和43年3月4日決定・判タ218号217頁）………… *341*

【65】借地の一部についての借地権譲渡許可の申立てを否定した。
（東京地裁昭和45年9月11日決定・判タ257号267頁）………… *343*

【66】借地の分割譲渡の申立てを認めた。
（東京地裁昭和48年4月17日決定・判時720号70頁）………… *345*

【67】遺贈の場合の譲渡許可の申立ては，引渡しまたは移転登記前であればよい。
（東京高裁昭和55年2月13日決定・判時962号71頁）………… *347*

【68】借地権者の姪が借地権の遺贈を受けたことに対する借地権設定者による建物収去土地明渡請求と譲渡承諾料相当の請求を否定した。
（東京地裁平成21年10月15日判決・ウェストロー・ジャパン）……… *349*

【69】遺贈を受けたことを理由とする借地権の確認請求を否定した。
（東京地裁平成25年4月18日判決・ウェストロー・ジャパン）……… *353*

【70】譲渡担保設定登記後の借地権者による譲渡許可の申立てを認めた。
（東京地裁昭和44年2月19日決定・判タ233号170頁）……… *358*

【71】借地権譲渡について承諾の争いがある場合の許可申立てを認めた。
（東京高裁昭和53年9月5日決定・判時907号62頁）……… *360*

【72】借地条件変更の申立てとの併合申立てを認めた。
（東京地裁昭和48年3月6日決定・判タ302号269頁）……… *362*

【73】「借地権設定者に不利となる虞」を認めた。
（東京高裁昭和52年10月27日決定・判タ366号218頁）……… *364*

【74】財産上の給付を条件としなかった。
（松山地裁昭和43年3月13日決定・判時513号64頁）……… *366*

【75】借地権価格の10%の財産上の給付を命じた。
（東京地裁昭和60年5月30日決定・ウェストロー・ジャパン）……… *368*

【76】借地権価格の8%の財産上の給付を命じた。
（東京地裁昭和46年3月9日決定・判タ263号323頁）……… *371*

【77】借地権価格の15%の財産上の給付を命じた。
（東京地裁昭和45年3月12日決定・判タ247号302頁）……… *373*

【78】調停に代わる決定について借地借家法59条の適用を否定した。
（東京地裁令和3年10月28日判決・ウェストロー・ジャパン）……… *375*

【79】土地賃借権譲渡許可無効確認請求の訴えの利益を否定し，同許可を求めないことの合意は無効とした。
（東京地裁令和3年9月28日判決・ウェストロー・ジャパン）……… *379*

【80】借地権設定者の承諾を停止条件として借地権付建物を買った者による建物の所有権移転登記手続請求を否定した。
（東京地裁平成20年1月11日判決・ウェストロー・ジャパン）……… *383*

第5章　競売または公売に伴う土地賃借権譲受許可の申立て

【81】競売に伴う借地権譲受許可の申立てについて借地権不存在を理由に却下した。
（東京地裁昭和44年9月5日決定・判タ241号220頁）……… *387*

【82】競売で借地権付建物を取得した者が共有持分を一部譲渡した後の共有者全員または当初取得者の単独による借地権譲受許可の申立てをいずれも却下した。
（東京高裁平成12年10月27日決定・判時1733号35頁）……… *388*

【83】借地権譲受の承諾に代わる許可を求めている建物競落人による借地権者と借地権設定者間の借地権確認の訴えの利益を認めた。
（大阪高裁昭和45年3月18日判決・判時603号58頁）……… *391*

【84】 借地借家法20条3項で定める期間内に同条の借地権譲受許可の申立てをしなかった競売の買受人に対する建物収去土地明渡請求を認容した。
(東京高裁平成17年4月27日判決・判タ1210号173頁)･････ *394*

【85】 競落人の許可申立後確定までの敷地占有権限を認めた。
(東京高裁昭和59年12月27日判決・判時1158号203頁)･････ *398*

【86】 借地権設定者に不利となる虞があるとして競売に伴う借地権譲受許可の申立てを否定した。
(名古屋地裁昭和43年11月28日決定・判タ228号144頁)･････ *400*

【87】 一時使用目的を理由に競売に伴う借地権譲受許可の申立てを否定した。
(東京地裁昭和48年1月31日決定・判タ302号265頁)･････ *402*

【88】 建物競落人に対し財産上の給付として借地権価格の10％の支払いを命じた。
(東京地裁昭和46年11月19日決定・判タ274号307頁)･････ *404*

【89】 付随条件として解除条項を付した。
(東京地裁昭和46年1月29日決定・判タ261号341頁)･････ *406*

【90】 借地借家法20条1項の付随的裁判として敷金交付を命ずることを認めた。
(最高裁平成13年11月21日決定・民集55巻6号1014頁)･････ *409*

第6章 借地権設定者の建物の譲受および土地賃借権の譲受または転借の申立て(介入権行使)

【91】 土地の共有者の一部の者による介入権行使を否定した。
(東京地裁昭和58年4月13日決定・ウェストロー・ジャパン)･････ *414*

【92】またがり建物の介入権行使を否定した。
（最高裁平成 19 年 12 月 4 日決定・民集 61 巻 9 号 3245 頁）………… *416*

【93】介入権の行使の申立てがあった場合には原則として認められる。
（東京高裁昭和 52 年 6 月 9 日決定・判時 862 号 31 頁）……………… *419*

【94】無条件承諾特約が付された場合の介入権行使を否定した。
（東京高裁平成 30 年 10 月 24 日決定・判タ 1464 号 40 頁）………… *421*

【95】借地権価格から承諾料相当額約 10％を控除した。
（東京地裁平成 3 年 12 月 20 日決定・ウェストロー・ジャパン）………… *423*

【96】建物および借地権の譲渡代金について第三者への譲渡予定価格を基準に算定した。
（東京地裁昭和 47 年 6 月 13 日決定・判タ 282 号 387 頁）………… *424*

【97】借地権価格および建物価格から借家権価格を控除した。
（東京地裁昭和 58 年 3 月 25 日決定・判時 1086 号 118 頁）………… *427*

【98】借地権者が借家人を退去させることを条件に介入権行使を認めた。
（東京地裁昭和 57 年 3 月 5 日決定・ウェストロー・ジャパン）………… *429*

【99】根抵当権設定仮登記がある場合に根抵当権を考慮しない譲渡価格の供託を条件とした。
（東京高裁昭和 45 年 11 月 27 日決定・判時 614 号 57 頁）………… *431*

【100】介入権行使による借地上の建物の所有権移転時期は非訟事件の決定確定時である。
（東京地裁平成 28 年 3 月 17 日判決・ウェストロー・ジャパン）……… *434*

終わりにかえてのお願い　　*439*

《用語索引》　　*441*

《判例・決定例索引》　　*443*

第1編 借地非訟をめぐる80のQ&A

1 借地非訟のあらまし

Q-1 借地非訟事件とは,何ですか？

A 借地にはさまざまな争いがあります。

借地権設定者が,借地権者に対し,借地期間の満了時に正当事由があるとして,あるいは借地権者の契約違反を理由に,建物収去土地明渡しを求めるもの,土地の地代が不相当になったとして,借地権者は減額の,借地権設定者は増額の,それぞれを請求するものもあります。

これらの場合は,民事訴訟法に基づいて一般の訴訟を行うので,訴訟事件といいます。

これに対して,本書で取り上げる借地非訟事件は,「非訟」と書かれているとおり,終局的な権利義務の確定を目的とする「訴訟」ではなく,裁判所が当事者の主張に拘束されることなく,後見的立場から裁量権を行使して,権利義務の具体的内容を形成するものです。

もっとも,非訟事件には,たとえば会社非訟手続きとして行われる検査役選任など紛争性の少ないものから,本書の借地非訟事件のように,増改築の許可を認めるべきか否か,認める場合にはどの程度の承諾料を

支払うべきかなどについて，借地権設定者，借地権者双方の対立が厳しいというような紛争性が高いものまで幅広く存在します。

とはいえ，借地非訟事件は，あくまで非訟事件ですから，借地借家法第四章のほか，非訟事件手続法に基づいて審理が行われます。

また，特別な規則として，最高裁が定めた借地非訟事件手続規則があります。

非訟事件は，日本国憲法32条の「裁判を受ける権利」や82条の「対審及び判決の公開の法廷」の適用の有無で問題とされてきました。

すなわち，訴訟事件では，公開の法廷で当事者が対等な立場で主張や証拠の提出を出し合う審理が行われ，判決も誰もが傍聴できる公開の法廷で言い渡されるのに対して，非訟事件では，非公開の場で当事者の主張に裁判所は必ずしも拘束されず，証拠についても裁判所が職権で探知して調べることができるのです。

そこで，非訟事件手続法に基づく審理がそもそも憲法違反ではないかとか，借地非訟事件の手続きにおいて，裁判所が種々の付随処分を行う広範な裁量があることに対し憲法上の疑義があるということで，多くの紛争が生じました。

もっとも，第2編で紹介するように，最高裁において憲法違反の主張はことごとく排斥されています。

つまるところ，借地非訟事件とは，借地事件のうちの借地借家法で認められた一定類型について，紛争性があるものの，訴訟とは違う手続きで行われる形態の事件といえます。

Q-2 借地非訟の制度は，いつ，どういう背景から，どのような目的で作られましたか？

A 借地非訟の制度は，旧借地法の時代の1966年に昭和41年法律93号の借地法の改正として導入されました。

借地法8条の2の借地条件の変更の裁判と増改築許可の裁判，9条の2の譲渡転貸許可の裁判，9条の3の建物競売等の場合の賃借権譲渡許可の裁判，9条の4の転借人への準用，14条の2ないし15の借地非訟手続きです。

借地非訟手続きが制度化されたのは，以下のような時代背景があります。

すなわち，都市部では戦時中の空襲により焼け野原となったところが多く，住宅不足が深刻となる中で経済復興が進んだことから，土地の価格が上昇する一方で，地代家賃統制令の影響もあって借地の賃料は低いままで推移しました。

そこで，借地権設定者は，借地権者に何とか対抗しようと考えました。借地権者が増改築をしようとすれば，借地権設定者は，借地契約書に記載した借地条件や増改築禁止特約に違反するとして借地契約を解除します。

また，借地上の建物を譲渡しようとすれば，借地権設定者は，借地権

の無断譲渡あるいは借地の転貸であるとして，やはり借地契約を解除します。

その結果，借地権設定者が，借地権者を相手に建物収去土地明渡請求訴訟を提起することが頻発しました。

借地権者としても，借地契約を解除されて訴訟の相手方になるのは困るので，借地権設定者に対し，増改築や借地権の譲渡をする前に，一定の承諾料を支払うことを条件として増改築や借地権の譲渡などを承諾してほしいと申入れをします。

これに対し，借地権設定者は借地権者に対し，法外な承諾料を支払うよう請求することがあり，借地権者としてはそこまでは支払えないと拒絶して，やはり争いが生じることが起こったのです。

国としても，借地の紛争が増えることは社会生活の不安定を招くので，好ましいことではありません。

借地権設定者と借地権者との間の紛争を未然に防止するために，新しい制度を作る必要があると考えました。

そこで，借地権設定者と借地権者双方の利害得失を調整しつつ，借地関係の秩序の維持を図るために制度化したのが，借地非訟制度です。

Q-3 借地非訟事件は，年間どの程度申立てされており，数の増減はどうですか？

A 最高裁事務総局は，毎年司法統計年報を編纂しており，事件の種類別にその年の申立件数（年報では，「新受」といいます）などを公表しています。

借地法の改正により借地非訟事件が制度化された年の翌年の1967年から，「民事・行政編」第5表の「民事・行政事件数　事件の種類及び新受，既済，未済全地方裁判所及び地裁本庁・支部別」の事件の種類欄の「商事非訟」の次に「借地非訟」が加わりました。

1967年から2022年までの借地非訟の申立件数について，①全国の地裁，②東京高裁内の地裁，③東京地裁，④横浜地裁，⑤大阪高裁内の地裁，⑥大阪地裁，⑦神戸地裁，⑧名古屋地裁のそれぞれを一覧にしたのが8〜9ページの表です。

借地非訟事件は，時代に応じて数が大きく増減していますが，大きく4つの時期に分けることができます。

第1期が1967年から1985年まで，第2期が1986年から1991年まで，第3期が1992年から2007年まで，第4期が2008年以降です。

第1期は，借地非訟のいわば黎明期で，500件弱から800件強までの間でコンスタントに相応の申立てがありました。この時期の決定例の多

くは，先例として後の時代に大きな影響を与えています。第2編の裁判例でも相当数登場します。

　第2期は，バブル期で900件弱から1,400件強と他の時期と比べ事件数が突出しています。土地の需要が旺盛な時期で，借地に対しても熱い目が注がれており，特に，東京高裁管内の地裁の件数966件と大阪高裁管内の地裁の件数266件を合計した1,232件は，都市部における借地への関心度の高さがうかがえます。

　第3期は，安定期ともいえ，400件弱から600件台の間で推移しています。バブルの熱が一挙に冷えて申立件数は激減したものの，それなりの数字は維持していた時代です。

　そして，第4期は300件前後を推移し，バブルの頂点である1990年の1,411件からすると2割前後にとどまり低迷期といえます。もっとも，2021年の348件は2008年以降最も高い数字であり，依然として借地非訟制度に対する底堅い需要があることが分かります。

《借地非訟事件申立数の推移》

	総　数	東京高	東京地	横浜地	大阪高	大阪地	神戸地	名古屋地
1967	581	330	218	36	99	53	36	22
1968	767	304	76	51	133	65	44	35
1969	838	535	358	72	146	89	30	26
1970	769	481	308	71	142	93	36	26
1971	691	479	326	69	88	39	30	10
1972	823	546	361	81	114	67	27	21
1973	787	512	316	77	110	65	29	34
1974	593	398	224	75	83	50	22	26
1975	557	348	193	73	87	47	31	21
1976	498	337	209	51	69	40	20	11
1977	639	447	278	57	79	43	25	17
1978	634	432	280	71	78	57	16	19
1979	670	485	302	90	70	43	18	21
1980	732	538	318	128	89	53	21	24
1981	698	480	303	88	102	63	31	27
1982	618	445	238	94	81	47	24	14
1983	632	445	270	87	85	66	10	20
1984	734	538	352	96	98	53	33	15
1985	736	554	378	92	90	55	22	16
1986	955	756	519	135	115	76	28	18
1987	1,271	1,064	717	194	135	93	27	20
1988	1,256	988	631	180	183	114	42	23
1989	1,347	984	612	174	155	135	56	27
1990	1,411	994	576	213	266	175	63	42
1991	897	659	390	147	141	104	14	29
1992	652	456	250	127	116	82	17	18
1993	549	412	235	75	73	53	10	14
1994	485	330	170	86	92	53	19	19
1995	455	309	170	77	95	43	34	13
1996	522	359	212	84	96	42	37	19
1997	452	328	201	77	63	45	12	11
1998	427	328	217	59	60	39	9	11
1999	413	323	222	64	52	33	10	7
2000	455	343	243	56	72	38	23	10

2001	380	315	219	42	38	21	11	7
2002	399	332	250	38	41	26	6	5
2003	404	309	220	45	54	34	11	10
2004	368	283	183	51	50	32	17	6
2005	436	328	217	56	60	40	13	9
2006	459	368	269	69	53	37	10	9
2007	489	392	287	54	55	40	6	12
2008	372	305	208	56	41	30	9	7
2009	302	224	170	34	44	29	10	9
2010	292	236	169	37	33	20	7	4
2011	251	198	144	32	28	18	8	6
2012	306	244	164	39	38	29	8	9
2013	288	240	160	45	35	19	10	5
2014	309	259	178	39	33	19	12	4
2015	330	267	208	27	28	20	4	11
2016	332	284	222	33	24	17	6	9
2017	307	231	163	40	49	32	8	4
2018	310	250	200	31	38	20	12	5
2019	323	272	207	38	33	23	7	5
2020	263	213	167	33	33	21	7	1
2021	348	272	211	36	42	27	8	11
2022	289	250	175	48	20	10	8	6

（最高裁事務総局編『司法統計年報』より）

Q-4 借地非訟事件は，どこが多いでしょうか？

A 借地非訟事件は，前ページの表を見れば明らかですが，都市部に集中しています。しかも，その傾向が近年はより強まっています。

借地非訟制度ができた当初の1967年の数字によれば，東京高裁管内の地裁の件数が330件，大阪高裁管内の地裁の件数が99件，名古屋地裁の件数が22件で，合計すると451件で，全国の地裁の総数581件に対する割合は約78％でした。4分の3以上を占めているので，三大都市圏の割合が大きいことは明らかです。

中でも，東京高裁管内の地裁の件数に対する大阪高裁管内の地裁の件数は30％，名古屋地裁の件数は7％にとどまっており，東京高裁管内の数字が突出しています。

バブルの頂点の時の1990年の数字では，東京高裁管内の地裁の件数が994件，大阪高裁管内の地裁の件数が266件，名古屋地裁の件数が42件で，合計すると1,382件で，全国の地裁の総数1,411件に対する割合は約92％まで14ポイント上昇しています。

また，東京高裁管内の地裁の件数に対する，大阪高裁管内の地裁の件数は約27％，名古屋地裁の件数は4％で，いずれも低下しています。

さらに，2021年の数字はどうかといえば，東京高裁管内の地裁の件

数が272件，大阪高裁管内の地裁の件数が42件，名古屋地裁の件数が11件で合計325件で，全国の地裁の総数343件に対する割合は95％と，さらに3％上昇し，そのほとんどを占めていることが分かります。

　そして，東京高裁管内の地裁の件数に対する大阪高裁管内の地裁の件数は15％，名古屋地裁の件数は4％にすぎません。

　1967年に対する1990年，さらに2021年の数字を比較すると，東京高裁管内の地裁の件数に対する大阪高裁管内の件数と名古屋地裁の件数の割合がいずれも減少傾向にあることが分かります。

　特に，横浜地裁と大阪地裁の1967年と2021年の各数字を対比すると，横浜地裁は1967年も2021年も偶々同じ36件に対し，大阪地裁は1967年が53件と横浜地裁を大きく上回っていたのに，2021年には27件と半減し，横浜地裁より少なくなっています。

　東京圏への経済の一極集中が言われるようになって久しいですが，借地非訟事件数の移り変わりにも，その傾向が表れているといえます。

　しかしながら，借地権者の増改築や借地権譲渡等の相談が減少しているかといえば，そうとも限りません。

　私の事務所には，借地権者，借地権設定者双方からの相談がコンスタントにあります。

　ただ，借地権者が借地権設定者に支払う承諾料の相場を助言することにより早期解決を望む双方の利害が一致することが多く，借地非訟事件にまで至らないというのが現状です。

Q-5 借地借家法の制定の際に，借地非訟の制度は，どう変わりましたか？

A 大正時代から続いていた借地法や借家法に対し，昭和の終わり頃から，あまりに借地権者や借家人寄りであり，その結果として土地や建物の賃貸物件の供給に支障が生じているという批判が強くなりました。

具体的に定期借地権の創設など様々な形態の土地や建物の賃貸借についての要望が国に寄せられて，借地法や借家法の改正の機運が高まりました。

国は，これを受けて，それまでの借地法，借家法そして建物保護に関する法律を廃止し，これらを一本化した借地借家法を1991年10月4日に制定し，1992年8月1日に施行しました。

借地非訟事件については，借地法の制度が基本的に引き継がれましたが，変更点が大きく3つあります。

第1に，借地条件の変更申立てについて，借地法では非堅固な建物から堅固な建物への場合だけであったのが，借地借家法では建物の種類，構造，規模または用途を制限する旨の借地条件がある場合にまで拡大したことです。

第2に，借地借家法8条で借地契約の更新後の建物の再築について，残存期間を超える建物となる場合には借地権設定者による解約申入れが

可能になるなど借地権者に対する規制が強化されたことに伴い，借地契約の更新後の建物の再築の許可申立ての制度が新たに設けられたことです。

　もっとも，この制度は，旧借地法の時代に契約された借地には適用されず，借地借家法の施行以後に契約された借地にのみ適用されるため，更新がなされるのはどれだけ早くとも2022年8月以降です。

　したがって，再築許可申立ての決定例が公に出てくるのはこれからということになります。

　第3に，手続的な諸規定が借地借家法の条文に明記されたことです。

　強制参加（43条），手続代理人の資格と代理権の範囲（44条，45条），手続きの中止（48条），不適法な申立ての却下（49条），申立書の送達（50条），呼出費用の予納がない場合の申立ての却下（52条），事実の調査の通知（53条），理由の付記（56条），裁判の効力が及ぶ者の範囲（57条）などです。

Q-6 借地非訟には，どのような類型がありますか？

A 6つの類型があります。

第1に，借地条件変更の申立て，第2に，増改築許可の申立て，第3に，更新後の建物再築許可の申立て，第4に，土地の賃借権譲渡・転貸許可の申立て，第5に，競売または公売に伴う土地賃借権譲受許可の申立て，第6に，借地権設定者の建物および賃借権譲受の申立てです。

第1の借地条件変更の申立ては，Q-5で述べた通り，借地法で非堅固な建物から堅固な建物への変更の場合だけであったのを，借地借家法では建物の種類，構造，規模または用途を制限する旨の借地条件がある場合にまで変更申立ての範囲を拡大しました。

第2の増改築許可の申立ては，借地契約において増改築禁止特約がある場合に借地権者が借地権設定者に対し建物増改築の承諾を得られないときに承諾に代わる許可を申し立てるものです。

増改築禁止特約も借地条件の一つといえるので，増改築をする場合にも借地条件変更の申立てでよいのではないかと思われるかもしれません。

しかしながら，借地条件変更の申立ての場合には，借地条件そのものが変更される，つまりここでいえば，増改築禁止特約自体を消滅させるのに対し，第2の類型では，増改築禁止特約は残したままで，今回の増改築に限って承諾に代わる許可の申立てをするというものです。

第3の更新後の建物再築許可の申立ては，Q-5で述べています。

第4の土地の賃借権譲渡・転貸許可の申立てについて，借地上の建物を譲渡することは借地人の自由ですが，これに伴い建物の敷地である土地の賃借権の譲渡または転貸がなされることになるので，民法612条により借地権設定者の承諾が必要となります。

そこで，借地権設定者に特段の不利益がないにもかかわらず承諾が得られない場合に，裁判所に対し本許可の申立てをするのです。

第5の競売または公売に伴う土地賃借権譲受許可の申立てについて，競売または公売で建物の所有権が移転した場合に建物敷地の賃借権も移転しますが，この場合にも民法612条の適用があります。

そこで，借地権設定者の承諾が得られない場合に，元の借地権者による許可の申立てが期待できないことから，土地の賃借権を取得した譲受人からの申立てを認めています。

第6の借地権設定者の建物および賃借権譲受の申立ては，第4および第5の申立てがあった場合に，裁判所の定める期間内に借地権設定者の対抗手段として認められるもので，借地権設定者に土地利用権を回復する機会を与えたものです。

第4，第5の場合に，いずれもそれなりのお金が借地権設定者から支払われるのであれば，第4の借地権者および第5の競売または公売で建物を取得した者にとってさほどの不利益とはならず，借地権設定者にこのような機会を与えるのが合理的であると考えられたものと思われます。

2　借地非訟の手続き

Q-7
借地非訟事件は，どのような法律や規則に基づいて手続きが進められますか？

A　借地非訟事件は，Q-1で述べたとおり，一般の訴訟事件のように当事者間の権利義務を確定するものではなく，裁判所が広範な裁量に基づき権利義務の内容を定める非訟手続きです。

他方で，借地権者と借地権設定者との間では，権利義務の内容を巡っては利害対立が厳しいことから，一般の非訟事件と異なる扱いがなされています。

まず，非訟事件であることから，いくつかの条文を除いて非訟事件手続法が適用されます。

借地借家法42条1項は，このことをいわば裏から規定しています。

すなわち，借地非訟事件については，「非訟事件手続法第27条，第40条，第42条の2及び第63条第1項後段の規定は，適用しない。」として，借地非訟事件に対し，非訟事件手続法が原則として適用されるも

のの，例外的に不適用の条文があることを明記したのです。

そこで，適用されない条文が気になります。

まず，27条が手続費用の国庫による立替えを認めているのですが，争訟性の高い借地非訟事件には国がそこまでする必要がないと判断したのでしょう。

次に，40条は検察官の関与を認めていますが，これもわざわざ検察官という国の機関が関与するまでもないということでしょう。

そして，63条1項後段は，前段が決定の確定までは申立ての取下げができるとしつつ，終局決定がされた後は裁判所の許可が必要との定めですが，借地非訟事件において不適用とされました。

これは，土地の賃借権譲渡・転貸許可の申立てや競売等における土地の賃借権譲受の申立てに対し借地権設定者が自らへの賃借権譲受等の申立てをした後は，当事者の合意がなければ取下げができないと規定されたからです（借地借家法19条5項，20条5項）。

では，借地借家法が定める他の特別な規定は何かといえば，41条の管轄裁判所のほか，43条の強制参加から60条の準用規定まであります。

また，借地借家法42条2項は，最高裁が必要な規則を定めることができるとして，借地非訟事件手続規則（昭和42年最高裁規則1号）と鑑定委員規則（昭和42年最高裁規則4号）が制定されています。

以上をまとめると，法律としては，非訟事件手続法と借地借家法42条以下が，規則としては，借地非訟事件手続規則と鑑定委員規則が，それぞれ適用されることになります。

Q-8 借地非訟事件の手続きは、どのような考え方に基づいていますか？

A 借地非訟事件は、繰り返し述べているとおり、非訟事件ではあるものの紛争性が高い当事者間の事件です。

このため、借地権設定者と借地権者などとの間では対立する当事者同士として訴訟に近い手続きが定められています。

事件の記録の閲覧や謄写ができますし（借地借家法46条）、申立書は相手方に送達しなければならず（同法50条1項）、裁判所は審問期日を開いて当事者の陳述を聴き、他の当事者はその審問に立ち会うことができます（同法51条）。いわば、当事者対立主義といえます。

また、申立人は、原則として申立てを取り下げることができ、裁判上の和解が認められるほか、調停に付することも可能です。その意味で、「処分権主義」の適用があるとも考えられます。

他方で、非訟事件においては、裁判所は資料の収集を独自にすることができます（これを「職権探知主義」といいます）。

もっとも、裁判所が事案の調査をしたときには、その旨の通知を当事者および利害関係人にしなければなりません（同法53条）。

また、非訟事件では原則として手続きを公開しない「非公開主義」を採用しており（非訟事件手続法30条）、借地非訟事件もこの原則に従っています（借地借家法42条1項）。

もっとも，すでに述べているように，当事者は事件記録の閲覧謄写が可能であり，審問期日にも立ち会うことができます。

　借地非訟事件の申立ては書面によって行う必要があります（非訟事件手続法43条，借地非訟事件手続規則10条）。訴訟において訴えの提起は，訴状の提出によることと同様です。その限りでは「書面主義」といえます。

　借地非訟事件の終局決定に対しては，不服申立てとして即時抗告をすることができますが（非訟事件手続法66条），2週間以内にしなければなりません（同法67条1項）。

Q-9 借地非訟事件を取り扱う裁判所はどこですか？ 間違えた場合にはどうなりますか？

A どの事件をどこの裁判所に分担させるかということを「裁判管轄」もしくは単に「管轄」といいます。

借地非訟事件については，原則として借地権の目的である土地の所在地を管轄する地方裁判所が管轄し，例外的に当事者の合意があるときは，その所在地を管轄する簡易裁判所の管轄も認めています（借地借家法41条）。

ところで，地方裁判所には本庁のほかに支部があります。法律ではありませんが，「地方裁判所及び家庭裁判所支部設置規則」というものがあり，本庁と支部の管轄を定めています。これは，最高裁が定めた規則です。

たとえば，私が住む兵庫県西宮市については，（西宮簡易裁判所と尼崎簡易裁判所が管轄している地域を管轄する地方裁判所は）神戸地方裁判所尼崎支部であると規定されています。

では，西宮市にある借地の事件について，神戸地方裁判所に申立てをしたらどうなるでしょうか。

法律に違反するわけではないので不適法ではありませんが，同裁判所としては，同規則に基づき神戸地方裁判所尼崎支部に回すことになると

思います。

　借地借家法は，例外的に，当事者の合意があることを条件に簡易裁判所の管轄を認めています。

　先ほどの例でいえば，西宮簡易裁判所への申立てが可能です。この場合に，書面またはメール等の電磁的方法による必要はありません（借地非訟事件手続規則3条1項）。裁判所は，速やかに当事者の意見を聴いて合意の有無を確認する必要があります（同条2項）。

　申立てが，管轄のない裁判所にされたときには，非訟事件手続法10条で準用する民事訴訟法16条により，同裁判所が職権で管轄裁判所に移送することになります。

　たとえば，横浜市所在の借地の事件について，東京地方裁判所に借地非訟事件の申立てがされたときには，東京地方裁判所は職権で横浜地方裁判所に移送する決定を出します。

Q-10 借地非訟事件の申立書に記載する内容とは何ですか？

A 借地非訟事件の申立書に記載する内容は，借地非訟事件手続規則10条1項に定められています。

具体的には，①申立ての趣旨および原因，②申立てを理由づける事実，③非訟事件手続規則1条1項各号に掲げる事項，④借地契約の内容および申立て前にした当事者間の協議の内容です。

このうち，③については，非訟事件手続規則1条1項において，当事者および代理人の氏名，住所，郵便番号，電話番号およびFax番号，事件の表示，附属書類の表示，申立年月日，裁判所の表示が列挙されています。

一例として土地賃貸借譲渡許可の申立てであれば，まず申立書の頭に，③の「事件の表示」で「賃借権譲渡許可申立書」，「裁判所の表示」で「東京地方裁判所　民事第22部　御中」，申立年月日，当事者の表示として別紙当事者目録記載の通りとしたうえで，当事者目録に，当事者および代理人の氏名，住所，郵便番号，電話番号およびFax番号を，それぞれ記載します。また，附属書類を頭または末尾に列挙します。

本文の最初には①の申立ての趣旨として，「申立人が，別紙譲受人目録記載の者に対し，別紙土地目録記載の土地の賃借権を譲渡することを許可するとの裁判を求める。」と表示します。

次に，①の申立ての原因，②の申立てを理由づける事実，④の借地契約の内容および申立ての前にした当事者間の協議の内容を記載していきますが，申立ての原因と申立てを理由づける事実ならびに借地契約の内容はほぼダブっています。

　そこで，一般的な書き方としては，最初に④の借地契約の内容を記載します。契約締結日，借地権の目的の土地，存続期間，現在の建物，賃料（地代）の金額の推移および支払状況などです。

　次に，②の申立ての理由として，借地権付き建物の譲渡契約予定の内容，本件譲渡が借地権設定者に不利となるおそれがない理由，譲渡を必要とする理由などを述べます。

　そして，④の当事者間の協議の内容を簡潔に記載します。

　これらの記載によって，申立ての原因となる事実も書かれたことになります。

　以上で，申立書に記載する内容としては足ります。

　もっとも，さらに，相手方に支払う名義書換料の金額や賃料（地代）の増減についても記載すれば，申立人が柔軟な対応をする用意がある意思を示すことになり，和解を試みようとする裁判所の理解を得ることになるのではないかと思われます。

Q-11 借地非訟事件の申立費用は，どういう計算式で決められますか？

A 借地非訟事件の申立費用としては，①申立手数料と②郵便切手の予納があります。

申立手数料は，収入印紙で納めます。

収入印紙は，東京地裁のような大規模な裁判所であれば裁判所内の郵便局などで購入できますが，そうでない裁判所では事前に最寄りの郵便局か収入印紙を売っているコンビニを探しておく必要があります。

申立手数料は，通常，借地権が設定された土地の固定資産評価額を基準とします。このため，土地の固定資産評価証明書の原本が必要となります。

増改築許可申立事件とそれ以外の借地非訟事件では算定方法が異なるので要注意です。

まず，増改築許可申立事件だけの場合には以下の計算式となります。

固定資産評価額 ÷ 10 × 3 ÷ 2

これに対して，他の事件の場合（増改築許可申立事件と別の事件の併合も含みます）は次の計算式となります。

固定資産評価額 ÷ 2

つまり，増改築許可申立事件だけの場合の基準価格がそれ以外の事件よりも3割低く抑えられています。

なお，いずれの計算式でも「÷2」となっているのは，平成6年4月1日以降，土地の価格については「当面の間」2分の1に軽減する措置が取られているからですが，約30年間続いています。

　さて，以上の計算式に基づいて算出された価格を基に手数料が決定されます。

　たとえば，算定価格が50万円の場合は2,000円，500万円の場合は12,000円，1,000万円の場合は20,000円，と順次手数料が増えていき，5,000万円では68,000円，1億円では128,000円となります（実際にはもっときめ細かく金額が決められています）。

　もっとも，手数料額の算定は複雑になることが往々にしてあり，せっかく購入していったのに，裁判所の受付で間違いを指摘されるということも起こり得ます。

　②の郵便切手の予納ですが，相手方1名につき数千円を要します。

　物価の上昇などによる郵便手数料の値上げにより増額することがあり，申立てをする前に裁判所に問い合わせて確認する必要があります。

Q-12 鑑定委員会とは,どういう構成で,何をするところですか?

A 借地非訟事件では,鑑定委員会が重要な役割を果たします。
裁判所が,申立てを認める場合に承諾料の支払いや地代の増額を命ずるなど様々な処分をしますが,その際には,必ず鑑定委員会の意見を聴かなければなりません。

借地条件の変更および増改築許可については借地借家法17条6項で,借地契約の更新後の建物の再築許可については同法18条3項で,土地の賃借権譲渡または転貸許可ならびに借地権設定者の建物・土地賃借権譲受許可については同法19条4項で,建物競売または公売に伴う土地賃借権譲受許可ならびに借地権設定者の建物・土地賃借権譲受許可については同法20条2項で,それぞれ規定されています。

鑑定委員会は,3人以上の委員で構成され,事件ごとに裁判所が指定します。

借地借家法47条2項では,地方裁判所が特別の知識と経験を有する者その他適当な者の中から毎年あらかじめ選任した者か当事者が合意によって選定した者を指定すると定めていますが,鑑定委員会の委員に選ばれる具体的な職業としては,不動産鑑定士,弁護士,一級建築士が挙げられます。

鑑定委員の選任などについては,別途鑑定委員規則が定められてお

り，選任の不適格事由，選任の取消し，指定の辞退の制限，指定の取消し，旅費・日当・宿泊費の支給基準や額などが詳細に規定されています。

鑑定委員会では，互選により指名された主任鑑定委員が手続きを主宰します（借地非訟事件手続規則5条）。大阪地裁では，弁護士が主宰するのが一般的です。

鑑定委員は，提出された書証だけを判断するのではなく，審問や証拠調べにも実際に立ち会います。

これらを踏まえて，鑑定委員会は，主文および理由を記載した意見書を裁判所に提出します。

裁判所は，鑑定委員会の意見を基本的に尊重し，決定に反映させるのが一般的です。

もっとも，必ずしも鑑定委員会の意見に拘束されるわけではなく，意見に矛盾した記載があるなどの場合には，鑑定委員会の意見に従わない場合もあります。

第2編で紹介する裁判例の中にもそのような事例を見受けることがしばしばあります。

Q-13

借地権者もしくは借地権設定者が複数の場合に、借地非訟事件の申立人や相手方は全員でなければなりませんか？

A 借地契約の当事者である借地権者もしくは借地権設定者が複数の場合に、借地権者のうちの一部の者だけによる申立てあるいは借地権設定者のうちの一部の者だけを相手とする申立てが可能かという問題があります。

借地権設定者が借地権譲受の申立てをする場合にも同様な問題が生じます。

借地上の建物が共有あるいは当初単独所有でも相続により共有になることがあります。借地に供している土地が共有の場合も同様です。

この問題についての結論を言えば、借地権者もしくは借地権設定者のいずれが複数の場合でも、原則として全員による申立てもしくは全員を相手とする申立てが必要と思われます。

まず、借地条件変更の場合には契約内容そのものが変わることになる、つまり共有物の変更となるので、借地権者、借地権設定者のいずれにせよ、民法251条の定めからも全員による、あるいは全員を相手とする申立てでなければならないと考えられます。

借地権設定者による賃借権譲受の申立ての場合も借地権設定者全員か

らの，あるいは借地権者全員を相手でなければ売買契約が成立しないと思われます。

次に，増改築許可の場合には，その形状または効用の著しい変更を伴わないものであれば民法252条の管理行為と考えられるので借地権者全員が申立人となる必要はなく，持分の過半数でもよさそうに思われます。

しかしながら，裁判所が下す付随処分としての地代改定は借地契約の内容の変更となるので，全員による申立てをするのが無難でしょう。

借地権設定者が複数の場合には，承諾自体は管理行為なのか変更行為なのかが微妙ですが，裁判所が下す付随処分としての地代改定などを考えると，やはり全員を相手にする方が安全といえます。

賃借権譲渡許可の場合には，借地権者が複数であれば，借地権譲渡という処分行為になるので，借地権者全員による申立てになると思います。借地権設定者が複数のときも，増改築許可の場合と同様に全員を相手方にする方がよいと思われます。

問題は，借地権設定者が複数で，借地権設定者の一部から予め承諾を得ている者に対しても借地非訟事件の相手方にする必要があるかどうかですが，その承諾が真意に基づくものか，どの範囲まで承諾しているのかが必ずしも明らかではないので，やはり事件の相手方にする方がよいと考えます。

本件の問題については，様々な決定例が出ているので，詳細については第2編を読んでもらえればと思います。

Q-14

借地非訟事件の当事者である申立人もしくは相手方となる資格があるのに入っていない場合に，その者が手続きに参加し，もしくは参加させることができますか？ 脱退の申出はどうしますか？

A 参加には，二つの場合があります。

自ら申し出て手続きに参加する任意参加と，従来の当事者の申立てによる強制参加です。

後者の場合は，借地非訟事件に参加したくないのに無理やり参加させられるので，「強制」参加というわけです。

まず，任意参加ですが，当事者となる資格を有する者は，当事者として手続きに参加することができます（非訟事件手続法20条1項）。この場合には，参加の趣旨および理由を記載した書面を提出しなければなりません（同条2項）。この申出を認める場合には従来の当事者からの不服申立てができません。しかし，却下する裁判に対しては，参加しようと思っている人が即時抗告をすることができます（同条3項）。

次に，強制参加ですが，裁判所は，当事者の申立てにより当事者となる資格を有する者を借地非訟事件の手続きに参加させることができます（借地借家法43条1項）。この場合には，申立てをする者はその趣旨およ

び理由を記載した書面でしなければなりません（同条2項）。この申立てを認める場合には不服申立てができませんが，却下する裁判に対しては，申立てをした当事者が即時抗告をすることができます（同条3項）。

　任意参加，強制参加を問わず，参加人となれるのは，当事者となる資格を有する者です。

　具体的には，①借地非訟事件の申立人から相続を含め借地権を譲り受けた者，②借地非訟事件の相手方から相続を含め土地所有権を譲り受けた者，③借地非訟事件の申立て前に土地所有権が譲渡されたのに間違えて従前の譲渡人を相手に申立てをした場合の土地所有権の譲受人，④借地非訟事件の当事者以外で借地権もしくは土地所有権を主張している者，⑤借地権者もしくは借地権設定者が複数であるのに，借地非訟事件の当事者でなかった者などが考えられます。

　任意参加であれ強制参加であれ，申立人もしくは相手方となる資格のある者が参加した場合に，それまでの当事者で資格がなくなった者は，その相手方の承諾を得て借地非訟事件の手続きから脱退することができます。

　もっとも，脱退する場合に手続代理人は，特別の委任を受ける必要があります（借地非訟事件手続規則4条）。事件から抜けるかどうかには慎重な判断が必要だからです。

Q-15 借地非訟事件について委任による代理人となれるのは弁護士だけですか？ その範囲はどこまでですか？

A 借地非訟事件の代理人とは，訴訟事件の代理人と同様に，当事者本人に代わって借地非訟事件の手続きを行う者です。

代理人には，親権者や成年後見人のように本人の意思に基づかない法定代理人と，本人の意思に基づいて選任される，つまり委任による任意代理人があります。

借地借家法44条1項本文では，「法令により裁判上の行為をすることができる代理人のほか，弁護士でなければ手続代理人となることができない。」と定められています。

つまり，借地非訟事件は，訴訟と同様に，当事者間の紛争性が高いことから，弁護士代理の原則が働いているのです。

ところで，同条1項但書きで，「簡易裁判所においては，その許可を得て，弁護士でない者を手続代理人とすることができる。」と定めており，簡易裁判所の許可があれば，弁護士以外の者も代理人となり得ます。

もっとも，**Q-9**で述べた通り，当事者間の合意がない限り簡易裁判所で借地非訟事件が審理されることはないので，この但書きが適用されることはまずないと思われます。

なお，同条2項で，簡易裁判所は，手続代理人の許可をいつでも取り消すことができます。

　手続代理人の代理権の範囲については，非訟事件手続法23条1項に定める事項，つまり，①「参加，強制執行及び保全処分に関する行為」と②弁済の受領ができます。また，③借地権設定者による賃借権譲受の申立てに対する借地権者の手続行為もできます（借地借家法45条1項）。

　ここに列挙した以外の事項についても，後で述べる事項を除いて，手続きの進行に必要であれば，権限の範囲内と考えられます。

　ちなみに，簡易裁判所が弁護士以外の代理人を許可した場合を除き，これらの権限を制限することはできません（非訟事件手続法23条3項）。

　他方で，非訟事件手続法23条2項各号に定める事項と借地権設定者による賃借権譲受の申立ては，特別の委任がなければできません（借地借家法45条2項）。

　ここで，非訟事件手続法23条2項各号に定める事項とは，①非訟事件の取下げまたは和解，②終局決定に対する抗告もしくは異議または許可抗告の申立て，③②の抗告，異議または申立ての取下げ，④代理人の選任です。

　借地非訟事件の手続きをする上でいずれも特に重要な行為と考えられるからです。

Q-16 借地非訟事件の申立書の書式は、どこで手に入りますか？

A 東京地裁でも大阪地裁でもホームページで借地非訟事件の書式を公表しています。

借地非訟事件の担当部は、東京地裁が民事第22部、大阪地裁が第10民事部です。

東京地裁では「民事」が「第何部」の先に来るのに対して、大阪地裁では「第何」の後に「民事部」が来るのがおもしろいですね。

東京地裁民事第22部は、「調停・借地非訟・建築部」と言われており、借地非訟事件だけを取り扱っているわけではありません。

もっとも、借地非訟については、ホームページで「借地非訟事件について」という詳細な解説をしており、多くの「借地非訟事件の書式例」を挙げています。

特に、借地非訟事件の書式例としては、「借地条件変更と増改築許可の併合申立書」、「借地条件変更申立書」、「増改築許可申立書」、「土地賃借権譲渡・土地転貸許可申立書」、「競（公）売に伴う土地賃借権譲受許可申立書」だけでなく、各申立書に対する答弁書の書式例まで公表しています。

他方で、大阪地裁第10民事部は、「建築・調停部」と言われており、東京地裁と比べ「借地非訟」が明記されていません。説明の順序も、建

築関係訴訟，民事調停事件の後に借地非訟事件が来ます。

　Q-3で述べたように，大阪高裁管内の地裁の借地非訟事件の件数もしくは大阪地裁の借地非訟事件の件数が，東京高裁管内の地裁の借地非訟事件の件数もしくは東京地裁の借地非訟事件の件数と比べて少ないため，建築や調停と併記されなかったものと考えられます。

　もっとも，大阪地裁第10民事部において申立書の書式例が挙げられているのは借地非訟事件だけです。

　「借地条件の変更」，「増改築の許可」，「賃借権の譲渡等の許可」，「建物競売等に係る賃借権の譲渡等の許可」の他に，東京地裁民事第22部の書式例にはない「借地契約更新後の再築の許可」，「建物及び土地賃借権の譲受等の命令（介入権）」の各申立書の書式も例示されています。

　ちなみに，他の地裁のホームページを概観したものの，借地非訟事件の書式例は見当たりませんでした。

　仮に他の地裁に申し立てる場合であっても，東京地裁民事第22部および大阪地裁第10民事部のいずれかの書式を参考にすれば，申立書として十分に足りるはずですから，ご安心ください。

Q-17

借地権の存在が争われているときに借地非訟事件の申立ては可能ですか？ 借地権の存否についての訴訟が係属しているときには，借地非訟事件はどうなりますか？

A 借地非訟事件の申立てをするには，借地借家法に基づく建物所有を目的とする借地権の存在が要件とされています。

したがって，建物所有を目的としない，たとえば資材置場目的で土地を賃借した場合には借地非訟事件の申立てはできません。

また，一時使用目的の借地権の場合には（借地借家法25条），長期間の借地権の存在を前提とした借地条件変更や増改築許可の申立てはできないと思われます。

問題は，申立人は借地権があると主張し，相手方は借地権が存在しないと主張して，借地権の存在そのものについて争いがある場合です。

このようなときには，本来は，別途，申立人が借地権の存在確認訴訟を，あるいは相手方が建物収去土地明渡請求訴訟あるいは借地権不存在確認訴訟をすべきでしょう。

しかし，訴訟まで至っていないときには，借地非訟事件において，裁判所が借地権の存否を判断せざるを得ません。そこで，借地権が認められなければ，裁判所は借地非訟事件の申立てに対し，不適法であるとし

て却下することになります。

　ちなみに，相手方である借地権設定者を間違えた場合にも，その相手方との関係では借地権がないことが明らかですから，申立てが不適法却下となるので要注意です。

　借地権の存在が認められれば，裁判所は申立ての中身を判断することになります。

　もっとも，借地権の存在，不存在いずれを判断した場合であっても，非訟事件の手続きにおける借地権の存否の判断は，いわゆる既判力（**Q-21**参照）を有しないので，自分の借地権に関する主張を否定された方が，改めて借地権の存否についての訴訟をすることは可能です。

　借地非訟事件とは別に，借地権の存否についての訴訟が係属しているときには，借地非訟事件の裁判所は，借地借家法48条に基づき，訴訟が終了するまで非訟事件の手続きを中止することができます。

　借地権の存否についての決着がつくまでいわば休眠状態にするのですが，訴訟経済上の観点からすればやむを得ないものと思われます。

Q-18 借地非訟事件の手続きが中止されるのは，どういう場合ですか？

A Q-17で述べたように，借地非訟事件の申立人である借地権者と相手方である借地権設定者との間で借地権の存否についての争いがある場合には，借地非訟事件の裁判所は手続きの中止をすることができますが，中止をすることができるのはそれだけに限りません。

借地借家法48条には，「借地権の目的である土地に関する権利関係について訴訟その他の事件が係属するときは」と定められていることから，借地非訟事件の申立人と第三者との間で借地権の帰属について争いがある場合も，これに当てはまると思われます。

また，借地非訟事件の相手方と第三者との間で土地所有権について訴訟が係属中の場合もこれに該当すると考えられます。

「訴訟その他の事件が係属するときは」となっていることから，裁判所に係属しているのは訴訟に限りません。権利関係についての「訴訟その他の事件」としては調停もあります。

借地権や所有権の存否や帰属について裁判所の調停に係属している場合にも，借地借家法48条の要件に該当しますから，借地非訟事件が中止となることもあります。

では，このように，別途訴訟や調停が係属しているときには必ず中止になるかといえば，そうとは限りません。

借地借家法48条の末尾も、「中止することができる。」と定めており、中止と判断するか否かは、借地非訟事件の裁判所の広い裁量に任されています。

　借地非訟事件と訴訟事件の進行の具合やどちらの判断を先にすべきかという必要性の程度、そして両事件での当事者の主張や証拠などを踏まえて総合的に判断することになります。

　したがって、訴訟が係属中というだけで中止になるわけではないので、借地非訟事件の当事者である借地権者と借地権設定者は、中止の是非に対しそれぞれしっかりと自らの主張をしておく必要があります。

Q-19 借地非訟事件の審理は，どのように行われますか？

A 借地非訟事件は，訴訟事件ではないので，他の非訟事件と同様に，口頭弁論主義は採用されず，書面主義と職権主義を原則としています。

とはいえ，借地非訟事件は当事者間の争いの程度が高いので，双方に主張立証を尽くさせる必要があるとして，申立てが不適法でなければ，少なくとも1回は審問期日を開いて当事者の陳述を聴取し，それに相手方も立ち会うことができます（借地借家法51条）。

もっとも，審理は非公開ですから，一般人の傍聴はできません（非訟事件手続法30条）。

裁判所が第1回の審問期日を指定する際は，呼出状送達から相手方の準備が間に合うように1か月程度の期間を置きます。

そして，裁判所は，申立人および相手方の双方に対し，裁判所が必要と認める事項について，陳述書の提供を求めます。

借地非訟事件の審問期日は何回も開催されるわけではないので，相手方としても，訴訟事件のようにのんびりしておられません。

裁判所が求める陳述書は当然として，それ以外の事項についてもきちんとした反論の書面や書証の用意をする必要があります。

第1回の審問期日では，当事者双方が立ち会い，書面や書証の確認を

するとともに，争点の整理が行われます。

　借地権の存否について特に争いがなければ，申立人が求める借地条件の変更や増改築あるいは賃借権譲渡の許可等の可否が争点となりますが，条件変更や増改築等の許可の可能性がなければ，1回で審理の終結が宣言されます（借地借家法54条）。

　もっとも，この時点で，裁判所が双方に対し，和解を勧めることもあり，和解期日が別に開かれることもあります。

　裁判所は，許可等の可能性があれば，鑑定委員会の意見を聴かなければならず，鑑定委員会の意見書が提出されてから改めて次の審問期日が指定されます。

　次の審問期日では，意見書を踏まえて和解の勧告がなされることが多いと思われます。和解に時間がかかりそうな場合には，調停に付されることもあります。

　和解の可能性がなければ，審理の終結が宣言されて決定が出されます。

　この間に，裁判所は職権で必要と認める事実の調査をすることができ，その結果については原則として当事者などに通知しなければなりません（借地借家法53条）。

　いずれにせよ，借地非訟事件の審理は，通常の訴訟事件と比べてスピードが非常に速いので，申立人も相手方も速やかに対応する心構えを持っておく必要があります。

Q-20
鑑定委員会の調査はどのように行われ，意見はどう述べるのですか？

A 裁判所は，特に必要がないと認める場合を除き，鑑定委員会の意見を聴かなければなりません（借地借家法17条6項，18条3項，19条6項，20条2項，5項）。

「特に必要がないと認める場合」とは，借地権の存在が認められないなど申立ての形式的要件が欠けていて却下となる場合だけでなく，実質的要件の不備が明らかで，付随処分をするまでもない場合が考えられます。

そのような場合を除けば，鑑定委員会の意見を聴くことになりますが，これを「付鑑定」といいます。

鑑定委員会に聴くこととしては，①申立てを認めるのが妥当か否か，②申立てを認める場合に付随処分をする必要があるか否か，③必要がある場合に存続期間や地代の変更か，その内容はどうか，④財産上の給付が必要か，その内容はどうか，⑤その他の相当の処分を命ずる必要があるか，それは何か，⑥借地権設定者が賃借権譲受の申立てをした場合の建物および賃借権の譲受金額はいくらか，などが考えられます。

鑑定委員会の構成は，**Q-12**で述べた通りです。

鑑定委員会は，裁判所に提出された書面や書証を資料とするほか，裁判所が必要性を認めれば審問期日に立ち会うことができます（借地非訟

事件手続規則6条)。

　実際のところ，ほとんどの場合に立会いを認めていると思われます。

　また，鑑定委員会は，役所の調査や現地調査を行います。

　鑑定委員会の調査について，当事者の立会権は法定されていないものの，実務上は，鑑定委員会と申立人および相手方との間で日時をすり合わせて，双方（もしくはその代理人弁護士）の立会いの下で行われています。

　鑑定委員会としては，現地を最もよくわかっている申立人，相手方双方から直接その意見を聴きながら調査をする方が効率的であり，逆に申立人および相手方にしても，現地調査で行動を共にする中で鑑定委員会の考えていることがある程度わかるというメリットがあります。

　鑑定委員会の決議は，過半数の意見によります（同規則7条）。

　鑑定委員会が意見を述べるには，主文および理由を記載した書面によらなければならず，裁判所は疑問があれば，鑑定委員会に対し意見の説明を求めることができます（同規則8条）。

　裁判所書記官は，裁判所が説明を求めた事項について記録上明らかにしておかなければなりません（同規則9条）。

Q-21 借地非訟事件の申立ての変更はできますか？

A 申立ての変更とは，申立ての趣旨を変えることです。申立ての理由を変えても，申立ての変更とは言いません。

申立ての変更には，現在の申立てを維持しながら別の申立てを追加する「追加的変更」と，現在の申立てを取り下げて新しい申立てをする「交換的変更」の二つの形態があります。

たとえば，借地条件の変更の申立てに増改築許可の申立てをする場合は追加的変更で，甲を譲受人とする賃借権譲渡許可の申立てから乙を譲受人とする同申立ては交換的変更です。

交換的変更については，現在の申立てを取り下げることになりますが，借地権設定者が賃借権譲受の申立てをしてその裁判があるまでは取下げが自由です。

いずれにせよ，申立ての変更が許されるかどうかは，現在の申立ての審理がどこまで行われているのか，そこで出されている資料が変更の申立てにも利用できるのか，特に鑑定委員会の意見書がどこまで活かされるのかなどを総合的に判断することになると思われます。

申立ての変更の類型としては，第1に，借地権の対象となる土地の範囲の増減があります。減少するのは問題ないと思いますが，増加する場合でも借地権設定者が同一で，一体利用しているのであればさほど問題

はないと思われます。

　第2に，増改築許可の申立ての場合の増改築の内容の変更がありますが，当事者も同一で借地契約も同じですから，変更の申立ては一般的に許されると考えられます。

　第3に，賃借権譲渡許可の申立ての場合の譲受人の変更です。一見すると，譲渡の相手方が変わるので難しそうですが，借地非訟事件の当事者は同一ですし，借地権売買の相手方が変わることは珍しいことでもないので，変更の申立てを認めてよいと思われます。

　第4に，借地条件変更の申立てから増改築許可の申立てへの変更については，両者の申立ての中身について実質的にはそれほど違いがないと考えることもできるので，これも認めてよいと思います。

　第5に，それ以外の異なる申立てへの変更，たとえば増改築許可の申立てから賃借権譲渡許可の申立ては，基礎となる事実関係が全く異なるので認められないと思われます。

　当初の申立て時に賃借権譲渡の可能性もあれば，それがはっきりするまで増改築許可の申立てを急がない方がよいのかもしれません。

　以上，いずれにせよ，訴訟事件と異なり，借地権の存否について既判力が及ぶわけでもないので，変更の申立てについては相当程度柔軟に判断してもよいのではないかと考えます。

Q-22 申立てが認められる場合の決定例は，どのようなものですか？

A 第1に，借地条件変更の申立てにおいて認められる決定としては，「申立人と相手方との間の別紙物件目録記載の土地についての賃貸借契約の目的を，堅固な建物の所有に変更する。」という例があります。

また，付随処分として，地代の増額，存続期間の延長，一時金の支払いを命じることがあります。

第2に，増改築許可の申立てにおいて認められる決定としては，「申立人が別紙目録記載の改築をすることを許可する。申立人は，相手方に対し，金〇〇〇円を支払え。」，あるいは，「申立人が，相手方に対し，本裁判確定の日から3か月以内に金〇〇〇円を支払うことを条件として，別紙目録1記載の建物について，別紙記載の増築をすることを許可する。」という例が認められます。

また，増改築許可の裁判では，「改築建物について建築基準法所定の建築確認が得られることを条件」に，あるいは，「敷地境界線より50センチメートル以上離すことを条件」に建築することを許可する場合もあります。

第3に，賃借権譲渡許可の申立てにおいて認められる決定としては，「申立人が相手方に対し，本裁判確定の日から3か月以内に金〇〇〇円

を支払うことを条件として，別紙物件目録記載の土地についての賃借権を，東京都文京区……の甲野太郎に譲渡することを許可する。申立人と相手方との間の前項の土地についての賃料を，本裁判確定の日の属する月の翌月から月額金○○円に変更する。」という例があります。

　第4に，競売に伴う土地賃借権譲受許可の申立てにおいて認められる決定としては，「申立人が，相手方に対し，本裁判確定の日から3か月以内に金○○○万円を支払うことを条件として，別紙物件目録記載の土地賃借権を譲り受けることを許可する。本件土地の賃料を，本裁判確定の日の属する月の翌月から月額金○○円に変更する。」という例を見受けます。

　第5に，賃借権譲渡許可の申立てに対する借地権設定者の建物および賃借権譲受申立てにおいて認められる決定としては，「申立人が，相手方に対し，別紙物件目録記載2の建物及び同目録記載1の土地の賃借権を金○○○円で売り渡すことを命じる。申立人は，相手方に対し，相手方が上記代金の支払いをするのと引き換えに，前記建物を明け渡し，及び所有権移転登記手続をせよ。相手方は，申立人に対し，申立人が前記建物の明渡及び所有権移転登記手続をするのと引き換えに，上記代金の支払いをせよ。」という例があります。

　以上，各申立てに対する決定例を紹介しましたが，決定については，これらにとどまりません。

　裁判所は，それぞれの具体的実情に応じて柔軟に決定の内容を変えることがあります。

Q-23 付随処分の要件と内容は，どのようなものですか？

A 付随処分については，Q-22 でも一部触れていますが，ここでは，もう少し掘り下げたいと思います。

まず，どういう場合に付随処分がなされるかといえば，「当事者間の利益の衡平を図るため必要があるとき」（借地借家法17条3項，18条1項，19条1項，20条1項）です。

要するに，借地権者側に借地条件の変更や増改築等の許可というそれなりの利益を付与するわけですから，それに対応して借地権設定者にも何らかの利益を与える必要があるという，一種のバランス論が働くのです。

それでは，具体的にどのような付随処分がなされるかといえば，①その他の借地条件の変更，②財産上の給付を命じる，③その他相当の処分，が認められています。

まず，①のその他の借地条件の変更とは，地代の増額や期間の延長が考えられます。

具体的な増額の程度や期間の延長の幅については，それぞれの手続きに応じた考慮が必要です。

次に，②の財産上の給付とは，条件変更，増改築許可，再築許可あるいは土地賃借権譲渡等についてのそれぞれの承諾料が考えられます。

また，承諾料とは別に，敷金の追加の支払いを命じることもあります。

　最後に，③のその他相当の処分とは，建築確認が得られることや，高さ制限，境界線から一定の距離を離すこと，地盤を強化すること，登記されている抵当権設定登記等の抹消登記手続きをすることなどを条件にすることが考えられます。

Q-24
借地非訟事件の裁判の効力はいつ生じ，その効力はどのようなものですか？　借地権の存否についての既判力がありますか？

A　一般の非訟事件では，裁判は申立人に告知することによってその効力を生じますが（非訟事件手続法56条2項），借地非訟事件では，申立人や相手方の法律関係や利益に変更を生じさせるなど重大な影響を与えるので，裁判は確定を待って効力が生じることとしました（借地借家法55条2項）。

つまり，相手方に送達後2週間の即時抗告の期間の経過を待つ必要があります。

借地非訟事件で申立人の申立てを認める場合には，申立人と相手方との間の借地条件の変更や増改築もしくは借地権譲渡について合意に代わる許可を認める，あるいは借地権設定者の賃借権譲受の申立てを認める場合には売買と同様の効力を生じさせるなど法律関係を新たに形成します。これを「形成力」といいます。

さらに，承諾料等の給付を命じる裁判については，裁判上の和解と同一の効力を生じるとして（借地借家法58条），強制執行が可能となるので，「執行力」が認められています。

問題なのは，借地非訟事件の裁判に借地権の存否についての既判力が

あるか否かです。

　既判力とは，前の判決で確定した権利関係についてそれを後で再度争うことはできないという効力です。

　そこで，増改築許可の申立てをしたところ，借地権がないことを理由に却下ないし棄却された場合に，再度新たな借地非訟事件の裁判の申立て，たとえば借地条件変更の申立てや借地権譲渡許可の申立てができるかということです。

　これについては，第2編の裁判例で紹介しますが，借地非訟事件の裁判は訴訟事件ではないので，借地権の存否についての既判力は生じないと解されています。

　しかし，そうなると，借地権の存否について，借地非訟事件の裁判と訴訟事件の裁判とで異なる判断が下される可能性があり，裁判一般に対する信用力を考えた場合に好ましいことではありません。

　そこで，借地権の存否について訴訟で争われている場合には，訴訟事件が終了するまで，Q-18で述べたように借地非訟事件の裁判を「中止」する制度があります。

　なお，借地権の存在を前提に借地非訟事件の請求が認められた後に，借地権の存在を争う訴訟で借地権が否定された場合には，借地非訟事件の裁判は当然にその効力を失うことになります。

Q-25 借地非訟事件での和解はどのようになされますか？「付調停」はありますか？

A 借地関係は，借地権者と借地権設定者との間で30年以上という長期間継続するものですから，双方にとって話し合いによる解決が望ましいといえます。

裁判所における話し合いの場としては，和解と調停があります。

非訟事件の和解は，事件を主宰する裁判官のもとで行われるのに対し，調停は調停委員会が主催します。

民事調停法20条4項で，非訟事件を調停に付すことができるとの定めがあるので，裁判所はいつでも職権で調停に付す，つまり「付調停」とすることができます。

調停委員会には不動産鑑定士や一級建築士などの専門家が入ることが多いので，専門的見地から的確なアドバイスをすることにより双方が納得する解決に至ることが少なくありません。

もっとも，借地非訟事件の場合には，鑑定委員会が設置されることが一般的であり，鑑定委員会がいわば調停委員会の代わりとして，専門的な意見を述べることで同様に解決する場合もあります。

裁判所の場を借りるとはいえ，双方の合意が不可欠ですから，お互いが譲歩をしようという意思がなければ，和解でも調停でも解決せず，裁

判所の判断を仰ぐことになります。

　しかし，いったん裁判所の決定が出ると，借地権者と借地権設定者との間の将来の関係もギクシャクしたものになり，事あるごとに紛争を招来することにもなりかねないので，裁判所の決定が出る前に，双方ともに，あまり感情的にならずにできるだけ和解か調停での解決を追求することが肝要であると思われます。

Q-26 借地非訟事件に対する不服申立てはどうしますか？ 誰ができますか？

A 借地非訟事件の裁判に対する不服申立てについては、借地借家法に定めがないことから、非訟事件手続法66条以下の定めによります。

同法66条1項では、「終局決定により権利又は法律上保護される利益を害された者は、その決定に対し、即時抗告をすることができる。」、同条2項では、「申立てを却下した終局決定に対しては、申立人に限り、即時抗告をすることができる。」とそれぞれ規定されています。

借地借家法の非訟事件としては、借地条件変更、増改築許可、再築許可、賃借権譲渡等の許可、競売・公売に伴う土地賃借権譲受許可、借地権設定者の建物・賃借権譲受の各申立てについての裁判がありますが、いずれの裁判および付随処分に対しても即時抗告をすることができるものと考えられます。

即時抗告の期間は2週間です（非訟事件手続法67条1項）。

2週間はあっという間ですから、裁判の前からある程度準備していて（申立人や相手方にとって良い結果が出るか悪い結果となるかはある程度予想が付く場合が多いのですが、予想外の結果もあり得るので、良い結果になると思っていても即時抗告の準備をすることをお勧めします）、裁判の結果に不服のある当事者は速やかに手続きをする必要があります。

即時抗告をすることができる者は，「権利又は法律上保護される利益を害された者」と書かれているので，一見すると，申立人である借地権者や相手方である借地権設定者に限られないようにも思えます。

　たとえば，借地条件の変更により高い建物の建築が可能になったことで日照時間が減少する隣地所有者とか，増改築前の建物の抵当権者とか，賃借権譲渡の譲受人などは，これらの申立てが認められるか否定されるかで相応の影響を受けることは間違いありません。

　しかしながら，これらの者の即時抗告は認められていません。

　結局のところ，即時抗告ができるのは申立ての当事者に限定されていると思われます。

3 借地条件変更の申立て

Q-27
借地条件変更の申立ての書式は、どのようなものですか？

A Q-16で述べましたが、東京地裁や大阪地裁のホームページにおいて、借地非訟事件の申立書の書式が載っていますので、申立てをする前に参考にしてもらえればと思います。

借地条件変更の申立書には、まず、「申立ての趣旨」について、「当事者間の別紙物件目録記載の土地についての借地契約を、次の通り変更する　との裁判を求める。」として、「1　建物の種類」として「居宅、店舗、共同住宅、事務所、工場、倉庫、その他」のどれか、「2　建物の構造」として「鉄骨鉄筋コンクリート造、鉄筋コンクリート造、鉄骨造、軽量鉄骨造、その他」のどれか、「3　建物の用途」として「自己居住用、自己事業用、賃貸用、その他」のどれかに、それぞれチェックを入れ、「4　建物の規模―床面積、階数、高さなど」については具体的な数字を入れます。

次に、借地契約の内容として、「1　契約当事者―契約当初及び現在」、「2　最初に契約を締結した日及び更新日」、「3　借地権の目的となる土地」、「4　契約の種類」として「賃貸借契約か地上権設定契約か」、「5

借地権の種類」として「普通借地権，借地借家法22条の一般定期借地権，同法23条の事業用定期借地権，同法24条の建物譲渡特約付借地権」のどれか，「6 存続期間」として「定めのある・なし，ある場合はいつまでか，契約更新，法定更新，残存期間はいつまでか」，「7 変更を求める現在の借地条件」は何か，「8 増改築制限特約のある・なし，ある場合の特約の内容」，「9 現存する建物の内容と使用状況」，「10 地代」として現在の金額と推移，「11 敷金，保証金，権利金，更新料その他の支払状況」を記載します。

そして，申立ての理由として，「法令による土地利用の規制の変更」，「付近の土地利用の状況の変化」，「借地条件の変更を必要とするその他の事情の変更」，「借地条件変更後の建物建築計画」をできるだけ具体的に記載します。

以上の他に，「当事者間の協議の内容」，「付随処分に関する意見や希望」，また過去に同様な借地非訟事件や地代増減額請求事件があればそれも記載します。

9の「現存する建物の内容」については，登記簿と現況の建物が合致しないときには，現況の建物の表示も記述すべきです。共有の場合には各共有者の持分の明記をします。

また，申立ての理由にある建物建築計画についても，できるだけ具体的に記載することが望ましいといえます。

以上，結構細かいことまで記載する必要があるので，申立てに際しては弁護士に相談することをお勧めします。

Q-28

借地条件変更の申立てについて、借地法では非堅固建物から堅固建物への変更申立てに限定されていたのに対し、借地借家法では借地条件全般に認められるようになったのはなぜですか？ 借地借家法の施行後の申立てについては、借地借家法が適用されますか？

A 旧借地法8条の2では、借地条件の変更は堅固でない建物を堅固な建物に変更をする申立てのみが認められました。

旧借地法では、存続期間について期間の定めがなければ堅固な建物が60年に対し、堅固でない建物では30年と半分の期間しか認められていないなど両者の権利の内容に大きな差があったことから、堅固でない建物から堅固な建物に条件変更することについて、相当の需要があったものと思われます。

そこで、昭和41年の借地法の改正で8条の2が追加されたものと考えられます。

ところが、建築技術の進歩から軽量鉄骨造など堅固な建物か堅固でない建物かの区別があいまいになってきたことや、借地借家法の改正により、存続期間について堅固な建物か堅固でない建物かの区別が撤廃され

ることも踏まえ，建物の規模や用途などを変更しようとする場合に旧借地法の規定では対応が難しいことから，同法の改正に合わせて，「建物の種類，構造，規模又は用途を制限する旨の借地条件」と借地条件全般について条件変更を認めたものです。

　実際上は，旧借地法の下でも，借地条件変更の申立ての代わりに増改築許可の裁判を申し立てることも見受けられました。

　しかし，借地条件変更は契約内容そのものを変更するのに対して，増改築許可の裁判は契約内容を変更しないままで例外的にその時だけ増改築許可をするものなので，本来両者は別の裁判であり，旧借地法から借地借家法への改正に伴い，借地条件変更の申立てが拡大されたことは，立法による望ましい解決であったと考えられます。

　ところで，借地借家法附則10条では，「この法律の施行前にした申立てに係る借地条件の変更の事件については，なお従前の例による。」と定めており，借地借家法施行前に堅固でない建物を堅固な建物に条件変更をする申立てをしたときは，旧借地法8条の2第1項の規定によることとなります。

　これに対して，借地借家法施行「後」に堅固でない建物を堅固な建物に条件変更をする申立てをしたときは，附則10条の対象外となることから，「従前の例」によらない，すなわち旧借地法8条の2第1項は適用されず，借地借家法17条1項が適用されることになります。

Q-29

借地条件変更の申立てとなるのはどういう場合ですか？　旧借地法とはどう違いますか？

A　旧借地法8条の2第1項で借地条件変更の申立てができるのは、堅固でない建物に制限しているのを堅固な建物に条件変更をする申立てだけでした。

　これに対して、借地借家法17条1項では、「建物の種類、構造、規模又は用途を制限する旨の借地条件」に拡大されました。

　では、上に述べた借地条件とは何かです。

　まず、「建物の種類・構造」というと、私は、不動産登記法44条1項3号の建物の表示に関する登記事項を思い浮かべます。

　このうち、建物の種類については、不動産登記規則113条で、「建物の主な用途により、居宅、店舗、寄宿舎、共同住宅、事務所、旅館、料理店、工場、倉庫、車庫、発電所及び変電所に区分して定め、これらの区分に該当しない建物については、これに準じて定めるものとする。」として、別途不動産登記事務取扱手続準則80条で25種類の定めがなされています。

　また、建物の構造については、不動産登記規則114条において、1号で構成材料による区分として、「イ　木造、ロ　土蔵造、ハ　石造、ニ　れんが造、ホ　コンクリートブロック造、ヘ　鉄骨造、ト　鉄筋コンクリート造、チ　鉄骨鉄筋コンクリート造」の8種類が、2号で屋根の種

類による区分として,「イ　かわらぶき, ロ　スレートぶき, ハ　亜鉛メッキ鋼板ぶき, ニ　草ぶき, ホ　陸屋根」の5種類が, 3号で階数による区分として,「イ　平屋建, ロ　二階建(三階以上の建物にあっては, これに準ずるものとする)」という定めがあります。

そこで, 借地借家法17条1項でいう建物の種類と構造については, 上に述べた不動産登記法などとほぼ同じものと考えられます。

次に, 借地借家法17条1項にいう「規模」とは何かです。

不動産登記法44条1項3号では,「建物の種類・構造」に続いて,「及び床面積」も登記事項としており,「規模」はこの「床面積」に該当すると考えられます。また, 先ほど構造で取り上げた不動産登記規則114条3号の階数も, むしろ規模に近い概念であるともいえます。

そして, 借地借家法17条1項の末尾に記載されている「用途」は, 不動産登記規則113条の初めに「建物の主な用途により」と書かれているとおり, 種類ともかぶります。

そこで, 借地借家法17条1項がいう用途とは, 不動産登記規則113条よりも詳細なものを意味していると思われます。居宅でも自宅用に限定か, 店舗でも物販店はよいが社交クラブは認めないとか, 共同住宅はファミリー用に限るなどの制限があるかどうかです。

さらに, 上記にあげた種類, 構造, 規模, 用途は例示的に挙げられたものとして, それ以外の借地条件, たとえば隣地から1メートル以上空けることなどの制限についても, 借地条件変更の申立ての対象になると考えられます。

Q-30 転借地権者が申立てをする場合にはどうしますか？

A 転借地の場合には、借地借家法に特別の定めがあります。同法17条5項で、「転借地権が設定されている場合において、必要があるときは、裁判所は、転借地権者の申立てにより、転借地権とともに借地権につき第1項から第3項までの裁判をすることができる。」と規定されています。

借地権設定者を甲、借地権者を乙、転借地権者を丙として、丙が乙に対し、転借地権の借地条件変更の申立てをしても、甲乙間の借地条件の変更の申立てもしなければ、乙丙間の問題が解決できないことがあります。丙の転借地権は、乙の借地権を前提としているので、丙の転借地権の内容も乙の借地権の内容に拘束されるからです。このため、丙は、乙と丙の両方を相手に申立てをすることができるとしたものです。

もっとも、丙が、まず乙に対する申立てをした場合でも、その後に甲に対する申立てをすることもでき、そのように申立ての時期が別になった場合には、裁判所は申立ての併合をすることになると思われます。

ところで、丙と乙との転借地契約では借地条件について特に制限がなされていないものの、甲と乙との間の借地契約で借地条件についての制限がある場合にはどう考えたらよいでしょうか。

このような場合にも、丙の立場に立てば、元の借地権設定者の意思を無視することができないので、同法17条5項の「必要があるときは」に当たるとして、乙と甲を相手に甲乙間の借地契約について借地条件変更の申立てができるものと考えられます。

Q-31 建物の種類等を制限する特約に違反すると，借地契約の解除が認められますか？

A 最初に結論を言えば，具体的事情いかんによって解除が認められる場合もあれば，解除が認められない場合もあります。

借地法の下では，そもそもの問題として，建物の種類等を制限する特約が有効かどうかという議論がなされたことがありますが，借地法にそうした特約を無効とする規定がないことや，私的自治の原則からしても有効であるという点で，この議論については決着がついていると考えられます。

次に，制限特約が有効としてこの特約に違反すれば解除が認められるかどうかという問題ですが，これについては，裁判所は，制限する特約の内容，違反の程度，借地権者，借地権設定者双方の利害得失などを総合的に判断して，信頼関係を破壊するに足りない特段の事情があるか否か，という「信頼関係破壊理論」を展開して，どちらかというと，借地契約の解除には慎重な姿勢を示してきたと思われます。

とはいえ，堅固でない建物を借地権設定者に無断で堅固な建物に改築することについては，存続期間の長短もあり，非常に大きな変更であることに加え，昭和 41 年に借地条件変更の申立ての制度ができたのに，それを使わず無断で改築したのなら，借地契約の解除が認められる可能

性は，以前よりも高くなったのではないでしょうか。

　では，堅固でない建物を堅固な建物に変更すること以外の借地条件の制限特約についてはどうかといえば，借地法の下では制限特約を変更する手続きがなかったこともあり，借地権設定者にそれほどの不利益を与えるわけではないとして，そう簡単に解除が認められなかったと思われます。

　これに対して，借地借家法施行後は，一般的に借地条件変更の申立ての手続きが制度化されたことから，借地法の時よりは解除が認められる可能性が高まったのではないかと考えます。

　もっとも，裁判所は，制限する特約の内容や，その特約違反の程度などの具体的事情を総合的に考慮しており，借地契約の解除に対し慎重に判断する姿勢であることには変わりないと思われます。

Q-32
借地条件変更の申立ては，いつまでにしなければいけませんか？　協議不調が条件ですか？

A 借地条件変更の申立ては，建物の改築を前提とすることが多いので，改築に取りかかる前にすべきと思われます。

この制度は，紛争を未然に防止するためにつくられたものですから，改築に取りかかったのであれば，借地権設定者がそれに対して契約違反であるとして，解除の意思表示をして紛争化する可能性が高く，借地権の存在そのものを争うことになるからです。

もっとも，借地権設定者によっては，工事が初期の段階で解除にまで至っていないこともあり，借地権者との交渉が続いているような場合には，借地条件変更の申立てが認められる可能性もあります。

ところで，この申立てについては，借地借家法17条1項によると，「借地条件の変更につき当事者間に協議が調わないとき」と明記し，協議不調が申立ての条件になっているようにも思えます。

しかしながら，いったん合意した借地条件を借地人に有利に変更する協議は当初から難航が予想されるものであり，借地権設定者が遠方にいて，しかも高齢の場合には，協議をすること自体が大変難しいといえます。そのような場合にまで協議をし，かつ不調で終わったことを条件とするまでもないと思われます。

また，申立てに対して，借地権設定者が反論をするようであれば，協議の不調が確実視されたとも言えます。よって，協議不調を前提条件とまでする必要はないでしょう。

　なお，協議を経ていない場合の裁判所の取扱いとしては，申立ては受け付けても，調停に付すか，和解を試みて，裁判所主導の下で協議を事実上行うことも考えられます。

Q-33 借地条件変更の申立てと増改築許可の申立て，あるいは賃借権譲渡許可の申立てを併合してできますか？

A まず，借地条件変更の申立てと増改築許可の申立てを併合してする必要があるかという問題があります。

借地条件変更の申立ての場合には，増改築をすることを前提とするのがほとんどだからです。

厳格に言えば，借地条件変更の申立ては契約内容自体を変えるのに対して，増改築許可の申立てでは契約内容は変えずに借地権設定者の承諾の代わりに裁判所が増改築を許可するもので，次元が異なるとして，両方の申立てが可能とも言えます。

しかし，裁判所の実務としては，認容する場合の内容がほぼ重なるので，借地条件変更の申立てだけで済ませているようです。

また，まれに建物の規模や構造は変えずに，用途のみを事務所から店舗に変えるような場合には（実際のところ，こうした場合でも構造が変わらないことはまずないのですが），増改築許可の申立てまでする必要はありません。

次に，借地条件変更の申立てと賃借権譲渡許可申立てとの関係ですが，借地権者が借地権付建物を譲渡するときには，譲受人は堅固でない建物から堅固な建物にするなど借地条件変更を希望することが多いと思

われます。

　このようなときには，賃借権譲渡許可がなされた後に譲受人が改めて借地条件変更の申立てをするのは二度手間であるとして，譲渡人の段階で賃借権譲渡許可と併合して借地条件変更の申立てをすることが一般的で，裁判所もこれを認めています。

　借地条件変更の申立てと賃借権譲渡許可の申立ては，二つの異なる申立てですが，一方だけが裁判所に認められることは想定していないと思われます。

　つまり，借地条件変更の申立てが認められなければ賃借権譲渡許可が認められても意味がないでしょうし，逆に賃借権譲渡許可が認められなければ借地条件変更の申立てが認められても無意味です。

　したがって，裁判所としては，二つの申立てについては，双方ともに認めるか，いずれも否定するかのどちらかということになると思われます。

Q-34 借地条件変更の申立てにおいて建築建物を示す必要がありますか？　どの程度明らかにすべきですか？

A 後で述べる増改築許可の申立ての場合には，どのような増改築をするかという意味で建物の特定が必要といえますが，借地条件変更の申立ての場合には，必ずしもそこまでの必要はないと，まずは考えられます。

借地条件変更の申立てというのは，借地権設定者と借地権者との間の契約内容の変更を求めるものであって，具体的にどのような建物を建てるかということには直接的には結び付かないからです。

しかしながら，借地権者が借地条件変更の申立てをするときには，ある程度の建築する建物の青写真があるはずです。その建物の中身が，たとえば低層の建物か中層の建物か高層の建物か，総床面積はどの程度か，建物の構造は軽量鉄骨造か鉄骨造か鉄筋コンクリート造か等によって，借地権設定者に与える影響は大きく異なります。

その結果として，裁判所が申立てを認めるにしても，付随処分としての一時金の給付額や賃料の改定を判断するために，申立人である借地権者に対して，これらの内容についてできるだけ明らかにするように求めるのは当然ともいえます。

結論としては，建物の詳細な特定までは不要としても，できるだけ建物の概要を明らかにすべきと考えます。

Q-35

借地条件変更の申立てが認められるためには事情変更が必要とされていますが，具体的にはどのようなものですか？　事情変更が認められても借地条件変更の申立てが否定されるのはどういう場合ですか？

A　借地条件変更の申立てが認められるためには，「法令による土地利用の規制の変更，付近の土地の利用状況の変化その他の事情の変更により現に借地権を設定するにおいてはその借地条件と異なる建物の所有を目的とすることが相当である」（借地借家法17条1項）ことが必要で，これをもって，借地条件変更の申立てに「事情変更の原則」が働いているといわれています。

　事情変更の原則とは，契約成立当時に前提とされた事情が，その後当事者が想定していなかった事実の発生により大きく変化したことによって，当初の契約内容どおりに当事者を拘束することが，当事者間の衡平を害し，民法1条2項の信義誠実の原則に反するという場合に，契約の解除や契約内容の改定を認めるという原則です。

　ここでは，①法令による土地利用の規制の変更と，②付近の土地の利用状況の変化の二つが例示され，③その他の事情の変更も認めています。

まずは，①の法令による土地利用の規制の変更についてですが，旧借地法8条の2第1項で定められている「防火地域の指定」があります。建築基準法61条の防火地域に指定されると耐火建築物もしくは準耐火建築以外は建てられず，木造建物は原則として建てられません。

　その結果，借地契約で木造限定とされていても，増改築をする場合にそのままでは建築確認が下りないので建築できないことになります。そこで，防火地域の指定がなされることによって事情変更の原則が認められることになるのです。

　そのほかの法令規制の変更としては，都市計画法の用途地域や高度地区の指定などがあります。

　②の付近の土地の利用状況の変化とは，周囲に中高層建物が林立してきて，借地権者の建物だけが2階建てなどの低層建物になってしまった場合や，幹線道路が付いたことでショッピングセンターや大規模な物販店が立ち並ぶようになった中で借地権者の居住建物がある場合などが考えられます。

　③のその他の事情の変更としては，近くに空港や鉄道の新線が開設されて飛行機や鉄道の騒音や振動に対処する必要が生じ，防音効果のある鉄筋コンクリート造などに改築する場合などが挙げられます。

Q-36

借地条件変更の申立てにおいて、借地法と借地借家法とで建物の朽廃の位置づけは異なりますか？　朽廃している場合でも申立てが可能ですか？　残存期間が短いときはどうですか？

　借地法で規定されていたもので、借地借家法にはその定めがないものがあります。それは「朽廃」です。

　借地法2条1項但書きで、建物が朽廃したときに借地権が消滅する旨が定められていたのですが、借地借家法にはそのような規定がありません。

　ここでいう「朽廃」とは何かといえば、文字通り建物が朽ち果てて廃屋となることです。建物としての利用ができなくなった状態ともいえます。借地上の建物でそのようなことがあるのかと思われるかもしれませんが、実際にあり得ます。

　築後100年近くが経過し利用しなくなってからも数十年経ち、外壁は崩れ、土台はへこみ、屋根瓦も落ち、雨漏りの跡もあちこちにあるというような危険な状態であれば、朽廃あるいはそれに近い状態といえるでしょう。

　裁判所が、現在の建物について朽廃と認定すると、借地法の適用があ

る借地権については，借地権が消滅しますから，借地条件変更の申立ての要件を欠くことになります。したがって，この申立ては却下ないし棄却されます。

　また，朽廃までには至っていなくとも，あと数年で朽廃が見込まれるときには，借地権設定者が朽廃を待っているという期待利益を考慮すると，借地条件変更の申立ては棄却される可能性が高いと思われます。

　これに対して，借地借家法が施行された後の借地権については，朽廃の規定がないことから，仮に建物が朽廃もしくはそれに近いというだけでは，借地権が消滅している，あるいは間もなく消滅するわけではないので，それだけの理由で借地条件変更の申立てが棄却されることにはなりません。

　また，朽廃には至っておらず，数年先にもそうなるわけではないが，借地権の存続期間が残り少なくなっているときに，借地条件変更の申立てが認められるかどうかについて，借地法のときからの借地権であれば，借地借家法施行後に期間が来ても20年間の更新が原則ですから，申立てが認められ，期間も延長される可能性が高いのではないかと思われます。

　これに対して，借地借家法が施行された後の借地権については，堅固な建物と堅固でない建物との区別がなくなり，更新後の期間も最初は20年ですが，その後は10年ずつと短くなったことや，更新後の再築が制限されたことから（借地借家法18条），借地条件変更の申立てについて，そう簡単に認められず，仮に認められるにしても期間の延長は難しいように思われます。

Q-37 借地条件変更の申立てにおいて予定されていた建物と大きく異なる建物を建築した場合はどうなりますか？

A 借地条件変更の申立てが認められる場合には，契約で制限された建物と異なる種類，構造，床面積，用途について，申立人はある程度具体的に裁判所に提示し，裁判所は，その内容に応じて，承諾料の額や地代等についての付随処分を行います。

ところが，申し立てた内容と大きく異なる建物を建築した場合はどうなるのかという問題です。

たとえば，それまでは木造2階建ての100㎡未満の自宅用に制限されていた建物を，軽量鉄骨の3階建ての150㎡の居宅に借地条件を変更したいと申立てをして，500万円の承諾料と5万円の地代を6万円に増額する決定が出されたにもかかわらず，申立人がその後に建築した，あるいは建築しようとする建物が5階建ての鉄骨鉄筋コンクリート造で，床面積も300㎡の共同住宅というように，種類，構造，床面積，用途が大きく異なるとしたら，どうなるかです。

借地権設定者としては，借地権者がそのような建物の建築に取りかかった場合，裁判所が認めた決定の借地条件に大きく違反し両者の信頼関係を破壊するものとして契約を解除し，借地権者に対する建物収去土地明渡請求訴訟の提起を検討することになると思われます。

裁判所が，借地権設定者の借地権者に対する建物収去土地明渡請求を認めるかどうかは，その違反の程度や諸事情にもよります。

　とはいえ，裁判所としても，裁判所が決定した借地条件に違反する行為に対しては厳しい姿勢で臨むことは間違いないところです。

　借地権者としては，借地権設定者から借地契約を解除されて訴訟を起こされるだけでも大変なストレスであり，まして借地権を失ってしまうという大きなリスクを抱えることになるので，裁判所の決定で認められた条件は守るようにしましょう。

Q-38 借地条件変更が認められる場合の財産上の給付額はどの程度ですか？裁判所はその場合にどのような手続きをしますか？

A 借地条件の内容によります。

借地法の適用があるときには，堅固でない建物から堅固な建物への借地条件変更の申立てしか認められなかったこと，更新後の建替えが容易であったこと，堅固な建物の存続期間が堅固でない建物の存続期間より長期であること，期間の伸長も同時に認めることが多かったことなどから，財産上の給付額としての承諾料は相当な額になり，具体的には更地価格の10％ないし15％に及んでいました。

借地借家法になると，借地条件の中身が堅固でない建物から堅固な建物以外の場合にも拡大されたこと，更新後の建替えが著しく困難になったこと，堅固であるか否かによる期間の長短の区別がなくなったこと，期間の伸長が必ずしも認められるとは限らないことから，財産上の給付としての承諾料が借地法のときよりも相当に低く抑えられるケースが見受けられるようになりました。

ところで，裁判所は，承諾料などの付随処分をする場合には，鑑定委員会の意見を聴くことが義務付けられています（借地借家法17条6項）。

そして，その前には，借地権者および借地権設定者などの当事者の陳

述を聴かなければなりません（借地非訟事件手続規則17条2項）。

　当事者としては，陳述をする前に，不動産鑑定士による鑑定評価書もしくは調査報告書を作成してもらい，書証として提出することも検討すべきでしょう。

　鑑定委員会も裁判所も，専門家である不動産鑑定士が作成した書面であれば，相応の配慮をすることが多いからです。

　特に，借地権者の場合には，鑑定評価書などの作成費用は借地条件変更のための必要経費と考えるべきと思われます。

Q-39 借地の一部についての借地条件変更の申立てが認められますか？

A 借地の一部についての借地条件変更の申立ては，一般的には難しいと考えますが，例外的に認められる場合があるかもしれません。

たとえば，借地法の時代に100坪の土地を2階建ての木造建物に限定して借地契約をしていたところ，そのうちの40坪について鉄骨鉄筋の4階建て店舗を建築するように借地条件変更の申立てをする，言い換えると，100坪の一つの借地契約を借地条件が異なる60坪と40坪の二つの借地契約に分けることが許されるかという問題です。

借地法の適用のある借地権については，堅固な建物と堅固でない建物とでは，存続期間や更新後の期間が異なるので，借地契約の終期が別になり，借地権設定者からすると，借地の管理のうえで非常に面倒なことになり，受け入れがたく思うでしょう。

他方で，借地権者からすると，一つの借地契約であるとしても，当初から借地上に二つの建物があって敷地が分けられており，一つは借地権者の居住用建物，もう一つは借地権者の店舗である場合に，店舗部分だけを改築することが絶対に許されないかどうかです。

このような場合でも，借地権設定者の管理上の問題が残るので，原則としては，やはり借地条件の一部変更の申立ては認められないと思われますが，裁判所は，現在の利用状況，条件変更の合理性，周囲の状況の変化等を総合的に判断して，申立ての是非を決めることになるので，例外的に認められる可能性がゼロではないと思われます。

Q-40
借地条件変更の申立てについて一部認められることがありますか？

A Q-37の事例に似たケースを考えてみます。

借地権者が，木造2階建ての100㎡未満の自宅用に制限されていた建物を，5階建ての鉄骨鉄筋コンクリート造で床面積も300㎡の共同住宅に建て替えたいと申し立てたところ，裁判所が軽量鉄骨の3階建ての150㎡の居宅に留まるのであれば借地条件を変更してもよいと考えた場合に，そのような決定を出してよいのかという問題です。

訴訟であれば，100万円の貸金返還請求をした場合に，そのうちの40万円だけを認める一部認容という判決はあり得ます。

同様なことが借地非訟事件でも認められるかどうかですが，結論としては，難しいと思われます。

訴訟事件であれば，一部だけでも認めてもらえれば全部退けられるよりはましであるという請求者（原告）の意思に合っていますが，上記のような借地条件変更の申立ての場合に申立人である借地権者の意思に反していないとは思えないことが多いからです。

借地権者が，特に，自らの居住用だけでなく，建物賃料の収益を得ることで建築費用の借入金の返済に充てようと考えて共同住宅の建築を計画していたのに，裁判所から共同住宅を否定された場合には，借地条件変更の申立てをする意味がないと思うかもしれません。

もっとも，裁判所が，共同住宅自体は否定しないが，隣地住宅の日照権を考慮して1階減らして4階建てなら認めると考えた場合に，借地人がそれでもよいという意思を表明すれば，一部認容の決定を下すこともあり得ると思います。

　以上をまとめると，借地条件変更の申立てに対する一部認容について，一般的には難しいが，申立人である借地権者の意思に反しない限度では認められる場合もあり得ると思われます。

4 増改築許可の申立て

Q-41 増改築許可の申立ての書式は,どのようなものですか？

A 増改築許可の申立書には,まず,「申立ての趣旨」として,既存の建物を取り壊す場合には,「申立人が,別紙土地目録記載の土地上の別紙建物目録記載の建物を取り壊し,別紙改築目録記載の建物を建築することを許可する。との裁判を求める。」,取り壊さずに増築をする場合には,「申立人が,別紙土地目録記載の土地上の建物について,別紙増築目録記載の増築をすることを許可する。との裁判を求める。」,既存の建物がない場合には,「申立人が,別紙土地目録記載の土地上に,別紙建物目録記載の建物を建築することを許可する。との裁判を求める。」のいずれかになります。

次に,借地契約の内容として,「1 契約当事者—契約当初及び現在」,「2 最初に契約を締結した日及び更新日」,「3 借地権の目的となる土地」,「4 契約の種類」として「賃貸借契約か地上権設定契約か」,「5 借地権の種類」として「普通借地権,借地借家法22条の一般定期借地

権」、同法23条の事業用定期借地権、同法24条の建物譲渡特約付借地権」のどれか、「6　存続期間」として「定めのある・なし、ある場合はいつまでか、契約更新、法定更新、残存期間はいつまでか」、「7　現在の借地条件」は何か、「8　増改築制限特約の内容」として「一切の増改築禁止か、増改築について相手方の承諾を必要とするか、その他であればその内容」、「9　現存する建物の内容と使用状況」、「10　地代」として現在の金額と推移、「11　敷金、保証金、権利金、更新料その他の支払状況」を記載します。

そして、申立ての理由として、「1　増改築の内容」、「2　付近の土地利用の状況及びその変化」、「3　現在の法令による土地利用の規制及び建築制限」、「4　増改築を必要とする事情」について、具体的に記載します。

以上の他に、「当事者間の協議の内容」、「付随処分に関する意見や希望」、また過去に同様な借地非訟事件や地代増減額請求があればそれも記載します。

9の「現存する建物の内容」については、登記簿と現況の建物が合致しないときには、現況の建物も表示します。共有の場合には、各共有者の持分についても明記します。

なお、借地権の目的となる土地と現存する建物、そして増改築部分の建物のそれぞれの位置関係を示す図面が必要です。

さらに、増改築建物については、種類、構造、床面積、用途だけでなく、平面図および立面図も用意する方がよいと思います。

Q-42

増改築制限特約にいう増改築とは何ですか？ 増改築制限特約が申立ての要件ですか？ そもそも増改築制限特約は有効ですか？ 借地条件とはどう違いますか？

A 増改築制限特約でいう「増改築」とは，増築と改築を合わせた言葉です。

　まず，「増築」とは，借地上にある現建物はそのままにして（一部壁は取り外す場合もありますが），現建物に合わせ，もしくは借地上に別途建物を追加して，借地上の建物の床面積を増やすことをいいます。

　これに対して，「改築」とは，借地上にある現建物の一部または全部を取り壊して，借地上に新たに建て直すことをいいます。その場合に，現建物よりも床面積が増えれば，増築の意味も含むことになります。

　微妙なのは，建物を大幅に修繕した場合です。

　建物の主要構造である基礎，柱，梁を取り換えるような大修繕であれば改築といえますが，内装を変更したり，屋根瓦の葺き替え程度であれば改築とまではいわないと思われます。

　さて，増改築制限特約の存在は，一般的に増改築許可申立ての要件と考えられます。

　制限特約があるからこそ，そのような制限を外してほしいというのが借地権者側の申立てなので，当然制限特約があることが前提となっています。

ただし，借地権者としては特約は存在しないと考えているが，借地権設定者が特約ありと主張している場合（つまり，特約の存在自体に争いがある場合）には，借地権者に申立てを認めてもよいと思われます。

このような場合に制限特約があることを要件としてしまうと，特約はないと考えている借地権者に特約の存在を主張，立証させるということになり，それは結局できませんから申立てが棄却されることになってしまいます。

しかし，そのようにしてしまうと制限特約に争いがある場合には，この制度を使えないことになり，紛争の防止を図ろうとする本制度の趣旨に反しかねません。

そこで，特約の存在はそれほどガチガチな要件とまでは考えずに，借地権設定者が特約の存在を主張しているときには，借地権者は特約の存在をあえて主張しなくても，申立ての要件を充たすと考えるべきと思います。

ところで，増改築制限特約がそもそも借地法および借地借家法に違反しないかという議論が昔からありましたが，これについては，最高裁昭和41年4月21日判決・民集20巻4号720頁をはじめとして一貫してその有効性が認められています。詳しいことは第2編の裁判例をご覧ください。

増改築制限特約は借地条件の一つと考えられます。しかし，借地条件変更の申立ての場合に増改築制限特約が必ずしも対象となるわけではありません。種類や用途など増改築を伴わない借地条件もあるからです。

逆に，増改築許可の申立ては，増改築制限特約自体の変更を求めるものではないので，借地条件変更の申立てとは異なるといえます。

Q-43 申立人は建物所有者であることを要しますか？　登記簿上の所有者でなければなりませんか？

A　借地権者と建物所有者が異なることがあります。

借地権者が，借地権設定者の承諾を得て第三者に建物を建てさせる場合には，転借地権が認められるので，その第三者が転借地権者として，借地権者に対してだけでなく借地権設定者に対しても増改築許可の申立てをすることができます（借地借家法17条5項）。

問題は，借地権者が借地権設定者の承諾を得ないままに借地権者の名義でない建物を建てさせた場合です。

よくあるのは，借地権者の子や配偶者の名義で建てた場合です。

このような場合に増改築許可の申立てをしようとしても，借地権者は建物所有者ではなく，建物所有者は借地権者ではないので，いずれの申立ても認められないとすると，増改築ができないことになります。

それでよいのかというと，そうではないと思います。

借地権者に自己資金力がなく，高齢のためローン設定も難しいということで子供に建物を建てさせることは，ある意味でやむを得ないところです。

ところが，借地権設定者は，借地権者の増改築許可の申立てにより，借地権者が承諾なしに建物を建てたことを初めて知り，これは契約違反

であるとして，借地契約を解除し，借地権者を相手に建物収去土地明渡請求訴訟を提起することがしばしばあります。

　もっとも，このような場合に，裁判所は，借地権者と建物所有者との人的関係や利用実態に変わりがないことなどを理由に，信頼関係が破壊されたものとは認めない可能性が高いと思われます。

　そこで，裁判所が，借地契約の解除を認めないのであれば，借地権者か建物所有者による増改築許可の申立てを認めることが一貫した考え方と思われます。

　では，借地権者と建物所有者のいずれの申立てを認めるべきかということになりますが，私としては，両者が共同で申し立てることにより借地権者と建物所有者の両方の要件を満たすことになるので，適法な申立てになると考えます。

Q-44
数人の土地所有者の土地にまたがっている建物を所有している借地人は，増改築許可の申立てをどのようにしますか？

A 具体的に考えてみましょう。

借地権者Xが，2人の借地権設定者Y_1，Y_2の各土地にまたがる建物を所有していて，その建物について増改築を考えているときに，増改築許可の申立てをどのようにするかという問題です。

それは簡単だ，Y_1とY_2の両者を相手に申立てをすればよいのではないかと思われそうですが，そうでない場合もあります。

たとえば，増築部分がY_1の土地上の建物についてだけのようなときでもY_2を相手にする必要があるでしょうか。

双方の土地にまたがっている建物とはいえ，各土地上の建物が区分所有化しているなど独立性が強ければ，Y_1だけを相手でも構わないでしょう。

しかし，そうでなければ，建物の一体性を重視すると，やはり両者を相手に申し立てるのが無難と思われます。

Y_1との借地契約では増改築禁止特約があるが，Y_2との借地契約ではその特約がないとき，あるいはY_2との借地契約にも特約があるものの増改築を了解しているときには，Y_2に対する申立てをする利益がない

とも考えられるので，この場合にはY_1だけを相手にして申立てをすべきと思われます。

ところで，Y_1，Y_2の両者を相手に申立てをするにしても，同時に一緒に相手方とすべきか，まずY_1を相手に，その後にY_2を相手にと別々に申立てをすることも許されるかという手続上の問題もあります。

これについては，両者を相手に同時に申立てをすべきと思います。

別々に申立てをすれば，裁判官が別々になる可能性があります。その結果，同じ一体の建物でありながら地代や一時金の支払いなどについて統一性が保てなくなり，これは公平の理念に欠けるといえます。

したがって，仮にY_1だけを相手に申立てがなされた場合には，裁判所は，Y_2も相手に直ちに申立てをすることを促し，それに応じなければ，Xの申立てを却下すべきと思われます。

それに応じた場合には，二つの申立てを併合して審理することになります。

Q-45 増改築許可の申立ては，いつまでにしなければいけませんか？

A 増改築許可の申立てをするのは，増改築工事の着工までにしなければならないのは明らかだと言われそうです。その意見はもっともです。

また，増改築工事が終わった後に増改築許可の申立てをするのは，明らかに意味がありません。

では，その中間の時期，つまり工事の着工はしたものの完成までには至っていない時期に申立てをすることは許されないのかという問題があります。

無論，この場合も増改築工事を着工した以上，もはや増改築許可の申立てをすることはできないという意見が有力でしょう。

しかしながら，借地非訟制度が一般的に長期間にわたる借地権者と借地権設定者との間の紛争を未然に防止する機能を有していることから，増改築許可の申立てについても，多少緩やかに認めてもよいのではないかという考えもあり得ます。

具体的には，増改築工事に入ったとしても，いまだ原状復帰が可能な段階であれば，増改築許可の申立てを認めてよいと思います。

借地権者の中には，借地非訟制度を知らないままに工事を始めた後に，借地非訟制度を知ることもあります。

また，古い契約で契約書が見当たらず増改築禁止特約の存在に気付かず増改築工事に取り掛かることもあります。

　その後，借地権設定者から増改築禁止特約が入った契約書を見せられて，初めてこの特約に気付くこともあるのです。

　これらの場合に，原状回復がまだできるのであれば，申立てを認めてもよいのではないかと思います。

　なお，工事完成後の申立ては意味がないと述べましたが，借地権設定者が増改築工事自体に異議はないことを明らかにしつつ，一時金や地代の増額について当事者間で話し合いがつかないときには，申立てを認めてもよいのではないかという考え方もあり得ます。

　しかしながら，さすがにこの段階で借地非訟制度を使うのは行き過ぎでしょう。

　このような場合には，むしろ調停制度を利用することをお勧めします。

Q-46
借地の一部について増改築許可の申立ては可能ですか？

A Q-39で、借地条件変更の申立てが借地の一部について可能かという問題を提起しましたが、一般的には難しいが例外的にはあり得るかもしれないと回答しています。

増改築許可の申立てに関して同様に考えてよいのかという問題です。

たとえば、100坪の借地のうち、40坪の敷地に借地人の居宅、60坪の敷地に賃貸用の共同住宅という二つの建物が建っていたとします。

借地の中で種類や用途が明らかに異なる建物があり、敷地も明確に分かれていて、そのうちの共同住宅だけを改築しようとする場合に、60坪の借地だけについて増改築許可の申立てが許されないでしょうか。

旧借地法の時代の借地条件変更の申立ての場合には、堅固でない建物と堅固な建物とでは存続期間に大きな違いがあることなどから、一部の借地について借地条件変更の申立てを認めることは、同じ借地の中で存続期間が異なることになるので好ましくないと述べました。

旧借地法の適用がある増改築許可の申立てについても同様な状況にあるといえますが、借地借家法の適用のある増改築許可の申立てについては、そこまで厳しく考える必要はないという意見もあり得るでしょう。

しかしながら、やはり同じ借地の中の一部について増改築許可の申立てを認めることは、借地を事実上二つに分割することになりかねないの

で，このような申立ては認められない可能性が高いと思われます。

　借地上の二つの建物の内の一つだけの増改築であっても，借地全体についての申立てをすればよく，裁判所も，申立ての対象となる増改築部分や敷地面積を考慮して一時金や地代の増額を判断することになるはずです。

　したがって，借地の一部についての増改築許可の申立てを認める実益もないと思われます。

Q-47 増改築許可の決定により残存期間はどうなりますか？ 建物の朽廃が近いときはどうなりますか？

A 借地条件変更の場合には、残存期間の延長がなされるのが一般的ですが、増改築許可の決定の場合には、契約条件そのものの変更ではなく個別的な許可ですから、残存期間の延長までなされることはまずありません。

このため、旧借地法の適用がある借地権については、残存期間を超える建物が建築された場合に、借地権設定者は同法7条に基づいて異議権を行使することにより、残存期間の延長を阻止することができます。

つまり、当初約定した期間が到来すれば、借地権設定者は、更新拒絶をすることにより、正当事由を争うことが可能となります。

また、借地借家法の適用がある借地権については、同法7条1項により、借地権設定者の承諾がない限り残存期間の延長はなされないので、借地権設定者が正当事由を争うことについて自信があれば、当初の期間が到来すれば、更新を拒絶することができます。

以上を踏まえると、借地権者が、残存期間が短いのに増改築許可の申立てをした場合に、裁判所としては、借地権設定者において期間満了時に正当事由が認められる可能性が高ければ、増改築許可の決定を出すことにためらいを感じると思われます。

ところで，建物が朽廃すると，旧借地法2条1項但書きで借地権は消滅すると定められていました。

　そこで，建物の朽廃が迫っているときに，借地権者が増改築許可の申立てをした場合には，借地権設定者が朽廃による借地権消滅を期待しているはずですから，この期待権を奪ってよいのかという問題があります。

　他方で，増改築許可の申立てをするのは，多かれ少なかれ建物が老朽化してきたからこそともいえます。

　借地権設定者の朽廃による借地権消滅への期待と借地権者の増改築許可制度への期待のぶつかり合いに対し裁判所がどのように調整するかという問題があります。

　一般的には，裁判所が，老朽化が相当に進行して朽廃に近いと判断した場合には，増改築許可の決定を出すことに躊躇すると思われます。

Q-48 増改築許可の申立ては，借地条件変更の申立てとは何が違いますか？両者を同時に申し立てることがありますか？

A 増改築許可の申立ては，土地賃貸借契約書において増改築禁止特約がある場合に，その特約の存在を前提に特約を変更することなく，借地権設定者の承諾の代わりに裁判所が増改築を許可するものです。

これに対して，借地条件変更の申立ては，土地賃貸借契約書において定められている借地条件の内容そのものを裁判所が変更してしまいます。

言い換えると，増改築許可の決定は当該増改築についての一時的な処分であるのに対して，借地条件変更の決定は永続的な処分といえます。

そうすると，両者は両立しないように見えますが，実はそうでもありません。

たとえば，旧借地法の適用がある借地権について，増改築禁止特約がある契約書において堅固でない建物しか認められなかったのを堅固な建物へ建て替えようとする場合には，増改築を必然的に伴うものです。

ただ，この場合には，いわば大が小を兼ねるとして，借地条件変更の申立てが増改築許可の申立てを含むとして，あえて増改築許可の申立て

までは不要であると考えられていました。

　ところが，借地借家法では，借地条件変更の申立ての範囲が拡大しました。

　堅固でない建物から堅固な建物への変更だけでなく，それ以外の種類，構造さらには目的・用途などの借地条件の変更についても認められるようになりました。

　この結果，たとえば目的・用途が借地権者の居住用住宅であったものを店舗や賃貸住宅に変更しようとする場合，必ずしも増改築を伴うとは限らなくなりました。

　他方で，目的や用途を変更すると同時に増改築も予定しているものの増改築禁止特約の廃止までは求めていない場合には，目的・用途についての借地条件変更の申立てに加えて，増改築許可の申立てをすることも考えられるのではないかと思われます。

Q-49 建築基準法や条例に違反する増改築許可の申立ては認められますか？

A 最初に結論をいえば，裁判所は法の番人ですから，建築基準法などの法令に違反する建物の増改築許可を認めることはできません。

そもそも，そのような建物は，借地借家法17条2項にいう「土地の通常の利用上相当とすべき増改築」とはいえないでしょう。

建築基準法に違反する建物としてしばしば見受けるのは，借地する敷地面積との関係で容積率（52条）や建蔽率（53条）に違反する建物，道路と2メートル以上接しなければならないとする接道義務（43条）を満たしていない建物，日影規制（56条の2）の高さ制限を超えている建物などさまざまです。

また，建築基準法自体には違反していなくても，各地にはより厳しい条例による規制も存在しており，これらに違反する建物も許されないと考えます。

もっとも，裁判所としては，増改築許可の申立てにかかる建物がこれらの規制に違反しているかどうか，特に条例については直ちに分からないことがあります。

そこで，このような場合には，借地権設定者が積極的に違反建物であることの主張や立証をする必要があると思われます。

裁判所としては，これらの法規制に違反する増改築許可の申立てがあった場合には，非訟事件としての裁判所の後見的立場からは，すぐに申立てを棄却するよりは，法規制に違反しない建物に変更するように促すべきと思われます。

　それでも借地権者が応じない場合には，申立てを棄却するか，法規制の範囲内で一部認めるかは裁判所の裁量と考えます。

　なお，法規制には直ちに違反しないものの，近隣から日照権侵害や電波妨害などの環境破壊の建物であるとの訴えがあると借地権設定者が主張した場合に，裁判所がどう判断するかは難しいところです。

　これらの主張が法的にある程度認められるのであれば，「土地の通常の利用上相当とすべき増改築」とはいえないとして，増改築を許可しないこともあり得ます。

Q-50 付随処分として何がありますか？

A 裁判所は、増改築許可の申立てを認める場合に、借地条件変更の申立てと同様に、「他の借地条件を変更し、財産上の給付を命じ、その他相当の処分をすることができ」(借地借家法17条3項)ます。

付随処分として第1にあげられるのは、財産上の給付としての増改築の承諾料です。

まず、全面的な改築の場合には更地価格の3％から5％、部分的な改築や増築の場合には更地価格の1％から3％という決定例が多いようです。

借地条件変更の場合の更地価格の10％から15％と比べて割合が相当に低いのは、契約条件そのものを変更するのではなく、借地権設定者の承諾に代わる一時的なものであるからと思われます。

なお、財産上の給付については、増改築許可の条件とするのが一般的です。

たとえば、「申立人は相手方に対し、この裁判確定の日から3か月以内に100万円を支払うことを条件として、別紙土地目録記載の土地上に別紙建物目録記載の建物を築造することを許可する。」という決定です。

承諾料の次に問題となるのは地代の改定です。一般的には、土地利用

の有効性が高まるので増額することになると考えられます。

　もっとも，承諾料そのものが土地利用の有効性の増大を考慮して認められるものなので，一時的な承諾料だけでは対応しきれない部分を地代の増額で対応するものと考えられます。

　また，長い借地期間の経過により不相当となった地代の改定（増額だけでなく減額もあり得ます）も実務上は考慮されます。

　もっとも，地代の改定は，本来，借地借家法11条の地代増減額請求によるべきものですから，すでに調停がなされているなどの事情があれば，そちらの手続きに委ねるべきでしょう。

　期間の延長が許されるかという問題もありますが，**Q**-47で述べたとおり裁判所は消極的です。

　上記以外の「相当の処分」としては，建築基準法や条例を遵守すること，工事中の騒音・振動の対策を講じること，隣地境界との間に一定の距離を置くことなどがあります。

　具体的な決定内容については，第2編の裁判例を参照してください。

Q-51
増改築制限特約がある中で増改築許可の申立てをしないままに増改築した場合や，増改築許可の決定と異なる建物を築造した場合に，借地権設定者の解除が認められますか？

A 昭和41年の法改正で増改築許可の申立てが認められたのは，借地権設定者が借地権者の無断増改築違反を理由に解除をすることにより両者間の紛争が生じることを防止するための制度化と考えられます。

したがって，立法当局が両者の利害調整を図るために新しい制度を設けたのですから，借地権者があえてこれを利用せずに増改築を強行するのであれば，借地権設定者との間の信頼関係を損なうものとして，制度化される前よりも借地権設定者による解除が認められる可能性は高まったと思われます。

次に，増改築許可の決定と異なる建物が築造された場合に借地権設定者による解除が認められるかどうかは，ケースバイケースといえます。

増改築許可の申立ての段階では，増改築の対象となる建物図面は，平面図と立面図程度に過ぎないことが多いのが現実です。

裁判所の許可決定が出るかどうかも判然としない中で，費用と手間をかけて建築確認を申請するに足りるだけの設計図書を用意することは困

難でしょう。

　裁判所の許可決定が出された後に，借地権者側としても役所との正式な交渉をすることになり，その中で増改築について若干の修正を指導されることがあり得ます。

　そういう場合であれば，許可決定の対象となった建物と現実の建物との間に差異があったとしても，それは許される相当な範囲と考えられ，借地権設定者による解除が認められるものとは思われません。

　もっとも，借地権者が当初からより大きな建物に改築しようと考えていたのに，それを隠して裁判所の許可決定が出やすいような小ぶりの建物の改築を申し立て，それに沿った許可決定が出されたにもかかわらず，実際には当初から目論んでいた建物を築造した場合には，借地権設定者との間の信頼関係を破壊するものとして，借地権設定者による解除が認められることもあり得ると思われます。

5 更新後の建物再築許可の申立て

Q-52
更新後の建物再築許可の申立ての書式は，どのようなものですか？

A 更新後の再築許可の申立てについては，借地借家法が施行された1992年（平成4年）8月1日から最初の更新時期である30年後の2022年（令和4年）8月1日以降でなければできません。

したがって，本書を執筆している2024年（令和6年）段階では更新後の建物再築許可の申立てがまだ現実化しているとは言い難く，机上の議論にすぎないことをお許しください。

さて，そうはいっても，さすがに裁判所は書式を用意しています。東京地裁などのホームページをご覧ください。

申立ての趣旨としては，現況が更地であれば，「申立人が，別紙土地目録記載の土地上に，別紙建物目録記載の建物を新たに築造することを許可する。との裁判を求める。」，建物が建っているのであれば，「申立人が，別紙土地目録記載の土地上の別紙建物目録記載1の建物を取り壊

し，同目録2記載の建物を新たに築造することを許可する。との裁判を求める。」となります。

続いて，借地契約の内容等として，「1　契約当事者，2　最初に契約を締結した日，3　借地権の目的となる土地，4　契約の種類，5　存続期間，6　借地条件，7　現存する建物又は滅失した建物，8　地代（現在だけでなく地代の推移も記載），9　敷金，権利金，更新料その他の金銭の支払状況」などを記載します。

そして，申立ての理由として，特に「建物を新たに築造するにつきやむを得ない事情」をできるだけ詳細に述べる必要があり，ここが本申立ての生命線ともいえます。

地震や台風などの自然災害によって建物が滅失したとか，隣の建物の火災が飛び火して借地権者の建物が延焼したなどの事情を具体的に説明する必要があります。

加えて，現在の法令による土地利用の規制や付近の土地の利用状況も記載します。

当事者間の協議の概要も簡単に述べておきましょう。

また，付随処分に関する意見や希望もできるだけ具体的に主張することです。

以前に同一の借地を目的とする借地非訟事件や賃料増減額請求事件があれば，その内容も記載しましょう。

Q-53

借地借家法において更新後の建物再築許可の申立ての制度ができたのはなぜですか？　増改築許可の申立てとの関係はどうなりますか？

A　借地法7条では，当初の存続期間か更新後の存続期間かに関係なく，借地権消滅前に建物が滅失した場合に残存期間を超えて存続するような建物の築造に対し借地権設定者が遅滞なく異議を述べなければ堅固な建物であれば30年，堅固でない建物であれば20年期間が延長され，異議を述べれば期間の延長はなされず，当初の期間満了時において更新の可否が問われていました。

これに対し，借地借家法では，堅固な建物と堅固でない建物との区別を廃止しただけでなく，当初の借地権の存続期間と更新後の存続期間とで建物が滅失した場合の取扱いを大きく変えました。

すなわち，当初の存続期間中に建物の滅失があった場合に残存期間を超えて存続する建物を再築しても2か月以内に異議を述べなければ承諾が擬制されて期間の延長が認められるのに対して（7条），更新後に建物が滅失した場合には，残存期間を超えて存続する建物を再築すれば，借地権設定者は借地契約の解約申入れが可能となりました（8条）。

とはいえ，いかなる場合でも借地権設定者の承諾がない限り更新後の建物の再築が認められないとすると，天災による場合など借地権者にと

ってあまりに厳しすぎるのではないかという意見が出ました。

　そこで，借地権者に「やむを得ない事情」がある場合には，裁判所の関与の下で借地権設定者の承諾に代わる許可の制度を新たに設けました（18条）。

　したがって，借地契約に増改築制限特約が有る無しにかかわらず，更新後の建物再築については本申立てが必要になると思われます。

　では，同特約がある場合に，増改築許可の申立ても併せてしなければならないかですが，再築許可の申立てには当然に増改築を含むものですから，いわば大は小を兼ねるものとして，その必要性はないと考えられます。

　逆に，再築とまではいえない程度の増改築であれば，増改築許可の申立てだけをすれば済むと思われます。

Q-54

更新後の建物再築許可の申立てにおける「やむを得ない事情」とは何ですか？　裁判所が判断するとき，他にどのような事情を考慮しますか？

A　借地借家法18条1項は，更新後の建物の再築を許可するために，「やむを得ない事情」の存在を要件としています。

では，どのような場合が「やむを得ない事情」といえるかです。

増改築許可の申立ての場合には，「土地の通常の利用上相当」である場合としているのと比べて相当に厳しい要件と考えられます。

古くなったから建て替えたいというのでは，そう簡単には通らないでしょう。

「やむを得ない」という表現からは，「例外的な場合」に限定するように感じられます。

また，借地権者に責任があって建物が滅失した場合，たとえば，借地権者やその家族のタバコの火の不始末で建物が焼失した場合には，「やむを得ない事情」とはならないと考えます。

建物の滅失について借地権者に責任がない場合といえば，同じ火災によるのであっても隣地の建物から燃え移って焼失したときや，地震，台風などの天災により建物が倒壊したときが考えられます。

具体的な事情については，今後の裁判の蓄積を待つ必要があります。

ところで，借地借家法18条2項では，裁判所が更新後の建物の再築許可の裁判をするにあたって，「建物の状況，建物の滅失があった場合には滅失に至った事情，借地に関する従前の経過，借地権設定者及び借地権者が土地の使用を必要とする事情その他一切の事情を考慮しなければならない。」と定めています。

　何か思い出しませんか。借地借家法6条に定める借地契約の更新拒絶の正当事由の要件に近いということを。

　これは，付随処分として，**Q**-55で述べるとおり存続期間の延長が予定されているために，事実上の更新となることから，更新拒絶の正当事由に類似した判断をする必要があるからと思われます。

　また，「建物の状況，建物の滅失があった場合には」と書かれているように，本件申立てには必ずしも「建物の滅失」が要件ではありません。

　現状において建物があったとしても，たとえば，高齢化した両親と同居するためにバリアフリーの建物を再築することも許されるかもしれません。

Q-55 更新後の建物再築許可の申立てを認める場合の付随処分として何がありますか？

A 借地借家法18条1項後段では,「当事者間の利益の衡平を図るため必要があるときは,延長すべき借地権の期間として第7条第1項の規定による期間と異なる期間を定め,他の借地条件を変更し,財産上の給付を命じ,その他相当の処分をすることができる。」と定めています。

第1に,借地の存続期間の延長です。

更新後の建物再築許可の申立ては,そもそも更新後の期間を超える建物再築を前提にするものですから,期間の延長はむしろ当然といえます。問題はその期間ですが,築造日から20年というのが穏当なところでしょうか。

第2に,「他の借地条件の変更」としては,地代の増額がまず考えられます。

地代以外についての,それまでの借地契約に定められた建物の種類,構造,用途とは異なる条件に変更することは認められないでしょう。その場合には,借地借家法17条の借地条件変更の申立てを別途すべきと思われます。

これに対して,借地契約にそのような条件が定められておらず,新た

に条件を定めるということであれば、同条の対象外として認められると考えます。

　第3に、「財産上の給付」としては、承諾料としての一時金があります。

　借地権者は本来認められない建物の再築に加え、期間の延長も認められるという大きなメリットがあります。

　その反面、借地権設定者にとっては、期間満了による土地の返還への期待が失われるというデメリットを受忍しなければなりません。

　この両者間のメリット、デメリットを調整するための一時金です。

　承諾料を決めるに当たっては、それだけでなく、新しい建物の構造、種類や規模、延長する期間の長さ、地代の増額なども考慮に入れる必要があります。

　現時点ではまだ具体例がないので何とも言えませんが、承諾料の目安としては、借地条件変更の承諾料と増改築許可の承諾料との間、すなわち、更地価格の5%から10%の間になると推測します。

6　土地の賃借権譲渡・転貸許可の申立て

Q-56
土地の賃借権譲渡・転貸許可の申立ての書式は，どのようなものですか？

A　まず，申立ての趣旨としては，「申立人が，別紙譲受予定者目録記載の者に，別紙土地目録記載の土地についての賃借権を譲渡すること（転貸すること）を許可する。との裁判を求める。」というものです。

　続いて，借地契約の内容等として，「1　契約当事者，2　契約を締結した日，3　賃借権の目的となる土地，4　契約の種類（普通借地権か定期借地権かなど），5　借地条件，6　存続期間(1)最初に契約を締結したときの約定（いつまで），(2)契約更新の有無と更新日，(3)残存期間（あと，何年何か月），7　現存する建物の内容と使用状況，8　地代（現在の地代，地代の推移，相手方からの増額請求），9　敷金，更新料その他の金銭の支払」などがあります。

次に申立ての理由として，まず建物の譲渡契約（予定）の存在と契約の内容を挙げ，譲受予定者の名前（法人の場合には代表者の名前も）と住所を記載します。

譲渡契約の内容として，売買か贈与かその他か，また所有権移転時期を明記します。

そして，賃借権の譲渡（転貸）が賃貸人に不利となるおそれがない理由として，借地権者が譲渡を必要とする事情，また譲受予定者の資力や職業等をできるだけ具体的に記入して借地権設定者の地代支払いへの不安を消すことが必要です。

当事者間の協議の内容として，申立人の申入れ内容と相手方の対応を記入する必要もあります。

また，付随処分に関する意見・希望として，承諾料ないし名義書換料といわれる「相手方に支払う財産上の給付」と地代の増額なども記入します。

最後に，過去の借地非訟事件や地代増減額請求事件があれば，その内容も記載します。

Q-57

地上権の場合には譲渡・転貸許可の申立ては一切できませんか？ 地上権の譲渡・転貸について借地権設定者の承諾を要する特約がある場合はどうなりますか？

A 借地権には，建物の所有を目的とする地上権または土地の賃借権の二種類があります（借地借家法2条1号）。

このうち，借地借家法19条が予定しているのは「土地の賃借権の譲渡又は転貸の許可」という標題が記載されているとおり，土地の賃借権だけであり，地上権については触れられていません。

というのも，地上権については，民法265条以下で定められているとおり，所有権と同様に物権として自由に処分できる権利であり，譲渡・転貸について借地権設定者の承諾は不要だからです。許可申立ての対象から外れているのは当然ともいえます。

しかしながら，世の中にはいろいろと考える人がいます。

賃借権としての借地権であれば，借地借家法19条による譲渡転貸の許可の制度があることにより，結局は承諾に代わる許可の制度で譲渡・転貸が防げないのではないか，それならば，逆転の発想で，賃借権ではなく地上権にして，地上権設定契約書の特約事項として，譲渡・転貸について借地権設定者の承諾を要するとすれば，地上権は借地借家法19

条の対象に入っていないから，譲渡転貸をむしろ防止できるなどと考えるわけです。

しかし，これはどうみてもおかしいですね。

物権としての地上権について，それより弱い権利のはずの債権としての賃借権で認められている譲渡・転貸の許可の制度が認められないことにより譲渡・転貸ができないというのは，あまりに不公平だからです。

したがって，地上権としての借地権であっても，譲渡・転貸について借地権設定者の承諾を要する特約がある場合には，借地借家法19条の類推適用が認められるべきであると思われます。

Q-58
賃借権の譲受人や転借人は申立てができませんか？　債権者代位もできませんか？　譲渡担保権者や仮登記担保権者はどうですか？

A 借地借家法19条1項において，「裁判所は，借地権者の申立てにより」と明記されているとおり，土地の賃借権の譲渡または転貸についての借地権設定者の承諾に代わる許可の申立てができるのは「借地権者」，つまり，土地の賃借権の譲渡または転貸をしようとする者であり，土地の賃借権の譲受人や転借人は認められていません。

　それでは，借地権者が借地上の建物を譲渡する契約をしたのに，または転貸借契約をしたのに，借地権設定者の承諾を得ようとしない場合，あるいは借地権設定者の承諾が得られないのに承諾に代わる許可の申立てをしない場合に，建物の譲受人や転借人は何もできないのはどうかという疑問が出されました。

　そこで，建物の譲受人や転借人は建物売買契約をしたのに借地権者から借地権の移転や転貸についての履行をしてもらえていないことから，借地権者に対する債権者の立場に立っている，そこで民法423条の債権者代位の制度により，借地権者に代位して本件申立てをすることができるのではないかという問題提議がなされました。

　結論としては，債権者代位による申立てを認めると，借地借家法19

条が「借地権者の申立てにより」と借地権者に限定した意味が失われかねないとして，消極説が優勢で，私も同感です。

　譲渡担保権者や仮登記担保権者についても，建物の譲受人や転借人と同様に考えてよいでしょう。

　借地権者ではないので，債権者代位を含め本件申立ては認められないと思われます。

Q-59 土地の賃借権譲渡・転貸許可の申立ては，いつまでにしなければいけませんか？

A 借地借家法19条1項の冒頭に，「借地権者が賃借権の目的である土地の上の建物を第三者に譲渡しようとする場合において」と記載されているとおり，借地権者が建物を譲渡する前に申立てをしなければなりません。

まず，建物の「譲渡」とは，売買，贈与，交換，代物弁済，死因贈与，特定遺贈がこれに当たります。

法人の合併や分割，相続などの包括承継については，これに当たらないと思われます。

もっとも，合併や分割あるいは包括遺贈については，相続と異なり，借地権者の意思や行為が介在するという点では同様であるとして，これに当たるという考え方もあり得ます。

次に，いつの時点で「譲渡」といえるかです。

借地権者と第三者が譲渡契約をしただけで譲渡といえるのか，建物の所有権移転登記や引渡しがなされてはじめて譲渡といえるのかという問題です。

これらの外形的行為がなされない限り，借地権設定者には譲渡がされたかどうか分からないし，また，借地権者の意思としても契約だけでは

譲渡する意思が確定したともいい切れないところがあるので、引渡しもしくは登記がなされることが、譲渡といえるためには必要と考えます。

言い換えると、売買などの譲渡契約をしても引渡しや移転登記までであれば、賃借権譲渡・転貸許可の申立ては可能と思われます。

特に、死因贈与や特定遺贈の場合には、贈与者ないし遺贈者が生前に本件申立てをすることは、借地権者の死亡によりはじめてその効力が生ずることからも、まずあり得ないことです。

したがって、借地権者が死亡した後に、借地権者の相続人あるいは遺言執行者が、引渡しや移転登記をする前に、本件申立てをすることになると思われます。

Q-60 借地の一部について土地の賃借権譲渡・転貸許可の申立てができますか？ 土地の賃借権を分割して譲渡することはできますか？

A 借地の一部についての土地の賃借権譲渡や転貸とはどういう場合かといえば，借地上の建物が複数あって，その全部ではなく一つまたは複数の建物を譲渡することが許されるかという問題です。

ここでは，土地の賃借権の譲渡と転貸で分けて考える必要があります。

まず，転貸については，転貸をすることによって，元の賃借権の内容に直接影響を与えることにはならないので，転貸の許可の申立ては特段問題なく認められると思われます。

土地の賃借権の譲渡については，借地の一部についてこれを認めると，借地権者が複数になり，借地権設定者からすると地代の徴収などの管理が複雑になり，その結果として借地全体の価値が減少する可能性は否定できず，認められないという考え方もあります。

しかしながら，以下の理由により，借地の一部について土地の賃借権の譲渡の申立ても許されると解するのが一般的です。

第1に，借地権は普通の賃借権のような単なる債権的権利というよりは，借地借家法10条で第三者対抗要件を具備する物権的権利ともいえ

る権利で、本来、その処分は自由で一部譲渡も認められるべきこと、第2に、建物の一部だけが競売される結果、借地の一部についての借地権の譲渡を認めざるを得ないこと、第3に、借地権者が複数になることは借地権者の相続でも起こり得ること、第4に、管理が複雑になることは申立てを却下するかどうかという適法性の問題ではなく、申立てを認めるかどうかという内容で判断すべきこと、第5に、事案によっては必ずしも借地権設定者に不利益になるとは限らないこと、以上の理由から借地の一部の賃借権譲渡は認められることになります。

次に、土地の賃借権の分割譲渡とは、借地権者が借地権付分譲マンションを計画した場合に、多くのマンション購入者に対し借地権の準共有持分を分割譲渡することになりますが、借地権設定者にとっての管理の煩雑さを考慮しても、借地権の一部譲渡と同様に、頭からこれを否定する理由は特にないと考えます。

したがって、申立てそのものは適法であるとして、後はその内容を見たうえで、申立てを認容するか、棄却するかの判断がなされることになると思われます。

なお、借地権付き分譲マンションについては、借地の転貸の方が借地権者の管理の煩わしさが格段に少ないので、申立てが認められる可能性は高くなると思われます。

Q-61 土地賃借権の存否について争いがある場合に，土地の賃借権譲渡・転貸許可の申立てはできますか？

A 土地の賃借権の存在は，土地の賃借権譲渡・転貸許可の申立ての要件ですから，裁判所は，土地の賃借権が明らかに認められない場合には，申立てを却下することになります。

これに対して，土地の賃借権が明らかに認められないとまではいえず，賃借権の存否について双方に争いがある場合には，申立てを直ちに却下することはしません。

借地非訟の裁判において，最終的に土地の賃借権の存在が否定されて申立てが却下ないし棄却されることがあります。

土地の賃借権の存在が認められるものの，譲受人の支払能力などから譲渡・転貸の許可が棄却されることもあります。

土地の賃借権の存在が認められ，かつ許可の申立てが認められることもあります。

いずれの場合でも，借地非訟の裁判では，借地権の存在の有無について既判力がありません。

したがって，土地賃借権の譲渡が認められたとしても，後の訴訟で借地権が否定されると，土地賃借権の譲渡の効力も消滅してしまいます。

そこで，そのような不都合を防止するために，借地非訟の手続きが係

属している裁判所は，借地借家法48条に基づき借地非訟の手続きを中止することができます。

中止するかどうかの判断をする際には，両当事者の主張や書証などを基に判断することになると思われますが，借地権者の主張や提出した書証などにより，借地権の存在が相当程度認められると判断した場合には，中止をせずに借地非訟の手続きをそのまま続行することもあります。

逆に，裁判所が，借地権設定者の，たとえば賃借権の無断譲渡がなされたから借地契約を解除して借地権は消滅したなどの主張について，それなりの理由があると判断するのであれば，借地非訟の手続きを中止する場合が多いと思われます。

6 土地の賃借権譲渡・転貸許可の申立て

Q-62
土地の賃借権譲渡・転貸許可の申立てには,建物の存在が必要ですか？申立て後に建物が消滅した場合はどうですか？

A 借地借家法19条は,借地権者が賃借権の目的である土地の上の「建物」を譲渡しようとする場合において,と定めているとおり,土地の賃借権譲渡・転貸許可の申立ての要件として,借地上の「建物」の存在が要件です。

したがって,更地状態の借地権あるいは建物とはいえない太陽光パネルなどの構築物があるだけでは本件申立ては認められず,却下されます。

逆に,建物さえ立っていれば,どれほど古い建物であっても,仮に朽廃していたとしても,旧借地法とは異なり,朽廃による借地権消滅の制度はなくなったので,本件申立ての要件は満たします。

もっとも,申立てそのものが認められるか,あるいは棄却されるかは別の問題です。

譲受人の職業や使用目的など他の事情を総合的に考慮して判断することになると思われます。

申立て時点では建物が存在していたが,その後,火災などにより消滅した場合はどうかという問題もありますが,同法59条が,土地の賃借

権譲渡・転貸許可の裁判の効力が生じた後6か月以内に借地権者が建物の譲渡をしないときはその効力を失うと定めていることからも，やはり申立て後も建物の存在が条件になると思われます。

　それでは，申立て時点で存在していた建物が申立て後に滅失し，その後別の建物に建て替えられた場合はどうでしょうか。

　当初の申立ては，その際に存在した建物を前提としたものであるはずですから，その建物が消滅し別の建物が建てられたのであれば，その申立ては申立て要件を失うので，別の建物を前提にして改めて申立てをすべきと考えます。

Q-63 借地権者が借地上の建物に譲渡担保を設定した場合に，土地の賃借権譲渡許可の申立てができますか？

A　借地権者が借地上の建物に譲渡担保を設定した場合については各段階があります。

①は譲渡担保権者と契約をしたとき，次に②は譲渡担保の所有権移転登記をしたとき，そして③は借地権者が債務不履行に至り確定的に譲渡担保権者に所有権移転がなされたが，引渡し前のとき，④は③で引渡しがなされたときのそれぞれです。

まず，①の段階では，譲渡担保権者はいまだ確定的に建物の所有権を取得したわけではなく，あくまで担保目的としての所有権移転にすぎず，建物の譲渡をしようとする場合に当たるか疑問がありますが，形式的には所有権移転の体裁を取っているので，特に申立て自体を却下するまでもないと考えます。

しかしながら，許可の裁判が確定した後6か月以内に建物の譲渡がされないときはその効力を失うので（借地借家法59条），実質的な意味があるとは思われません。

次に，②の段階では，建物の所有権移転登記がされた後であることから，借地借家法19条の「譲渡しようとする場合」に該当するか疑問がありますが，引渡し前で借地権者が建物の使用収益を維持しているので

あれば申立てを否定するまでには至らないと思われます。

　もっとも，借地権設定者が賃借権譲受の申立てをしてくると，借地権者は譲渡担保権者による担保権実行をする前に建物の所有権を失うことになりかねず，法律関係が錯綜することになるので，同申立ては現実的ではないと思われます。

　では，③の段階ではどうかといえば，借地権者が建物の引渡しをする前であることから，本件申立てが可能と思われます。

　しかし，実際のところ，債務不履行に陥った借地権者がそのような申立てをすることは期待できないでしょう。

　なお，譲渡担保権者が借地権者の代位で申立てをすることについては，すでにQ-58で述べた通りできないと考えます。

　最後に，④の段階では，どうみても「譲渡」が完了しているので，借地借家法19条の申立てはできないと思われます。

　他方で，建物競売等の同法20条の適用ないし類推適用による譲渡担保権者からの申立てについても，明文化されていないので難しいのではないでしょうか。

　以上，いずれの段階でも，本件申立てについては，現実的でないか，申立てに無理があると思います。

　裁判例については第2編を参照してください。

Q-64 他の借地条件変更の申立てなどと併合して土地の賃借権譲渡・転貸許可の申立てができますか？

A 借地権者が，土地の賃借権譲渡・転貸許可の申立てをする場合には，建物の老朽化が進んでいて，譲受人もしくは転借人において建物の種類・構造・規模・用途を制限する借地条件の変更や，建物の増改築，更新後の再築等を考えているのがむしろ一般的と思われます。

　本来であれば，まずは現借地権者が，土地の賃借権譲渡・転貸許可の申立てをして，その決定が確定した後に，譲受人もしくは転借人が上記の借地条件変更の申立て等をすることになるはずです。

　しかしながら，そのように別々に申し立てるのは借地権者側にとって二度手間であるし，借地権設定者にとっても借地非訟の手続きを繰り返し申し立てられることは遠慮願いたいところです。

　裁判所からみても，一度で済むものであれば，その方が望ましく，訴訟経済上の観点からも合理的であると思われます。

　実際にも，借地権者が，土地の賃借権譲渡・転貸許可と借地条件変更などとを併合して申し立てることがしばしばあり，裁判所も，これを受け入れています。

　では，借地権者が，賃借権譲渡・転貸許可の申立てに併合して借地条

件変更の申立てなどをした場合に，裁判所はどのような点に注意すべきでしょうか。

　借地権者が，賃借権譲渡・転貸許可の申立てだけでも認められればよいというのであれば，他の申立てが認められない場合でも，前者だけを認める決定をすることができます。

　しかしながら，両者を一体として申し立てた場合，すなわち，一方が却下ないし棄却された場合には賃借権譲渡・転貸許可の申立てをする意味がないと借地権者が思っている場合には，両者いずれも認めるべきではないと思われます。

　裁判所としては，そのあたりの真意を借地権者に確認する必要があると思われます。

　なお，競売などで土地賃借権を取得した人が，建物の転売を計画しているときには，競売または公売に伴う譲受許可の申立てと同時に土地の賃借権譲渡・転貸許可の申立てを併合してできるかという問題もありますが，上記と同様の理由で認められると考えます。

Q-65

土地の賃借権譲渡・転貸許可の申立てにおいて,「借地権設定者に不利となるおそれがない」とは,どういうことですか？

A 借地借家法19条は,土地の賃借権譲渡・転貸許可の申立ての実質的要件として,「第三者が賃借権を取得し,又は転借をしても借地権設定者に不利となるおそれがない」ことを要件としています。

では,具体的に何が問題になるでしょうか。

すぐに思いつくのは,第三者の地代支払能力です。言い換えると,経済的信用があるかどうかです。

借地権設定者にしてみれば,賃借人がきちんと地代を支払ってくれるかどうかが最大の関心事です。

もっとも,この第三者は相応の値段のする借地権付き建物を取得するだけの支払能力を有しているはずなので,毎月もしくは毎年あるいは半年に一度の地代を支払う能力を有しないということはまず考えられません。

また,万が一地代の支払いが滞ることになれば,借地権設定者は借地権設定契約を解除して借地権を消滅させることができるので,実際のところ,地代支払能力にそれほど不安を感じていないと思われます。

むしろ，問題なのは，社会的，人的信用の方です。よく言われるのは，暴力団関係者です。

各地の条例で契約書に暴力団排除条項を入れることを努力義務と規定していることからも，暴力団関係者に社会的信用や人的信用がないことは明らかであり，裁判所も第三者が暴力団関係者であれば，本件申立てを認めることはまずないと思われます。

人的信用という意味では，従前から隣人同士で境界などを巡って近所トラブルが絶えず，借地権設定者が不信感を有していたのであれば，新たな土地賃借人あるいは転借人として受け入れることは耐え難いと思うのは無理からぬところでしょう。

また，暴力団関係者ではなくても暴力行為などでの前科・前歴がある場合にも，借地権設定者として敬遠したいところです。

これに対して，職業的な面で社会的信用がないといえるかは微妙なところです。いわゆる風俗営業をしている会社の役員というだけで本件申立てを認めないということにはならないと思われます。

むしろ，借地上の建物で何をするのか，近隣に悪臭や騒音・振動などの被害を与えるような事業をするために借地権を譲受したいというのであれば，特に住宅地域では本件申立てが否定される可能性が高いと考えられます。

Q-66 土地の賃借権譲渡・転貸許可の申立てにおける「鑑定意見書」は、どのようなものですか？

A 裁判所は、特に必要がないと認める場合を除き、土地の賃借権譲渡・転貸許可の申立ての裁判をする前に、鑑定委員会の意見を聴かなければならず（借地借家法19条6項）、鑑定委員会が意見を書面化したものを「鑑定意見書」といいます。

裁判所が意見を聴く事項、つまり諮問事項としては、①そもそも本件申立てを認めるか否か、②財産上の給付、つまりは譲渡承諾料ないし名義書換料の要否とその金額、③その他の借地条件の変更の要否とその内容、例として地代の改定、敷金交付などが挙げられます。

「鑑定意見書」は鑑定委員会が作成するものであって、不動産鑑定士などが作成するものではないので、「鑑定評価書」ではありません。

したがって、国土交通省の不動産鑑定評価基準やガイドラインに従う必要はありません。

土地の賃借権譲渡・転貸許可の申立ての場合の「鑑定意見書」の具体例としては、次のようなものがあります。

まず、宛先を裁判所として、「鑑定意見書」との標題を付し、事件の特定のために事件番号、申立人、相手方を明記したうえで、鑑定委員会委員全員の記名捺印をします。

次に，対象不動産の確認として現地実査日と確認結果を記述し，対象不動産と借地契約の各概要を述べます。

そして，更地価格の査定をしたうえで借地権価格の査定をします。

これらの結果を踏まえ，譲渡承諾料の査定金額を決めます。

地代改定については，その必要性の検証をして，特になければ不要とします。

なお，鑑定意見判定の基準日や，「鑑定意見書」の作成の基礎とした資料も添付します。

以上が「鑑定意見書」の概略ですが，各鑑定委員会によっては，書き方の順序などに独自性があります。

いずれにせよ，裁判所は，鑑定委員会の作成した「鑑定意見書」を尊重して，これを基に和解を勧告したり，調停に付したり，最終的には決定を下すことになります。

また，そうであるだけに，鑑定委員会の各委員は，「鑑定意見書」の借地非訟事件における重要性を改めて認識していただきたいと思います。

Q-67

土地の賃借権譲渡・転貸許可の申立てにおいて裁判所が考慮する事情には，どのようなものがありますか？

A 借地借家法19条2項では，裁判所は，「賃借権の残存期間，借地に関する従前の経過，賃借権の譲渡又は転貸を必要とする事情その他一切の事情」を考慮して裁判をしなければならないとしています。

まず，同条2項に入る前に，同条1項の「借地権設定者に不利となるおそれがない」という要件との関係をどうみればよいでしょうか。

素直に解釈すれば，不利となるおそれがないけれども，同条2項の事情を考慮した結果，借地権者の請求を認めない場合があるということだと考えられます。

では，逆に，不利となるおそれが「ある」にもかかわらず，同条2項の事情を考慮して借地権者の請求を認める場合があるでしょうか。

同条1項と2項の対比からすると，そこまで読み取ることは難しいと思われます。

次に，同条2項の各事情を検討します。

最初に，「賃借権の残存期間」ですが，残存期間が短いときには借地権者の申立てが認められないこともあると思われます。

特に，更新時において借地権設定者の正当事由が認められる可能性が

高い場合には申立てを認めると，その後すぐに来る期間満了時に賃借権の譲受人などが土地の明渡しを余儀なくされ，思わぬ損害を被ることになりかねません。

そのような損害を防止するためにも，裁判所は申立てを棄却することになるのではないかと思われます。

「借地に関する従前の経過」としては，借地権設定時に多額の権利金が設定されていれば，借地権の譲渡性を事実上認める対価とも考え得るので，借地権者の申立てを認める方向に働きますし，承諾料も通常より低くなる可能性があります。

反対に，借地権者と借地権設定者との間の信頼関係から地代が低額に抑えられているなどの事情は，借地権設定者に有利に働くと思われます。

「賃借権の譲渡又は転貸を必要とする事情」としては，借地上の建物に居住する借地権者が高齢化して施設に入ることになったが，高額の地代の支払いが負担となっている場合などが挙げられます。

そこまでの切羽詰まった事情がない場合でも，借地権の処分により相応の資金を得られる場合には必要性が認められることもあると思われます。

「その他一切の事情」としては，借地権者と借地権設定者との間の交渉の経緯が中心となると思われます。

借地権者としては，いくらの承諾料を提供したのか，それにもかかわらず何故借地権設定者が承諾しなかったのかなど交渉がまとまらなかった原因をできるだけ詳細に記載する必要があります。

Q-68 土地の賃借権譲渡・転貸許可の申立ての取下げができなくなるのは、どういう場合ですか？

A 借地借家法19条5項は、借地権設定者が賃借権譲受の申立てをしてその裁判があった後は、借地権者は、借地権設定者との合意がない限り、賃借権の譲渡または転貸許可の申立てを取り下げることができないと定めました。

　非訟事件については、申立人は、終局決定が確定するまで申立ての全部または一部の取下げが可能です（非訟事件手続法63条1項）。

　借地非訟事件も非訟事件の類型に入るので、本来は同様な取扱いになるはずのものです。

　しかしながら、借地権設定者の賃借権譲受の申立てについて、裁判所がこれを認める決定をした以上、借地権設定者としては、建物と借地権の権利を取得するわけですから、借地権者単独での取下げに対する制限を設けてもやむを得ないでしょう。

　無論、借地権設定者の了解があれば、この制限は解消されることになります。

　言い換えると、借地権設定者が、本件申立てに対し賃借権譲受の申立てをしなければ、借地権者による申立ての取下げについての制限はないということになります。

Q-69 土地の賃借権譲渡・転貸許可の申立てを認める場合の財産上の給付額の相場は，どのようなものですか？

A 裁判所が土地の賃借権の譲渡などを認める場合の財産上の給付額，すなわち，借地権譲渡承諾料ないし名義書換料は，借地権価格の何％という基準で決められています。

公刊されている過去の決定例を見た限りでは，少ない額としては借地権価格の5％から，多い額としては借地権価格の25％というのもありますが，大部分は借地権価格の10％となっています。

問題は，ここでいう借地権価格とは何かです。

土地の賃借権の譲渡・転貸許可の申立てをする場合には，すでに賃借権の譲受予定者などとの間で借地権付建物の売買代金が予定されているはずです。

そして，このような申立てをする場合の建物は一般的に老朽化していて建物自体の価値はなく，売買代金のほぼ全額が借地権価格といえます。

そうすると，売買代金をもって，借地権譲渡承諾料の前提となる借地権価格（以下，「予定借地権価格」という）となりそうですが，必ずしもそういう場合ばかりではありません。

地代が相当高額になっている借地権について，借地権者が地代の支払いに耐えられないということで，借地権を譲渡しようとする場合に，相

当低額の予定借地権価格で譲渡しようとすることがあります。

　たとえば，更地価格が坪100万円の100坪の土地で，相続税の路線価表における借地権割合が60％となっている場合に，机上の借地権価格は6,000万円となります。しかし，実際の予定借地権価格は上記のような理由で現実には500万円という場合もあり得ます。

　このような場合に，鑑定意見書はどのような借地権価格を査定して承諾料を出すのでしょうか。

　第2編の裁判例を見る限り，更地価格に相続税の路線価表における借地権割合を機械的に積算して借地権価格を算出し，それに対する10％ということで，財産上の給付としての承諾料を出しているように見受けられます。

　しかし，それでは，500万円の予定借地権価格に対し，6,000万円の10％の600万円の承諾料を支払う，つまり，借地権者にとってはマイナスとなりかねません。

　そこで，鑑定委員会に対しては，鑑定意見書で査定される借地権価格について，予定借地権価格ではないものの，上記の机上の借地権価格でもなく，借地権者と借地権設定者のそれぞれの事情を踏まえた個別的な借地権価格を査定することを期待したいものです。

　なお，そもそも裁判所が一般的な基準とする路線価表における借地権割合や借地権価格に積算する10％という割合についても，東京を中心とした関東地方では概ね当てはまるものの，大阪を中心とした関西地方で仕事をしている私の実感からすると，必ずしもそうではないのではないかと思うことがあります。

Q-70 土地の賃借権譲渡・転貸許可の申立てを認める場合の財産上の給付の他の借地条件の変更としては何がありますか？ 譲渡・転貸を認める決定は、いつまでも効力がありますか？

A 財産上の給付以外の借地条件の変更としては、借地期間の延長と地代の変更が考えられます。

まず、借地期間の延長については、制度当初の決定例には見受けられましたが、最近ではまずありません。

ただし、当事者間で合意するときには、例外的に借地が古すぎて残存期間が不明な場合に期間を明確化する意味も含めて期間を延長することもあります。

しかしながら、期間の延長は、借地権設定者にとって大きな不利益を与えるものなので、裁判所としても慎重になっているのが現状です。

地代の改定については、それまで低額に抑えられていたと思っている借地権設定者が、土地の賃借権譲渡を機会に増額を求めることが多いようで、これについては現在でも認める決定例は少なくありません。

しかしながら、賃借権譲渡承諾料は現在の借地権者が負担するのに対して、地代の増額の負担者は賃借権の譲受予定者であり、当該借地非訟事件の当事者ではありません。

そもそも，地代の改定については，借地借家法11条の地代等増減請求の手続きで行うべきことであり，いわば便法として地代の増額を認めることは同条の趣旨に反しかねず，疑問があります。

　なお，その余の借地条件である建物の種類，構造，規模，用途などについては，むしろ別途借地借家法17条1項の借地条件変更の申立てをすべきと思われます。

　ところで，譲渡・転貸を認めた決定については，譲渡・転貸がされないままにその効力がいつまでも続くと，借地権設定者にとっても，法律関係が不安定となり困ります。

　そこで，借地借家法59条は，譲渡・転貸の決定の効力が生じた後6か月以内に借地権者が建物の譲渡をしないときは，その効力を失うと定めています。

Q-71

借地権者が土地の賃借権譲渡・転貸許可の申立てをしないで借地権設定者に無断で土地の賃借権譲渡もしくは転貸をした場合に、賃貸借契約は解除されますか？

A 土地の賃借権譲渡や転貸については、借地権設定者の承諾を得なければならず（民法612条1項）、借地権設定者は、これに違反した借地権者に対し、借地契約を解除することができます（同条2項）。

もっとも、借地権設定者に特段の不利益がないにもかかわらず、承諾を得られないのも問題であるとして、借地借家法19条が設けられ、借地権者を保護するために承諾に代わる許可の申立てが認められました。

ところが、借地権者が同条の手続きをしようと思えばできるのに、本件申立てをしないで土地賃借権の譲渡などをした場合には、せっかく借地借家法が用意した手続きを借地権者が無視したものといえ、借地権設定者との信頼関係を破壊するものとして借地契約を解除される理由となるのはやむを得ないことです。

しかし、例外が全くないわけでもありません。

たとえば、個人企業を株式会社化していわゆる法人なりをした場合には、そもそも賃借権の譲渡があったといえるか疑問があります。

また，借地権者が子供の手術費用を用意するためなどの理由から借地上の建物を早期に処分する必要がある場合には，信頼関係を破壊しない特段の事情があると認定されることもあり得るのではないかと思います。

　したがって，原則としては解除事由となるものの例外もあり得るので，借地権者から相談を受けた場合には，頭から解除は避けられないと思い込まずに，個別の事情をよく聞きだして，解除を避けることができるかどうかを慎重に判断する必要があると思われます。

　場合によっては，遅ればせながらも賃借権譲受の申立てなどを検討してもよいかもしれません。

7　競売または公売に伴う土地賃借権譲受許可の申立て

Q-72
競売または公売に伴う土地賃借権譲受許可の申立ての書式は、どのようなものですか？

A まず、申立ての趣旨としては、「申立人が、別紙土地目録記載の土地についての土地の賃借権を譲り受けることを許可する。との裁判を求める。」というものです。

続いて、競売または公売等の内容として、「申立人は、別紙土地目録記載の土地上にある別紙建物目録記載の建物を競売又は公売により取得した。」として、「差押登記日、代金、代金納付日、建物の前所有者」を記載し、建物の使用状況として自己使用か賃貸かなども記載します。

次に、賃貸借契約の内容等として、「1　競売時及び契約当初の契約当事者、2　最初に契約を締結した日、3　賃借権の目的となる土地、4　契約の種類（普通借地権か定期借地権かなど）、5　借地条件、6　存続期間　(1)最初に契約を締結したときの約定（いつまで）、(2)契約更新の有

無と更新日，(3)残存期間（あと，何年何か月か），7　地代（現在の地代，地代の推移，相手方からの増額請求），8　敷金，更新料その他の金銭の支払い」などがあります。

　申立ての理由として，申立人が賃貸人に不利となるおそれがない事情を記載する必要があり，申立人の資力や職業等から借地権設定者の地代支払いへの不安を消すことが重要です。

　当事者間の協議の内容として，申立人の申入れ内容と相手方の対応を記入する必要があります。

　また，付随処分に関する意見・希望として，「相手方に支払う財産上の給付」と地代の増額の有無なども記入します。

　最後に，過去の借地非訟事件や地代増減額請求事件があれば，その内容も記載します。

　もっとも，競売や公売で建物を取得した人は，それまでの借地権設定者との関係がないわけですから，以上に挙げた記載事項について必ずしも詳細に把握しているとは限りません。

　競売記録などで分かっていることを記載するしかないでしょう。

Q-73

競売または公売に伴う土地賃借権譲受許可の申立ての申立人は誰ですか？　転売したときはどうですか？　当該第三者に共同相続が生じたときは単独で申立てができますか？　申立ての期限はありますか？

A　借地借家法20条1項は，賃借権の目的である土地の上の建物を競売または公売により取得した第三者の申立てにより，借地権設定者の承諾に代わる許可を与えることができる，と定めています。

したがって，本件申立ての申立人は当該第三者となります。

通常の賃借権譲渡のような任意の売買などと比べて，強制的な売買で建物所有権を奪われる元の借地権者に本件申立てを期待することは到底無理だからです。

競売で不動産を取得する第三者は，自ら使用収益をするというよりは，転売してそのさやを抜く目的の不動産業者が多いと思われます。

そこで，次に，転売を受けた者が本件申立てをすることができるかどうかですが，土地の賃借権譲渡・転貸許可の申立ての場合の土地の賃借権の譲受人などが申立てをすることは認められていないように，本件の第三者から転売を受けた者による申立ても認められません。

本件の第三者が建物取得後に死亡して共同相続が生じた場合に，相続

人の一人だけで本件申立てができるでしょうか。

　借地権を確保するためと考えれば保存行為（民法252条5項）として単独で申立てができそうです。

　しかしながら，裁判所が本件申立てを認める場合には，付随処分として財産上の給付や地代の改定などの借地条件の変更を命じることもあり，手続きに関与していない者にまでその効力を及ぼすことはできません。

　また，借地権設定者の賃借権譲受の申立てがあった場合に，競売などで建物を取得した第三者の相続人全員が関与していないと売買を命じることができません。

　したがって，共同相続など建物が共有の場合には全員による申立てが必要と思われます。

　本件申立てについては，借地借家法20条3項で，「建物の代金を支払った後2月以内に限り，することができる。」と定めているので，建物を取得した第三者は急ぐ必要があります。

Q-74 競売または公売に伴う土地賃借権譲受許可の申立てを認める場合の財産上の給付額の相場はどうですか？また，借地条件の変更として何がありますか？

A 競売や公売に伴う土地賃借権譲受の許可をする場合の財産上の給付額は，借地借家法19条1項の土地賃借権の譲渡などの許可をする場合のいわゆる名義書換料の相場と基本的には同一であると考えられます。

したがって，借地権価格の10％が基準になると思われます。

もっとも，支払いをするのが，土地賃借権の譲渡の場合は借地権者であるのに対して，本件の競売や公売の場合は借地権の譲受人であるところが異なります。

そうすると，土地賃借権の譲渡の場合には名義書換料を譲渡人が支払う，言い換えれば譲受人が負担する必要がないのに対して，本件の譲受人は競売や公売の代金を全額支払うのに加えて本件承諾料も支払うことになり，いささか不公平に見えなくもありません。

しかしながら，競売などでは落札金額が一般の売買相場よりも低く抑えられていること，一般の借地権売買では形式上は借地権者が支払うにしても，その分を売買代金に上乗せして実質上は譲受人が負担している

実情も見受けられることから，競売などによる借地権の譲受人が土地賃借権の譲渡と比べて特に不利益になることはないと思われます。

次に，借地条件の変更についても，土地賃借権の譲渡・転貸許可の申立ての場合と基本的には変わらないと思われます。主には，地代の増額です。

借地期間の延長については，競売や公売についての特殊事情が働くことがあります。

借地権者に対して，元々の借地権の存続期間を確認することが困難な場合が多く，借地権設定者の方も相続などで開始時期がはっきりしないことがあります。

そこで，期間の延長というよりは，本件申立てを機会に借地期間を改めて定めることがあるのです。

具体的には，借地期間を競売代金の納入日から20年間と定める，という例があります。

8 借地権設定者の建物の譲受および土地賃借権の譲受または転借の申立て

Q-75
借地権設定者の建物譲受および土地賃借権の譲受または転借の申立ての書式は、どのようなものですか？

A 書式の話に入る前に、借地権設定者の建物譲受および土地賃借権の譲受または転借の申立てについては、借地権設定者による「介入権の行使」と言われていることを述べておきます。

借地権者からの申立てに対し防戦一方ではなく、借地権設定者からのいわば逆襲といえるものです。

では、本題に入り、まず、借地権者が借地借家法19条1項による土地賃借権の譲渡・転貸許可の申立てをしたことに対する借地権設定者が申し立てる書式としては、標題は、「建物の譲受及び土地賃借権譲受・転借申立書」で、「申立人は、相手方から申立人に対する令和○年（借チ）第○○号土地賃借権譲渡許可申立事件につき、借地借家法19条3項に基づき、建物の譲受及び土地賃借権・転借の申立てをする。」と記載

します。

　申立ての趣旨としては，以下のようなものが考えられますが，1項だけでもよいかもしれません。

　また，金額は明記せずに，「相当の対価」でも構いません。

「1　相手方は，申立人に対し，別紙建物目録記載の建物及び別紙土地目録記載の土地についての賃借権を金△△円で譲渡せよ。

2　相手方は，申立人に対し，申立人から前項の代金の支払いを受けるのと引き換えに，前項の建物につき所有権移転登記手続きをし，かつ同建物を引き渡せ。

3　申立人は，相手方に対し，相手方から前項の所有権移転登記手続及び引渡しを受けるのと引き換えに第1項の代金を支払え。」

　申立ての理由としては，以下のとおり簡単なものでよいと思います。

「1　申立人は，別紙土地目録記載の土地を所有し，同土地を建物所有目的で相手方に賃貸している。

2　相手方は，同土地上に別紙建物目録記載の建物を所有しているが，同建物及び同土地の賃借権を譲渡する目的で賃借権譲渡許可申立てをして御庁に係属している（令和○年(借チ)第○○号事件）。

3　よって，申立人は，借地権設定者として，借地借家法19条3項に基づき本件申立てをする。」

　次に，借地借家法20条1項による競売または公売に伴う土地賃借権譲受許可の申立てに対する借地権設定者が申し立てる書式としては，ほぼ上記と同一で，ただし，「3」のところを「よって，申立人は，借地権設定者として，借地借家法20条2項に基づき本件申立てをする」に代えます。

Q-76 借地権設定者による建物および賃借権譲受の申立ての要件は何ですか？要件が備わっていれば，必ず申立てが認められますか？

A 借地権設定者による建物および賃借権譲受の申立てをするには，借地権者の土地賃借権譲渡・転貸許可の申立てか，買受人の競売もしくは公売に伴う土地賃借権譲受許可の申立てがなされていることが必要です。

これらの申立てが取り下げられ，あるいは不適法却下されたときは，借地権設定者の本件申立てはその効力を失います（借地借家法19条4項，20条2項）。

ただし，本件申立てについて1審の裁判があった後は，本件申立ては，借地権者の土地賃借権譲渡・転貸許可の申立てや買受人の競売もしくは公売に伴う土地賃借権譲受許可の申立てと同様に，当事者の合意がなければ取り下げることはできません（同法19条5項，20条2項）。

本件申立てをするには，裁判所が定める期間内にしなければなりません（同法19条3項，20条2項）。

このため，裁判所は，借地権者の土地賃借権譲渡・転貸許可の申立てや，買受人の競売もしくは公売に伴う土地賃借権譲受許可の申立てを適法と認めたときには，本件申立てをする期間を定めなければなりません

（借地非訟事件手続規則12条）。

　借地権者が借地の全部について賃借権譲受許可の申立てをしたのに対して，借地権設定者が借地の一部について本件申立てができるかという問題もありますが，これは認められないと思われます。

　残りの借地の価値が大幅に低下することが予想されるので，借地権者に不当な不利益を与えるものと考えられるからです。

　では，これらの要件が備わっていれば，裁判所は必ず申立てを認めるかについては議論があります。

　借地借家法19条3項では，「命ずることができる」と定められているので，裁判所に一定の裁量権があるようにも見えます。

　しかしながら，ここでいう「できる」とは，裁判所にその権限を付与したという意味であって，裁量権を与えたものとは解されず，借地権設定者による本件申立ては原則として認められると解するのが一般的です。

　もっとも，いかなる場合でも本件申立てが認められるかといえば，例外があると考えられています。

　というのも，個人企業の法人なりのように従前の借地権者と賃借権譲受人とが実質的に変わらない場合，あるいは借地権者と賃借権譲受人とが親子関係などといった場合に，仮に借地権設定者に無断で賃借権を譲渡しても，信頼関係を破壊するに足りない特段の事情があるとして，借地契約の解除が認められないことが十分予測されるような場合には，本件申立てが否定されることもあり得ます。

Q-77

借地権者が複数の借地権設定者の土地にまたがった建物を所有していて全部の賃借権譲渡の申立てをした場合，あるいは借地権者が自己所有地と借地にまたがった建物を所有していて，賃借権譲渡許可の申立てをした場合に，借地権設定者は賃借権譲受の申立てができますか？

A 借地権者が甲地と乙地の両方にまたがった建物を所有していて，①甲地所有者および乙地所有者双方に対して建物および土地賃借権譲渡・転貸許可の申立てをしたことに対して，甲地所有者だけによる賃借権譲受許可の申立てが認められるか，また，②借地権者が乙地は自己所有しているが，甲地は借地している場合に，甲地所有者に対し土地賃借権譲渡許可の申立てをしたことに対して，甲地所有者が賃借権譲受許可の申立てができるかという問題を考えてみましょう。

まず，①の場合について乙地所有者が承諾する，あるいは②の場合について借地権者自身が承諾するのであれば，いずれも乙地部分の利用権を認めたことになるので，甲地所有者が本件申立てをすることは可能と思われます。

しかしながら，上記の承諾がない場合には，本件申立てを認めること

は難しいと思われます。

　なぜなら，①の乙地所有者や②の借地権者が本件土地の利用権を認めない以上，乙地部分の建物について収去せざるを得なくなる可能性が高まるからです。

　これに対して，一つの建物を借地権者と甲地所有者が共有するという考え方もあり得ますが，これも権利関係が複雑化するだけです。

　したがって，いずれにせよ，将来の紛争を招くことになりかねないので，本件申立てについて否定的に考えざるを得ません。

　最高裁も同様な判決を出しています。詳細については，第2編を参照ください。

　もっとも，甲地上の建物と乙地上の建物とが，それぞれ区分所有権の対象となり得る構造であるというような特段の事情が認められれば，例外的に本件申立てが認められるかもしれません。

Q-78

借地権設定者の建物および賃借権譲受の申立てが認められると，どのような効果が生じますか？ 建物および土地賃借権の価格はどのように算定されますか？ 借地権設定者の義務と借地権者の義務とは，どういう関係になりますか？

A　借地権設定者の申立ては，建物の譲渡と同時に賃借権の譲渡を受ける旨の申立てと，建物の譲渡と同時に借地の転貸を受ける旨の申立ての二つがあります。

したがって，借地権設定者の申立てが認められるときには，上記申立てに応じて，①建物および土地賃借権の売買契約を命じる場合と，②建物の売買契約および土地転貸借契約を命じる場合とがあります。

①の場合には，建物と賃借権の売買代金を決めればよいのですが，②の場合には，売買代金の対象は建物だけで他は転貸の条件，すなわち転貸地代を決めることになると思われます。

もっとも，借地権設定者がわざわざ自己所有地について転貸の申立てをすることは実務上考えにくいので，以下は①の場合についてだけ考えます。

そもそも，建物および土地賃借権の価格はどのように算定されるかで

すが，一般的には取引価格がベースとなります。

　もっとも，建物については，老朽化していることが多いこともあり，実際上それほどの価格はつきません。土地賃借権の価格がほとんどを占めることになると思われます。

　重要なポイントは，その場合に借地権者が第三者に土地賃借権を譲渡する場合に借地権設定者に支払う承諾料，すなわち名義書換料を差し引くことになるということです。

　借地権設定者自身が土地賃借権を取得するわけですから，当然ともいえます。

　この結果，建物価格はほぼ無視できるので，通常の土地賃借権価格の90％相当額となります。

　ところで，借地権設定者の義務としては売買代金を支払うことですが，借地権者の義務としては，建物の所有権移転登記手続きをすることと建物を引き渡すことが挙げられます。

　両者の義務は，対価関係にあると考えられますので，裁判所は同時に履行すべきことを命ずることが一般的です（借地借家法19条3項）。

Q-79 建物の賃借人や占有者との関係はどうなりますか？ 借家権価格は控除されますか？

A 第三者が建物を占有している場合のうち借地権者との建物賃貸借契約に基づく通常の賃借人であれば，引渡しによる対抗力を有するので（借地借家法31条），介入権を行使した借地権設定者に対しても建物賃借権を主張できます。

したがって，借地権設定者は建物の賃借人を認めざるを得ないと同時に，建物賃貸人としての地位を当然に引き継ぐことになります（民法605条の2）。

問題は，建物賃借権を主張できない占有者の場合です。

借地権者からただで住まわせてもらっている，つまり使用貸借に基づく親戚の者とか，勝手に入り込んだ不法占有者については，本来であれば，借地権者の責任において立ち退かせるべきとも考えられますが，実際上そのようなことは期待できないことが多いので，占有者がいるままでの売買を命じることになると思われます。

もっとも，その占有者を排除するための手間暇を考えて，建物および土地賃借権の価格から1～2割程度控除されることになると思われます。

では，通常の建物賃借人がいる場合に，いわゆる借家権価格が控除さ

れるかどうかです。

建物が賃貸用アパートなどの収益不動産の場合には（借地権者自身が住んでいないのであれば，ほとんどは収益目的と考えられます），建物賃借人がいることはむしろ収益価値を高めるものですから，一般的には借家権価格を控除する必要はないと思われます。

このような場合にも当然に借家権価格を控除するとの議論が多いように見受けられますが，私は疑問に思っています。

もっとも，建物の老朽化が激しく，いわゆる地上げの途中で建物賃借人が残り僅かな場合には，借家権価格を控除することもあり得ます。

その場合の借家権価格としては，立退料相当額が考えられますが，この立退料相当額がいくらかを算定するのは容易ではありません。

鑑定委員会の判断に委ねることになると思われますが，不動産鑑定士の世界においても，借家権価格や立退料相当額についての議論が定まっているとは言い難い現状にあります。

今後の裁判例の集積を待つ必要がありますが，これまでの裁判例については第2編を参照してください。

Q-80 建物に(根)抵当権や仮登記担保権が登記されている場合の処理は,どうなりますか?

A 建物に(根)抵当権や仮登記担保権などが登記されていても,競売や公売で建物の所有権を取得した場合には,これらの登記は競売などの手続きで抹消されるのが原則ですから,介入権を行使する際に特に問題になることはありません。

しかしながら,土地賃借権譲渡・転貸許可の申立てに対し,借地権設定者が介入権を行使した場合には,これらの登記は存在したままであるので,その取扱いが問題となります。

方法は三つ考えられます。

第1に,借地権設定者に(根)抵当権や仮登記担保権を引き受けさせ,その被担保債務額を売買代金から控除した額の支払いと引き換えに建物の所有権移転登記手続きおよび引渡しを命じる方法です。

この場合には,借地権者が当該債務の支払いをしたときにその後の処理がややこしくなる危険性があります。

第2に,借地権者または競売などの買受人に(根)抵当権などの抹消登記手続きをしたうえで建物の所有権移転登記手続きおよび引渡しをすることを命じるとともに,借地権設定者には,借地権者などから上記の抹消登記手続きをしたうえでの建物の所有権移転登記手続きおよび引渡し

8 借地権設定者の建物の譲受および土地賃借権の譲受または転借の申立て 159

を受けるのと引き換えに売買代金の支払いを命じる方法です。

これは、確かに分かりやすい方法ですが、問題は、借地権者がそこまでするだけの支払能力とその意思があるかどうかです。

そのようなことが実務的には難しいのであれば、机上の空論になりかねません。

借地権者と借地権設定者との間で事前に相当な交渉をしておく必要がありますが、借地権設定者などにしてみれば元々第三者に借地権を譲渡しようとしていたところに、借地権設定者から介入権を行使された、つまり横やりを入れられたと思えば、交渉がうまくいくとは限らないでしょう。

第3に、被担保債務額を控除せずに売買代金全額の供託をするのと引き換えに建物の所有権移転登記手続きおよび引渡しを命じる方法です。

もっとも、この方法でも、いつになったら(根)抵当権や仮登記担保権の抹消登記手続きができるのかという問題があります。

結局、どの方法も決め手があるわけではなく、(根)抵当権や仮登記担保権の登記が付いている建物および土地賃借権に対する借地権設定者の介入権の行使についてはハードルが高いといえそうです。

第2編 借地上の建物の建替えと借地権売買をめぐる100の重要裁判例

――――――――――《裁判例に入る前に》――――――――――

　ここで取り上げる裁判例は，必ずしも借地非訟事件に限っていません。借地権者による借地権設定者を相手とする借地非訟手続きの申立てに対し，借地権設定者からの対抗手段として借地権者を被告とする建物収去土地明渡請求訴訟が提起されることが相当数あります。そのあたりの攻防も実務的には意義のあることですし，その判決文をみると，借地非訟手続きについての興味深い判旨がしばしばみられます。そこで，これを無視するわけにはいかないと思い，ここに入れることにしました。また，建物収去土地明渡請求訴訟以外にも借地非訟手続きが争点となっている訴訟を参考までにいくつか取り上げています。これによって，本書のテーマである借地上の建物の建替えと売買について，多角的な視点と実務感覚が得られるのではないかと思います。

　ここでは，決定であれ，判決であれ，借地権者をＸ，借地権設定者をＹ，借地権の譲受人をＺとして表示しています。つまり，一般的に使われる申立人や原告をＸとしているのではないことにご注意ください。

　それぞれの決定や判決の判旨自体は，原文のイメージを損なわないために「である調」ですが，「事案の概要」と「コメント」については，分かりやすさを優先して「です・ます調」にしています。

　なお，各章のはじめに，何かの理解の足しになるのではないかという想いから，裁判例の類型や傾向などに関する簡単な導入文を入れました。

　それでは，これから100の裁判例に入っていきます。裁判所の考え方に少しでもなじんでもらえればと思います。

第1章　借地非訟の手続き

　ここでは，借地非訟の手続きについて述べている裁判例を挙げています。
　【1】は，借地非訟手続きが憲法で保障している対審・公開の裁判ではないのが憲法違反ではないかという疑問に答えたものです。
　【2】，【3】は，借地非訟事件と借地権に関する訴訟が併存した場合の借地非訟手続きにおける中止に関する問題です。
　【4】は，正式な中止決定までは出ないにしても，借地権設定者から建物収去土地明渡請求訴訟が提起されると借地非訟手続きが事実上停止することがある現状を述べています。
　【5】は，借地非訟事件係属中に建物が競売になったことによる裁判を求める利益の問題です。
　総じて，一般の訴訟事件と比べて借地非訟手続きの不安定さが表れている裁判例が多いという印象を受けます。

【1】 借地条件変更の裁判において借地権存否の判断をしても憲法32条，82条に違反しない。

（最高裁昭和45年5月19日決定・民集24巻5号377頁）

事案の概要 Xは，Yとの間の土地賃貸借契約について，徳島地裁に対し，硬固な建物の所有を目的とするものに変更する旨の建物の構造に関する借地条件変更の申立てをしたところ，同地裁はこれを認めました。Yが抗告しましたが，高松高裁はこれを棄却しました。そこで，Yが憲法違反などを理由に特別抗告しましたが，最高裁は棄却しました。

決定の要旨 借地法8条の2第1項による借地条件変更の裁判は，借地権の存在することを前提とするものであり，借地権の存否は，対審公開の判決手続きによってのみ，終局的に確定される。しかし，右規定による非訟事件の裁判をする裁判所は，かかる前提たる法律関係につき当事者間に争いがあるときは，常にこれについて民事訴訟による判決の確定をまたなければ借地条件変更の申立てを認容する裁判をすることができないというべきものではなく，その手続きにおいて借地権の存否を判断したうえで右裁判をすることは許されるものであり，かつ，このように右前提事項の存否を非訟事件手続きによって定めても，憲法32条，82条に違反するものではないと解するのが相当であって，このように解すべきことは，すでに当裁判所の判例（昭和41年3月2日大法廷決定・民集20巻3号360頁）の趣旨とするところに照らして明らかである。けだし，借地非訟事件手続きにおいてした右前提事項に関する判断には既判力が生じないから，これを争う当事者は，別に民事訴訟を提起して借地権の存否の確定を求めることを妨げられるものではなく，そして，その結果，判決において借地権の存在が否定されれば，借地条件変更の裁判もその限度において効力を失うものと解されるのであって，前提事項の存否を非訟事件手続きにおいて決定することは，民事訴訟による通常の裁判を受ける途を閉ざすことを意味するものではないからである。

第1章 借地非訟の手続き

> **コメント**
>
> 　本件決定が引用している最高裁昭和 41 年 3 月 2 日大法廷決定は，遺産分割に関する処分の審判について，憲法 32 条，82 条に違反しないと判示しました。
>
> 　その理由として，この審判は後見的立場から合目的的に裁量権を行使して具体的に分割を形成決定し，その結果必要な金銭の支払い，物の引渡し，登記義務の履行その他の給付を付随的に命じるなどの裁判であって，その性質は本質的に非訟事件であるから，公開法廷における対審および判決によってする必要はない，また，この審判は相続権，相続財産等の存在を前提としてなされるものであり，前提事項の存否を審理判断しても既判力が生じないから，これを争う当事者は通常の裁判を受ける権利を妨げられない，などと述べています。
>
> 　本件決定は，この最高裁昭和 41 年決定の論旨をほぼそのまま引用しています。なお，本件決定では，憲法 29 条違反にも触れていますが，その実質は，原決定における裁量の不当ないし法令違背を主張するにすぎないものであって，適法な抗告理由にあたらないと一蹴しています。
>
> 　その後も，最高裁昭和 54 年 2 月 16 日決定が増改築許可について憲法 14 条，29 条に違反しない，最高裁昭和 56 年 3 月 26 日決定が賃借権譲渡許可について憲法 29 条，32 条，82 条に違反しないと判示しており，借地非訟の憲法論争については合憲で決着したものと考えられます。

【2】 借地非訟事件手続きが長期間中止状態となる。

（東京高裁昭和62年6月30日判決・判時1243号34頁）

事案の概要　亡甲が、Y_1およびY_2から本件土地を賃借して本件建物を所有していました。亡甲は、Zに対し本件建物を賃貸していましたが、両者間で昭和46年7月に本件建物および本件土地賃借権について本件売買予約を締結し、賃借権譲渡について許可を求めるため、同年8月にY_1およびY_2（以下、総称して「Yら」という）を相手方として借地非訟事件の申立てをしました。ところが、亡甲とY_1、Y_2との間でそれぞれ訴訟が生じ、借地非訟事件の手続きが進行せず事実上中止状態になりました。亡甲は、昭和55年10月に事情変更により本件売買予約を解除し、本件建物の賃料を月額50万円に増額する意思表示をし、本件売買予約不存在確認および賃料増額を求め提訴しました。亡甲が昭和56年死亡し、Xが相続により本件建物等の権利義務を承継したところ、Zが昭和57年4月に本件建物に無断で工事をしました。そこで、Xは、Zに対し、本件建物賃貸借契約を解除する意思表示をし、従前の訴訟に本件建物の明渡請求を追加しました。

横浜地裁川崎支部は、本件売買契約不存在確認と賃料増額は認めましたが、本件建物の明渡請求は棄却しました。そこで、XとZの双方が控訴したところ、東京高裁は、原判決を一部取り消して、Xの売買契約不存在確認請求を棄却し、それ以外の双方の控訴を棄却しました。

ここでは、借地非訟事件手続きの中止に係る点だけを取り上げます。

判決の要旨　亡甲およびZは、本件売買予約に当たり、2、3か月から6か月程度で借地権譲渡の許可を受けられるものと考えており、右予約後9年を経ても解決しないという事態は予想外であったと認められる。しかし、他方、本件建物の敷地の賃貸借に関しては、右売買予約が行われる以前から地主であるY_1およびY_2と借地人である亡甲との間で種々の紛争があり、地主が右敷地の明渡しを得たい意向であったことが明らかであり、係

る状況下で亡甲がZに対して借地権を譲渡しても，地主がこれを承諾せず，借地非訟事件手続きは難航し，地主側から借地権の存否に関して訴訟が提起される可能性もあることは当然予見されるところであり，本件売買予約の際は亡甲に弁護士がついていたことが認められる。そうなれば当該訴訟の終了するまで借地非訟事件の手続きが中止される場合のあることも借地非訟事件手続規則12条の定めるところである。本件売買予約の契約書によれば，借地権譲渡の許可を受けられないことが確定するのを待つことなく予約の効力を否定しなければ重大な不利益または不都合を生じるおそれがあるなどの具体的事実を認めるべき証拠は何もない。したがって，本件売買予約につきいわゆる事情変更の原則による契約の解除を認めることはできず，右解除を前提とするXの売買予約不存在確認請求は理由がない。

> **コメント**　本件判決で引用されている手続きの中止に関する「借地非訟事件手続規則12条」は，その後借地法が廃止されて新たに成立した借地借家法48条において「裁判所は，借地権の目的である土地に関する権利関係について訴訟その他の事件が係属するときは，その事件が終了するまで，第41条の事件の手続を中止することができる。」と明文化されました。中止に関する定めが，規則から法律にいわば格上げされたのです。
> 　無論，【1】の最高裁決定が判示したとおり，借地非訟事件において借地権の存否を判断して借地権があることを前提に借地条件変更などの決定をすることも可能ですが，その後の民事訴訟で借地権が否定されると上記決定が効力を失うことになり，二度手間となりかねません。
> 　そこで，借地非訟事件と借地に関する権利関係についての訴訟事件が同時に起きた場合に，借地非訟事件を取り扱う裁判官がためらうことなく借地非訟事件を中止することを，いわば後押ししたといえます。
> 　東京地裁令和4年3月17日判決・ウェストロー・ジャパンにおいても，期間満了などを理由とする建物収去土地明渡請求訴訟が提起されたこ

とにより，被告が原告を相手に申し立てていた増改築許可事件は中止されています。

【3】 中止決定に対する不服申立ては認められない。

（東京高裁昭和 48 年 2 月 14 日決定・判タ 302 号 261 頁）

事案の概要　Xは，昭和 46 年 9 月に東京地裁に対し，Yらを相手に借地契約を堅固な建物所有を目的とするものに変更する旨の申立てをしました。これに対して，Yらは，昭和 47 年 11 月に東京地裁に対し，昭和 51 年 9 月に到来する存続期間について更新拒絶をする正当事由があるとして，Xを相手に建物収去土地明渡請求訴訟を提起しました。

借地非訟事件を担当する東京地裁が同事件について中止決定を出したため，Xが抗告をしましたが，東京高裁はこれを棄却しました。

決定の要旨　事情変更による借地条件の変更その他のいわゆる借地非訟事件の申立てがあり，その先決事項たる借地権の存否につき争いがある場合，右非訟事件を審理する裁判所が独自の立場で借地権の存否を判断し，その判断にもとづいて右非訟事件の裁判をするか，それとも同事件の手続きを中止し右借地権の存否の争いに関する訴訟その他の事件の結果をまつべきかは，同裁判所において借地権の存否に関する訴訟裁判所と非訟裁判所の判断がくい違う蓋然性の程度，訴訟その他の事件の種類，内容，進行の程度，借地非訟事件の進行の程度，同事件を緊急に処理すべき必要性その他一切の事情を総合考慮して決すべきことであり，その決定手続き自体に借地非訟事件手続規則 12 条 1 項に定める手続中止の要件を欠く事由（たとえば，右先決的事項の争いに関する訴訟その他の事件の申立てが明らかに適法要件を欠く場合）が存在しないかぎり，右いずれかの決定を不当として不服を申し立てることは許されないものと解すべきである。

これを本決定についてみるのに，右要件の欠けていることを認めることはできないし，X主張のような事情があるとしても，これをもってYらの訴提起を権利の濫用または前記手続規則 12 条の規定を濫用する意図のもとに出たXの正当な権利の侵害行為であるとすることはできない。

コメント 本件決定が触れている「X主張の事情」とは、今回の訴訟の前に、Xの不法占有などを理由とする建物収去土地明渡請求訴訟がYから二度も起こされていて、今回の訴訟が三度目で、しかも期限到来の4年前に提起されていることを踏まえると、私としては、借地非訟事件について中止決定までする必要はなかったと思います。

とはいえ、借地非訟事件の裁判所は、借地権の存否に関する訴訟が別途起こされているときに、借地非訟事件を中止決定するかどうかについて、広範な裁量を有するので、中止決定に対する不服申立てが認められなかったことはやむを得ないと思われます。

【4】 借地権設定者からの建物収去土地明渡請求訴訟の提起により借地非訟事件が事実上停止した。

(東京地裁令和3年3月25日判決・ウェストロー・ジャパン)

事案の概要　Yは本件土地の所有者で、Xらは本件土地の借地権者であり、本件土地上の本件建物の共有者です。Yの父乙が、Xらの父甲との間で昭和16年ころまでに本件土地について賃貸借契約を締結し、その後、昭和34年4月、昭和54年4月、そして平成11年4月にそれぞれ更新がされ、乙は平成12年に亡くなりYが、甲は平成24年に亡くなりXらが、それぞれ賃貸借契約の地位を承継しました。

Xらは、Yを相手方として平成27年5月に借地条件変更、土地賃借権譲渡および増改築許可をそれぞれ求める借地非訟の申立てをしました。これに対して、Yは、同年10月に債務不履行による解除に基づく建物収去本件土地明渡請求訴訟を提起しましたが、Yの請求は棄却され、確定しています。Yは、令和元年5月に改めて期間満了による建物収去本件土地明渡請求訴訟を提起しましたが、東京地裁は、Yの請求を棄却しました。

判決の要旨　Xらは、当庁に対し、平成27年5月、Yを相手方として別件借地非訟を申し立てた。当時、V社が本件借地権の譲渡先として予定されていた。Xらは、別件借地非訟申立てについて、Xらの姉のGが多額の債務を負っており、Xらでは弁済が困難であること、およびX_1が医院を廃業し清算が必要として本件借地権の処分の必要性があるとしていた。Yは、同年10月に債務不履行による解除に基づく建物収去本件土地明渡請求訴訟を提起し、その後XらとV社との契約は解除となったが、平成30年8月W社との間で本件借地権付き本件建物の売買契約を締結した。Yは、同年10月、借地非訟事件において、介入権の申立てには消極である旨を主張した。XらとW社は、令和元年12月に売買契約を合意解除した。

正当事由の有無について、Yは、Yの孫のCが本件土地を使用して住居を

建築したいというが，その内容は具体化されたものではなく，本件土地を利用できるようになってから検討するといった抽象的なものにすぎない。Yは，現在の乙家の当主とされているが，賃貸に供している物件の一部に住んでおり，戸建て住宅に住んでいないことに照らせば，Yの主張する乙家の事情を重視することはできない。そうすると，Yによる本件土地使用の必要性についてはさほど高くないというべきである。

　Yは，Xらが別件借地非訟を申し立てた点やXらそれぞれの事情を指摘して本件土地を使用する必要性は高くない旨主張する。しかし，本件借地権の譲受人は現時点では存在せず，特段，新しい譲受人候補がいることはうかがわれないところ，現時点では本件借地権の譲渡の可能性は乏しい。そして，Xらがいずれも高齢であり，現時点で稼働の予定もないことや転居先の見込みもないことに照らせば，本件建物に居住する必要性は高く，本件土地使用の必要性も高いといえる。この点，Yは，X_1が本件医院を廃業している点を指摘するところ，X_1において本件医院再開の意欲はあるものの，現実には相当困難と認められ，本件医院のための利用として本件建物を利用することは考え難い。しかし，X_1においては，次男とともに本件建物に現在も居住しているのであるから，本件建物を住居として利用する必要があるため，本件土地を使用する必要性が高いというべきである。Yは，X_2が町を出たい旨供述した点についても指摘する。しかし，その趣旨としては，一人で静かに過ごしたい気持ちでいるというに過ぎないと解される。そして，X_2が，幼少のころから長く本件建物で生活していたことや，稼働の見込みもなく転居先もない現状に照らせば，X_2の上記供述が，本件土地使用の必要性を否定するものということはできず，Yの主張は採用できない。

　また，Yは，本件建物が老朽化していることを指摘する。本件建物の建築時期に照らせば，一定程度老朽化していることは認められるが，本件建物の状況などからみても，Yが主張するような本件建物の利用者のみならず周辺住民および近隣歩行者等に対する危険性も高い状況にあるとはうかがわれず，Yの主張を裏付ける的確な立証もないためYの主張は採用できない。Yは，借地権

設定以来の賃貸借期間の長さを指摘するが，賃貸借期間が長いことによって，正当の事由が基礎づけられるとは考え難い。むしろ，Ｘらは，賃料の増額に応じそれを支払う等誠実に対応しており，正当の事由が否定されるべき事情ともいえる。

なお，Ｙは，立退料の提供の申出があることも指摘する。しかし，Ｙが本件土地の使用を必要とする事情がさほど高くなく，一方，Ｘらが本件土地の使用を必要とする事情が高いことに加え，Ｙが正当の事由を基礎付ける事情として主張している事情が正当の事由を基礎付けるものとはいえないことに照らせば，Ｙによる本件土地の使用の必要性が高いとはいえず，立退料の提供の申出があったことを考慮しても正当の事由があるということはできない。

> コメント　本件判決を取り上げた理由は，二つあります。
>
> 　一つ目は，借地権者が借地非訟の申立てをした場合に，借地権設定者が建物収去土地明渡請求訴訟を提起すると，借地非訟事件は中止決定を出さないままに事実上進行が止まる取扱いがなされていることです。
>
> 　二つ目は，借地非訟事件において，土地賃借権譲渡許可の申立てをしたり，借地条件変更の申立てや増改築許可の申立てをしたことについて，借地権設定者が明渡しの正当事由に挙げたことに対し，裁判所がこれをほぼ否定したことです。
>
> 　建物収去土地明渡請求訴訟と借地非訟事件は次元が異なるし，借地非訟の申立てを委縮させてはいけないという配慮が裁判所に働いたのかもしれません。

【5】 借地非訟の申立てに対し裁判を求める利益が失われたとして却下した。

（東京地裁八王子支部平成3年10月22日決定・ウェストロー・ジャパン）

事案の概要　XがYを相手にZに対する賃借権譲渡の承諾に代わる許可を求めて昭和62年に借地非訟の申立てをしましたが、東京地裁八王子支部は平成3年にこの申立てを却下しました。

決定の要旨　Xは、本件土地をYから賃借し、本件土地上に本件建物を所有していたところ、右建物は抵当権の実行により平成元年1月、競売によってVに売却され、同月をもって右競売による売却を原因とするVのための所有権移転登記がなされていること、およびVは、右建物を所有するため、本件土地についてYとの間に新たな賃貸借契約を締結していることが認められる。

右事実によれば、Xには、本件土地の賃借権を譲渡することについて地主の承諾に代わる許可の裁判を求める利益が失われたものと認められるので、Xの本件申立ては不適法となり、かつ補正することができないものである。

コメント　本件の結論自体には何ら異存ありません。問題は、昭和62年に申し立てられた借地非訟事件が、決定の2年以上前に競売により第三者に建物所有権が移転していたのに、平成3年の決定まで時間を要したことが、手続的にどうかと思い紹介したものです。

この間に、XとYとの間で、たとえばYからXに対する建物収去土地明渡請求訴訟が提起されて、本件借地非訟事件が中止決定となり、あるいは事実上停止されていたのかもしれません。

とはいえ、特に競売で落札されてからも2年半以上経過してようやく却下決定というのは釈然としないものがあります。

第2章　借地条件変更の申立て

　旧借地法の時代では，借地条件の変更といっても非堅固建物所有から堅固建物所有への条件変更だけでしたから，堅固な建物か否かがまずは問題とされました。
　そこで，同じ重量鉄骨を使用していても，【6】は堅固な建物，【7】は非堅固な建物と判示しており，両者の区別はそう簡単ではありません。
　【8】,【9】は，同じ借地権設定者から隣接する借地権者が借地条件変更の申立てをしていますが，これについて裁判所の消極姿勢が示されています。
　【10】は，借地条件変更事件係属中の建物増改築に対する裁判所の厳しい判断が出されています。
　【11】は，借地条件変更が借地権譲渡許可と併合して申し立てられた場合に，借地権設定者からの介入権行使がないことが前提であるとしたものです。
　【12】,【13】,【14】は，借地条件変更の要件である「事情の変更」をいずれも否定した事例です。（準）防火地域の指定だけで事情の変更が認められるわけではないなど，裁判所は「事情の変更」について厳しい姿勢を示しています。
　【15】は，財産上の給付の意義について，損失補償か利益の調整かなどの対立があることについて，一つの見解を述べています。
　【16】,【17】,【18】,【19】,【20】は，残存期間が短く，借地権設定者

による更新拒絶が予想される場合の借地条件変更のハードルの高さを判示しています。

【21】は、一定期間内に財産上の給付をしなくても再度の申立てを認めたものですが、例外的事例といえます。

【22】は、転貸借の場合について、転借地権者から借地権設定者、転借地権設定者の双方に対し財産上の給付を命じています。

【23】、【24】、【25】、【26】、【27】、【28】、【29】、【30】は、財産上の給付について、原則は更地価格の10％としつつも、事案によってそれ以上もそれ以下もあり得ることを示しており、また別の付随的条件が入ることもあります。

【6】 H形鋼は重量鉄骨造で堅固な建物に該当し，借地非訟の手続きをしないで建築すれば解除が認められる。

(新潟地裁長岡支部昭和43年7月19日判決・判時553号67頁)

事案の概要　Xは，Yから本件土地を転借し，木造建物を数棟建築して所有していましたが，昭和43年2月に雪のために1棟が倒壊したので，同年4月にH形鋼を使用して本件建物を建築しようとして工事に着手したところ，Yが同年4月に転貸借契約が終了したとして工事続行禁止等の仮処分を申し立て，その旨の仮処分決定が出されました。そこで，Xが仮処分異議訴訟を提起しましたが，新潟地裁長岡支部は仮処分決定を認可しました。

判決の要旨　本件建築物は主要構造部にH形鋼を使用して建築されているのであるが，その耐久性，堅牢性はいかなる程度のものなのであろうか。

本件建築物の主要構造部に用いられているH形鋼とはH形の断面形状に熱間圧延された鋼で，一般構造用圧延鋼材の第二種SS41に属するが，主要構造材が右構造用圧延鋼材で構成されているものを一般に重量鉄骨構造ということが認められるのであるから，本件建築物も結局重量鉄骨造構造の建物であると認めるほかない（なお，軽量鉄骨造とは，単に冷間成形軽量形鋼のみを用いたものに限らず，前記一般構造用圧延鋼材も混用して組み立てられたものも含め，「鉄骨を主体とする軽量な建築」をいうものと認められるが，その主用構造部のほとんどを前記一般構造用圧延鋼材をもって構成されている本件建築物は，もはや右軽量鉄骨造の建築物とは言い得ないというべきである）。

そして，一般にこのような重量鉄骨造建築物は，その資材自体不燃性であるし，強度も鉄筋コンクリート造の建築物に劣らないことがうかがわれ，ただ，被覆材で覆われていないため耐熱性，特に耐酸性に問題なしとしないが（主要構造部が肉厚の鋼材で形成されている重量鉄骨造の建築物の場合は耐熱，耐酸の時

間が長く，それは，特に前示軽量鉄骨造の建築物と対比して明らかである），特に後者については，防錆塗料を繰り返し塗ることにより腐蝕を防止し得ることがうかがわれるのであるから，右重量鉄骨造建築物は全体として著しく耐久性，堅牢性を有しており，借地法第2条にいわゆる堅固な建物に該当すると解するのを相当とする。

　したがって，前示の如き本件建築物は（特に本件建築物の場合，前示のように土台部分が比較的高く，水滴等による酸化の点はかなり良好といえる）結局堅固な建物であると認定するほかない。

　借地上の一部に堅固な建物を地主に無断で建築したとしても，それが主たる建物ではなく，主たる建物は依然として非堅固な建物であるというようなときには，なお右行為は契約違背とはいい得ないと解されるが，他の3棟と本件建築物とを対比するとき，その規模，利用状況からみていずれが主たる建物であるかを断定することは困難でいわば本件建築物も主たる建物の一つであると認定するほかない。そして，前示のとおり，本件土地の転貸借契約は建物の種類および構造の定めがないものであり，Xの本件建物の建築は，結局借地の用法違背の行為であると認定せざるを得ない。

　そして，非堅固な建物所有の借地条件を変更して堅固な建物所有の借地条件とする裁判の制度を創設したところの借地法8条の2の規定が施行された昭和42年6月以後においては，借地契約の当事者間で協議がととのわないときに，右裁判の制度を利用せずに用法違背（堅固な建物の建築）をなした場合には，原則として，用法違背による借地契約の解除が肯定されることになると解される。

　したがって，YからXに対し，本件土地転貸借契約解除の意思表示が昭和43年5月2日付でなされ，その頃Xに到達していることが認められるところ，前示のようにXの本件建築物の建築行為は借地の用法違背であると疎明された本件の場合においては，Yの本件土地の転貸借契約の解除は有効であると認定するほかない。したがって，本件仮処分申請においては被保全権利の疎明があるものというべきである。

したがって，以上のような規模，構造を有する本件建築物の工事がこれ以上進行されるときは，仮にYが本訴で勝訴の判決を得ても，その執行が著しく困難になるおそれがあるものというべきである。

> **コメント**　まず，H形鋼を主要部材とする本件建物が堅固な建物であるかという点については，重量鉄骨造建築物として不燃性で鉄筋コンクリート造に劣らない強度があることなどから耐久性，堅牢性を有しているとしてこれを認めており，妥当な判断と思われます（但し，【7】参照）。また，本件建物が主たる建物の一つであるなどとして用法違背を認定しました。
> 　次に，借地非訟制度が創設・施行された後に同制度を利用せずに堅固な建物の建築をなした場合には，原則として用法違背による解除が認められるとした点もやむを得ないと考えます。
> 　ちなみに，高松高裁昭和47年10月31日判決・判時689号80頁は，同制度施行前に旧建物が類焼で焼失し，防火地域で堅固な建物を建築した場合について信義則違反に値しないとして解除を否定しています。

【7】 H形重量鋼造の組立式工場について堅固な建物であることを否定した。

（最高裁昭和 48 年 10 月 5 日判決・民集 27 巻 9 号 1081 頁）

事案の概要　Yは，Xに対し，昭和 31 年に東京都江戸川区所在の本件土地を非堅固建物所有目的で賃貸し，Xは，本件土地上に木造の居宅と工場を建築しました。Xは，昭和 44 年に工場を取り壊して，1 階を重量鉄骨造耐火構造の板金工場，2 階を木造の居室として新築しました。

そこで，Yが，Xに対し，Yの承諾なく契約違反をしたとして借地契約の解除をし，東京地裁に建物収去土地明渡請求訴訟を提起しました。東京地裁は，Yの請求を棄却し，Yが控訴しましたが，東京高裁は控訴を棄却しました。Yがさらに上告したところ，最高裁は上告を棄却しました。

判決の要旨　Xが改築した 1 階工場部分は，建築材料として鋼材を使用している点において，通常の木造建築に比較すると，その耐用年数が長いことは明らかであるが，その主要部分の構造はボルト締めの組立式であって，同工場を支える H 形重量鋼の柱 6 本もボルト締めを外すことによって容易にこれを取り外すことが可能であるうえ，右柱も中間で切断され杉材の柱で支えられており，また，基礎コンクリート，梁，建物外壁等の構造を全体としてみた場合，解体も比較的容易であるなど，堅固性に欠けるところがあると認められるから，これらの諸点を建築材料および技術水準の現状に照らして勘案すれば，Xが改築した本件工場部分およびこれと構造上接続した一体をなす本件建物が借地法にいう堅固な建物に該当しないという原審の判断は，正当として是認することができ，右認定および判断に所論の違法は認められない。

> **コメント**　本件も【6】と同様 H 形鋼ですが，反対の結論を出しています。
> 　その理由として，まずボールト締めの組立式で容易に取り外し可能であることを述べていますが，組立式の建物であることと建物としての強度に直接的な関連性があるわけではなく，あまり説得力があるとは思えません。
> 　むしろ，2 階部分が木造であり，建物全体として違う構造の部材が混在する方が耐震性などでも強度を弱めるともいわれており，建物の全体的評価の面で堅固性を否定したと考えるべきでしょう。

【8】 2人の借地権者が同一の借地権設定者から隣り合った土地を借地している場合に両地にまたがる1棟の堅固な建物への条件変更の申立てを否定した。

(東京高裁昭和45年6月17日決定・判時605号67頁)

事案の概要　　Yは，X_1に対し，東京都目黒区所在の甲1地を，X_1の妻であるX_2に対し，甲1地の隣地の甲2地（以下，甲1地と甲2地を合わせて「本件土地」という）を，いずれも木造建物所有目的で賃貸し，X_1，X_2（以下，総称する場合には「Xら」という）は，別の工場をそれぞれ所有していました。X_1とX_2は，本件土地について，各工場を取り壊して鉄筋コンクリート造5階建てか6階建ての工場・事務所兼共同住宅として使用するための堅固建物所有に変更する旨の申立てをしました。

東京地裁がXらの申立てを認めたため，Yが抗告したところ，東京高裁は原決定を取り消し，東京地裁に差し戻しました。

決定の要旨　　Xらがそれぞれ賃借中の本件土地の各部分は，現に南北に分かれ，その地上にXら各自所有の右各建物が存在していることを認めることができ，かつ，一件記録を精査しても，XらとY間の各借地契約において，本件土地を一括して，各賃借人であるXらがその地上に共有建物を所有し，土地の共同使用をすることを可能とする趣旨の約定を認めるには不十分である。

借地法は，裁判所に当事者間に協議の調わないことを前提に借地条件の変更をする権限は認めたけれども，賃貸人を同じくする互いに隣接する土地の各賃借人について，それぞれの借地を一括して共同利用をさせることのできる権限を付与したり，あるいは各別の土地に対する数名の賃借人の借地権について，これをそれぞれ共同賃借権に変更するような権限を認めているものでもない。

したがって，原決定がXらの借地条件変更の申立てに対し，Xらの有する借地権が賃貸人であるYに対する関係で，それぞれの借地部分を共同使用す

る権原を含むものであることを確定しないで，本件土地上にXら共有の共同建物を建築することを認めたのは，裁判所の権限に属しない事項について裁判をした疑いがあり，その余の抗告理由について判断するまでもなく違法として取消しを免れないが，当審においてXらの主張しているとおり，Xらは夫婦であり，X_2が甲2地を取得した際において，Xらは本件土地を一括して使用することを予定しており，これを賃貸人であるYも容認していたという事情があながちないともいいきれないと考えられるので，この点を原審においてさらに明確にし，Xらの申立ての趣旨内でどのように借地条件の変更をすべきか審理を尽くさせるのが相当と思料される。

コメント　本件決定は，37年後の最高裁平成19年12月4日決定（【92】参照）を先取りしたかのような内容です。

　同最高裁決定が，裁判所は，「賃借権の目的外の土地上の建物部分やその敷地の利用権を譲渡することを命ずる権限など，それ以外の権限は付与されていないので，借地権設定者の上記申立ては，裁判所に権限のない事項を命ずることを求めるものといわざるを得ないからである。」と述べていることと，本件決定が，裁判所に「賃貸人を同じくする互いに隣接する土地の各賃借人について，それぞれの借地を一括して共同利用をさせることのできる権限を付与したり，あるいは各別の土地に対する数名の賃借人の借地権について，これをそれぞれ共同賃借権に変更するような権限を認めているものでもない」と判示しているところが，極めて類似した表現と思われるからです。いずれも「またがり建物」のケースです。

　もっとも，本件ではそれで終わっていません。各賃借人が夫婦であることから，例外的に借地条件変更の申立てが認められる可能性を示唆して原審に差し戻しているからです。その結末がどうなったのかを知りたいところですが，さすがに半世紀以上前のことですから，今となっては謎です。

【9】 隣接する借地権者両名による共同ビル建築のための借地条件変更の申立てを却下した。

(名古屋高裁金沢支部昭和59年10月3日決定・判タ545号148頁)

事案の概要　X_1 の父は Y から昭和22年ころ甲1地を非堅固建物所有目的で賃借し同地上に木造の2階建て店舗を建築し，X_2 の母は Y から甲1地に隣接する甲2地を非堅固建物所有目的で賃借し同地上に木造2階建て居宅を建築し，その後，X_1，X_2 がそれぞれ相続で各建物を取得しました。

X_1 と X_2 は，各建物を取り壊し，甲1地，甲2地にまたがって鉄骨造3階建ての共同ビルを建築する計画を立て，借地条件変更の申立てをしました。福井地裁は，X_1 については190万2,000円の支払いを，X_2 については265万5,000円の支払いを各条件に，30年の存続期間を設定して堅固建物への借地条件変更の申立てを認めました。そこで，Y が抗告したところ，名古屋高裁金沢支部は，原決定を取り消して，本件申立てを却下しました。

決定の要旨　借地法8条の2は，事情の変更により現に借地権を設定するにおいては，堅固の建物所有を目的とすることを相当とするに至った場合において，堅固の建物以外の建物を所有する旨の借地条件の変更について当事者間に協議が調わないときは，裁判所に右借地条件を変更する権限を認めているけれども，借地法は，裁判所に，賃貸人を同じくする互いに隣接する土地の各賃借人に対しそれぞれ他方の隣接地を使用できる権限を付与すること，あるいは右各賃借権を右各賃借地の全体に対する共同賃借権に変更する権限を認めていない。

前記認定したところによれば，X らは甲1地および甲2地を共同利用する権限を有しないのに，X ら申立ての共同ビルが建築された場合，X らは各自の賃借地だけでなく，それぞれ他方の賃借地も使用する結果となるのであるから，共同ビルを建築する目的で右各土地につき借地条件変更を求める本件申立て

は，借地法の認めないところであって不適法な申立てというべきである。

> **コメント** 高裁は，【8】と同様に地裁の原決定を取り消して借地条件変更の申立てを退けました。裁判所は，隣接地を使用できる，あるいは共同賃借権に変更する「権限がない」とあっさり切り捨てました。
>
> しかしながら，一つの借地だけでは狭小なため土地の有効活用を図るために共同ビルを建築する計画は必ずしも不自然なことではありません。
>
> 隣接地の使用権原とか共同賃借権にするためには，借地条件変更の申立てと同時に互いの賃借権の一部譲渡ないし転貸の許可の申立てをすることで解決する可能性がまったくないのでしょうか。検討の余地はあると思われます。

【10】 借地条件変更申立事件係属中に増改築禁止特約違反の改築工事をした場合に借地契約の解除を認定した。

（東京高裁昭和54年7月30日判決・判タ400号163頁）

事案の概要　Yが，Xらに対し大正14年3月に本件土地を木造建物所有目的で賃貸し，その後裁判所の和解等もあり更新により終期が昭和50年3月と確認されました。Xらは，昭和49年3月，東京地裁に借地条件変更の申立てをしました。同事件が係属中の昭和52年3月にXらが改築工事をしたとして，Yが，本件借地契約について無断増改築禁止特約により当然解除されたとして，建物収去土地明渡請求訴訟を提起しました。東京地裁はYの請求を認めたため，Xらが控訴したところ，東京高裁は基本的に原判決を維持しました。

判決の要旨　無断増改築禁止特約違反による解除の効力について判断する。同特約は，それ自体借地法11条に違反して無効であるとはいえない。むしろ，Xらが増改築をした場合に，これがその土地の通常の利用上相当であり，Yに著しい影響を及ぼさないため，Yに対する信頼関係を破壊するおそれがあると認めるに足りないときは，右特約に基づく当然解除が許されないと解して，右特約の効力を制限すれば足りる。

　Xらの工事が改築に当たるか否か検討する。Xらのした建物工事は，保存行為の程度を超え，建物の主要構造部分である柱・土台，屋根に及び，すでに朽廃した第1建物を朽廃しない状態にさせ，またそのほかの建物の使用期間を著しく延長させたものというべく，右特約にいう改築に該当する。

　右改築がYに対する信頼関係を破壊するおそれがあると認められるに足りないか否かにつき検討する。東京都は，Y所有の葛飾区堀切所在の土地（本件土地はその一部である）に東側に沿って設けられた都道補助109号線の拡幅のため，その一部を買収し，あわせてXらをして都のため右土地につきXらが有していた賃借権を消滅させ，その地上にもまたがって存している第4建物の

移転等をさせる計画を実現すべく交渉を始めたので，X_1 は第 4 建物中右拡幅計画実施により移転等をすべき部分を使用してかばん販売業を営んでいた関係上，新営業所を求めて円滑に移転すべき必要に迫られた。

　本件土地中右道路に面した部分は都市計画上商業地域・防火地域・第三種高度地区（建ぺい率 80％，容積率 400％）に，その裏側部分は近隣商業地域・準防火地域・第三種高度地区（建ぺい率 80％，容積率 300％）に各指定されており，第 1 ないし第 4 建物はいずれも大正末期に築造された木造建築であって改築すべき時期に達していたので，X らはこれらの建物を撤去してその跡地に鉄筋コンクリート造 5 階建て建物（資金の都合により 3 階建てとすることもある）を築造する計画を立て，昭和 49 年 3 月，東京地裁に借地条件を堅固な建物に変更すべき旨の借地条件変更の申立てを行い，かつ右各建物の賃借人に退去を求め，同年 4 月，現在第 1 建物の 3 区分のうち両端 2 区分，第 2 建物の北側半分を空家とした。

　Y は同年 11 月に都に右土地部分約 117 ㎡を売却し，X らも都のため右土地部分の賃借権を放棄し，第 4 建物を昭和 50 年 3 月までに移築等をすべき旨約した。

　X らは右借地条件変更申立事件において鑑定委員会から借地条件を堅固建物所有に変更することは相当との意見を得たが，Y より建物朽廃による賃借権消滅の反対主張を受け，さらに昭和 50 年 9 月，本訴の提起を見，昭和 51 年 9 月，Y より建物朽廃状況の検証および朽廃の有無につき鑑定の申立てに接し，その直後和解勧告を受け，昭和 52 年 2 月，これが不調に帰し，右検証，鑑定の証拠調べが近く行われることが予測される事態を迎えた矢先，右建物工事を実施した。

　右工事完成後，第 1 ないし第 3 建物はほとんど空家に近い状態のままである。

　右事実によると，X らは本件賃借地が都市計画上の右地域地区の指定を受け，高層建物築造のため，その前提として撤去を予定し，空家とした部分もある第 1 ないし第 3 建物につき，特別の必要があるとも認められないのに，本件

証拠調べ直前に，Yに無断でしかもその工事中止申入れをも無視して右改築工事を敢行したものである。

これらの事実とその前記認定の各事実を考慮すれば，右改築工事は借地人の土地の利用上相当であり，賃貸人に著しい影響を及ぼさず，信頼関係を破壊するおそれがないとは到底いえない。

本件賃貸借は右改築工事により前記特約に基づき何らの通知を要せず当然解除されたというべく，その時期はおそくとも右工事終了後の昭和52年3月末日とみるのを相当とする。

右事実によれば，Yの本件請求が信義に反するとはいえない。

> **コメント** 本件判決は，無断増改築禁止特約違反による解除の効力との関係で，①同特約の有効性，②改築工事に当たるか，③信頼関係を破壊するかの3点を挙げています。
>
> ①の増改築禁止特約の有効性については，第1編のQ-42で紹介済みの最高裁昭和41年4月21日判決・民集20巻4号720頁のほか多数の裁判例が認めており，特に昭和41年法改正で増改築許可申立ての制度ができたことは当特約の有効性を前提としていることが明らかです。
>
> ②の改築工事に当たるか否かについて（Xらは保存行為と主張していますが），工事の対象が建物の主要構造部分である柱・土台，屋根に及んでいる以上改築を否定できないでしょう。
>
> ③の信頼関係の破壊の有無についても，Xらが別途借地条件変更の申立てをしてその手続きが進む一方で，都市計画で建物の撤去も予想されていることを踏まえると，本件工事を強行したことは，信頼関係の破壊ありと評価されてもやむを得ないと思われます。

【11】 借地条件変更が借地権譲渡許可と併合して申し立てられた場合，借地権設定者からの介入権行使のないことが前提条件である。

（東京地裁昭和 45 年 6 月 15 日決定・判タ 253 号 318 頁）

事案の概要　Xは，Yから東京都港区赤坂所在の約 42 坪の本件土地を堅固でない建物所有目的で賃借し，本件土地上に二つの建物（一つの建物の一部は鉄筋コンクリート造の居宅兼車庫）を所有していたところ，Xが借地条件の変更とZへの建物および本件賃借権譲渡許可の各申立てをしたところ，Yが介入権の行使をしました。

東京地裁は，Yの介入権を認めて，XからYに対し建物および本件賃借権を約 2,049 万円で売り渡すこと，ならびに建物の引渡しと所有権移転登記手続きを，Yには代金の支払いを命じました。

ここでは，借地条件変更の申立てと介入権行使との関係についてのみ触れます。

決定の要旨　本件において借地権譲渡許可申立人Xから本件土地の賃借権譲渡許可の申立てが適法になされたところ，右事件の相手方Yから本件建物および本件土地の賃借権譲受の申立てが適法になされたので，借地法 9 条の 2 第 3 項により本件建物および本件土地の賃借権の各対価を定めてYへの譲渡を命ずるべきである（Xからの借地条件変更の申立ては，Yからの買受の申立てがないことを前提とするものと解する）。

コメント　本件決定の結論は，いたってシンプルなものです。
借地権者が第三者との間で借地権付建物売買をする場合には買主予定者である第三者は，それまでの非堅固な建物から堅固な建物への条件変更を求めることがしばしばあります。

そこで，借地権者は借地権譲渡許可と借地条件変更の二つの申立てをすることになるのですが，借地権設定者が介入権を行使し，これが認められるときには，土地も建物も借地権設定者の所有になるので，借地条件変更の申立てが意味を失います。

　そこで，借地権譲渡許可と借地条件変更の二つの申立てがなされた場合には，借地権設定者による介入権行使がなされないことが借地条件変更の申立てを認める前提条件であると判示したもので，当然の結論といえます。

【12】 事情の変更を否定した。──《その1》

(東京地裁昭和46年10月14日決定・判タ271号378頁)

事案の概要 Xは、Yから東京都目黒区目黒本町所在の本件土地を非堅固建物所有目的で賃借していましたが、本件土地上に所有する木造平屋建て店舗兼居宅を鉄筋コンクリート造に改築したいとして堅固建物所有目的への変更を求めましたが、東京地裁はこれを棄却しました。

決定の要旨 Xの借地は、東側約5.5mの公道に面し、右公道の両側は南北約400mにわたり小売店舗が並び、その背後地は、小住宅、共同住宅、家内工業的小工場から形成されており、右公道に沿う店舗も背後地の建物もその大部分が木造であり、鑑定委員会の意見によるも、右借地の近隣地域が近い将来高度利用化されるとは認め難いものであり、都市計画上も小売店舗地区、準防火地域、第三種容積地区の指定を受け、堅固建物を建築しなければならないものではないので、現に借地権を設定する場合、堅固建物所有目的を相当とするような客観的事情の変更があったとは認めがたい。

Xは、本件借地の近隣一帯の建物がいまだ堅固化されないのは、Yが本件借地の周辺に広大な土地を所有し、これを他に賃貸しているが、借地上の建物の堅固化に反対しているがためであると主張するが、Yの右所有地は、前記公道の西側に属するものであり、右公道の東側にある第三者所有に係る土地に建っている建物は、その大部分が前記のように木造であるから、Xの主張は、客観的土地利用状況の変更がないとする前記認定を左右するものではない。

コメント 本件決定で認定された事実からすると、鑑定委員会の意見でも近隣地域が高度利用化される見込みがないとしている以上、借地条件変更の申立てが棄却されるのは当然といえます。借地権者は借地権設定者の堅固化への反対姿勢を主張するのは筋違いで

あり，事情変更とは，あくまで客観的な土地利用状況の変更をいうものであることを再確認しています。

　なお，同様な判旨として東京地裁昭和47年7月20日決定・判タ285号304頁があります。

【13】 事情の変更を否定した。——《その2》

（東京地裁昭和52年6月30日決定・判時879号110頁）

事案の概要　Xは，Yから昭和36年7月，東京都渋谷区元代々木町所在の46.56㎡の本件土地を非堅固建物所有目的で賃借し，木造瓦葺2階建て居宅を所有しています。Xは，本件契約後，本件土地付近が準防火地域に指定されたなどとして堅固な建物所有への借地条件変更の申立てをしたところ，東京地裁はこれを棄却しました。

決定の要旨　借地法8条の2第1項に規定する事情の変更の要件の可否について判断する。

まず，本件土地を含む地域は，本件賃貸借契約締結後，準防火地域に指定されたが，建築基準法60条によれば，準防火地域に指定された地域内の建築物については，地階を除く階数が4以上である建築物は耐火建築物（借地法にいう堅固建物に該当するといいうる）とし，地階を除く階数が3である建築物は耐火建築物または簡易耐火建築物としなければならないものの，階数が2以下である建築物（但し，延べ面積の点で制限がある）は，外壁および軒裏を鉄鋼モルタル塗り等の防火構造とすれば木造でも許されるのであるから，準防火地域の指定があったからといって，必ずしも耐火建築物すなわち堅固建物にすることが強制されるわけではなく，したがって，準防火地域の指定は同条項に例示されている防火地域の指定には含まれず，「そのほかの事情の変更」の問題としてとらえられるにすぎない。

次に，同条が事情の変更の具体的例示として揚げている「付近の土地の利用状況の変化」が認められるかどうかについて検討する。

この付近の土地の利用状況の変化により現に借地権を設定するにおいては堅固建物所有目的とすることを相当とするに至りたる場合とは，借地権設定当時，当該借地の付近の土地の標準的使用が，木造等非堅固の建物所有目的であると認められていたものが，その後，土地の合理的，効率的利用の面で変化が

みられ，その地域の標準的使用としては，堅固建物所有目的とするのが合理的であると認められるようになり，現実的にも，その付近の土地に堅固な建物が立ち並ぶようになって，当該借地の利用としても，堅固な建物の敷地として利用するのが通常人の合理的な利用方法であると認められる状況に変化していることをいう。

　この付近の土地の利用状況の変化は，むろん客観的，かつ，現実的なものでなければならないが，借地法8条の2第1項が付近の土地の利用状況の変化を事情の変更の具体的例示として揚げたのは，当該地域に存する不動産は，当該地域を形成する自然的・人文的各地域の要因の作用の結果，用途的に共通性を持ち，機能的にも同質性を持つにいたるため，個々の不動産の最有効使用は，当該地位の地域的制約を受け，したがって，当該地域の標準的使用，いいかえれば付近の土地の利用状況との相互関係の下に置かれることになるので，最有効使用にいたっていない不動産については，経済的合理性に基づいて行動する限り当該地域の標準的使用に近付けようとするのが通常人の合理的判断となるからである。

　したがって，右にいう付近の土地の範囲は，無制限なものではなく，右述の観点から，地域的特性を形成する自然的・人文的諸条件の相関結合により構成される地域のうち，主として用途的な機能を中心として構成される用途的地域をもって画されるべきものと思われる（なお，都市計画法ないし建築基準法にいう用途地域指定区域内（一般指定区域内）においても，用途の同質性において微妙または明確に異なる複数の地域が点在しうるのであるから，右用途地域をもって，この用途的地域ということはできない）。

　これを本件についてみるに，本件土地が属する用途的地域は，S銀行の私道と環状6号線との間に挟まれた高台南側下方にかけて広がる低層小規模の一般住宅街をもって構成されているものというべく，右高台頂付近といういわば一等地に位置する街区は，これと異なる別の用途的地域を構成しているものと認められるところ，本件土地が属する右用途的地域内においては，その標準的使用は，低層小規模の非堅固建物所有と認められ，未だ堅固な建物は僅少であっ

て，借地法8条の2第1項にいう付近の土地の利用状況の変化の現実性がない。

　右と異なり，付近の土地の利用状況の変化ありとした鑑定委員会の意見は，如上の理由により採用し得ない（なお，鑑定委員会は，大規模共同住宅等の存在により付近の土地の利用状況の変化が現実化し，本件土地の借地条件変更の相当性ありとするが，右共同住宅等は，当該地域に指定された建築に関する公法上の制約のもとにおいて，広大な敷地を利用したうえ，共同住宅等の所有目的という主観的特殊事情のもとに築造されたものであって，右建物等が順次築造されたことにより，現在，その主観性が払しょくされて当該地域の標準的使用としては堅固建物所有目的が合理的と認められる程度に客観化されたとは到底認めることはできないうえ，本件土地の最有効使用の観点からしても，一般通常人が合理的に行動する限り，本件土地に現在借地権を設定する場合には，堅固建物所有目的とすることを相当とするに至ったとも解することはできないから，いずれにしても，同委員会の意見は採用の限りでない）。

　さらに，同条項にいう「その他の事情の変更」が認められるかどうかについて，以下に検討する。

　その他の事情の変更とは，「防火地域の指定」，「付近の土地の利用状況の変化」のような具体的変更はないが，一般的に借地権設定当時と比べて当該借地の客観的状況が変更して当該借地の客観的利用状況としては，堅固建物所有が相当とするような状況に変化してきている場合をいい，これを詳述すると，土地の最適の用法は，自然的・人文的諸条件の変化に対応して変わってくるものであるから，右客観的状況の変更とは，用途的地域の地域的特性を形成する地域要因のうち土地建物の用法に作用する各要因の変化，具体的には，用途的地域内における鉄道の敷設，駅の新設，都市計画等に基づく幹線道路または接面街路の拡幅・新設等交通体系の具体的変化，官公庁等による公共施設，商業施設の具体的施策またはそれに基づく実施，あるいは，都市計画法および建築基準法による商業地域，工業地域等堅固建物の築造が要請されるような用途地域への指定換え，各種法律の施行により堅固建物の建築が強制ないし要請される場合など行政的要因の推移，さらに，隣接地域の用途性との相関関係ないし隣

接地域の再開発等が当該地域に与える影響（たとえば，現在では低層小規模の店舗が立ち並ぶ地区であるが，これの背後地である住宅地域が再開発されて一大団地となって人口が集中した，あるいは，集中が予測されることに伴い，今後，当該地域が中・高層の商業地域に発展することの必然性が認められる場合など）などをいい，その変更により，当該用途的地域が堅固建物所有の用途性へ移行することが必至とみられる場合のように，当該借地を含む用途的地域の全部または一部が市街地として発展し，または当然に発展することが予測され，当該地域の標準的使用としては，店舗・事務所等客の来集を目的とする建築物を中，高層の規模のものとして築造することが相当であると認められるような変化ないし過度的現象が現実的に存することをいうと解される。

これを本件についてみるに，右客観的状況の変化としては，準防火地域の指定のみであるところ，現在，右指定のほか，第一種住居専用地域，第一種高度地区，容積率150％，建ぺい率60％の指定がなされているから，これらの各規制のもとでは，3階建て建物を築造するときは，特殊の設計をするか，敷地内に空地を確保するなどして右制限緩和の適用を受ける必要があり，そのこととの関連において，本件土地が属する用途的地域の標準的使用は，敷地面積が東京都内の市街地の一般住宅地域の平均的画地面積にほぼ均しいことから，低層の中小規模の住宅所有となっているのであって，ほとんど2階建てまでであり，建築年度の比較的新しい建物は，東京都内の市街地の普通の建物にみられるように外装をモルタル塗にして防火構造としたものであって，未だ耐火構造の建築物に移行するには至っていないから，準防火地域等の指定のみをもって，「その他の事情の変更」に該当するものとはいうことができず，かえって，本件土地が属する地域が住居地域の指定から第一種住居専用地域に指定換えされたこと，さらに昭和51年度の建築基準法改正の趣旨，ことに日影規制に関する条項が新設されたこと等を考慮すると，将来，本件土地付近が3階建て以上の建物の建築に移行することは全く予測されない。

したがって，また，前示高台付近に堅固共同住宅等が立ち並んでいるからといって，現在および将来にかけて，右影響を受けて本件土地付近に中層の堅固

建物が建築されるとも認め難い。

　なお，Xの主張中には，自己の家族数が増え建物が狭隘となったため，部屋数の増加を要するところ，右必要を充たすためには，3階建てにしなければならないとし，人口の都市集中化現象から，市街地が発展する趨勢にあり，住宅難を解消するため堅固建物の築造を許容すべきである等主張する部分もあるが，右は借地法8条の2第1項にいう客観的事情の変更に該らない主観的事情の変更であり，市街地再開発による住宅難解消等は，本来行政的施策にまつほかない事柄であって，これらを事由に，借地法8条の2第1項によって，国（裁判所）が介入して強制的に借地条件の変更をすることは，本制度の趣旨を超えるものであって，到底許容されるべきものではない。

> **コメント**　借地非訟事件の決定例は，【11】でもそうですが，比較的短いものが多いのですが，本件決定は結構長い文章で，読み応えのあるものです。
> 　本件決定は，借地法8条の2第1項（現借地借家法17条1項）にいう「付近の土地の利用状況の変化」は客観的かつ現実的なものでなければならないとして，「自然的・人文的各地域要因」とか，「地域の標準的使用」とか，「用途的地域」というような独特な表現を散りばめており，文章的にも面白い読み物といえます。
> 　特に，客観的状況の変更について，交通体系の具体的変化などイメージしやすい例を挙げており，借地非訟事件を取り扱うに当たって大いに参考になると思われます。
> 　鑑定委員会の意見を排斥している理由も相当に説得力のあるものです。裁判所が鑑定委員会の意見を必ずしも採用するわけではない一例です。
> 　最後に借地権者が家族の事情を主張している点について，まさに主観的事情の変更であり，本件申立ての理由にはならないとしており，やむを得ないと思われます。

【14】 事情の変更を否定した。──《その3》

(東京高裁昭和52年11月9日決定・判時877号54頁)

事案の概要　Xらは，昭和22年に先代がYより東京都文京区本駒込一丁目所在の本件土地を非堅固の建物所有目的で賃借し，その後昭和34年に更新していますが，昭和48年に防火地域の指定がなされたことから，堅固建物所有目的への借地条件変更の申立てをしました。東京地裁が棄却したため，Xらが抗告をしましたが，東京高裁はこれを棄却しました。

決定の要旨　本件土地を含む地域については，昭和48年11月に東京都告示第1213号をもって防火地域の指定がなされたこと，本件借地権の存続期間が昭和64年7月までであることが認められる。

したがって，本件借地権の設定の際，防火地域でなかったものがその後防火地域として指定されたのであるから，右は非堅固建物の所有を目的とする借地権を設定した後に借地法8条の2第1項の「事情の変更」が生じたものというべきである。

しかし，防火地域の指定は，もと建築基準法の公共的な要請に出ずるものであり，これに対し，借地法8条の2第1項の借地条件変更の手続きは，直接公共性に奉仕させるためにこれを設けたものではなく，土地の合理的利用の促進という社会的要請の観点に立ちつつ，あくまでも契約法の分野においていうところの事情の変更によって当該契約を合理的に変更し得る道を開くことを主眼とするものであり，併せて同法8条の2第4項の規定する一切の事情を考慮して借地条件変更許否の判断をすることを要すると解すべきであるから，防火地域の指定という事情の変更があれば常に借地条件を変更する裁判がなされるべきものとは限らないというべきである。

所論は，防火地域の指定という事情の変更があれば，特段の事情がない限り，借地条件変更申立てを認容する裁判がなされるべきであるというものであるが，後記に説示するところに徴し明らかなとおり，また，原決定がその理由

末段において指摘する本件土地を含むY所有地の効率的利用についての事情等を考量するときは，Xらの現有建物が付近の土地利用状況等と対比して，土地の合理的利用の観点から不相当となるにいたっているとは認め難いから，論旨は理由がない。

　本件土地を含むY所有の土地一筆約670㎡は，本駒込一丁目内からいわゆる白山通りの白山上交差点に出る幅員4mないし5mの通称新道通りと右白山通りとに挟まれた楔上の地区の尖端部を占めて位置し，したがって，本件土地は新道通りに面していること，新道通りは古くからの近隣型の両側小売店街で，昭和47年6月，都営地下鉄6号線の開設以来やや活況を呈してはいるものの，最寄駅である右地下鉄線白山駅から徒歩約4分でありながら，集人施設に乏しく，白山駅方向からの一方通行のほか，日中は一定時間を除き車両の乗り入れ禁止の交通規制があり，商業地域ではあるが，前面道路幅員が5mであることから許容容積率は300％に制限されていること，本件土地の付近の土地すなわち右楔状地区およびこれに隣接する新道通りの後背地は，中級住宅地域を形成して一般の個人住宅，共同住宅等が混在するほか，寺院，墓地，学校等が点在し，建物の不燃中層化の傾向も漸次見られるものの，地域一帯の店舗，住宅等は木造低層建物が主勢を占め，利用状況から見る限り低層店舗住宅併用地が標準的用途となっていて，今後とも当分は現状を維持するものと予測されることが記録上認められ，右認定をくつがえすに足りる資料はない。

　本件土地の付近の土地の利用状況にして右のとおりであるから，仮に本件借地権の設定当時に比して付近の土地の利用状況に変化があるとしても，本件土地について現に借地権を設定するとした場合において，堅固の建物の所有を目的とすることを相当とするには至っていないとみるべきである。

　Xらは，借地法8条の2第1項にいう「その他の事情の変更」として，本件借地権の残存期間が昭和64年7月までの相当の長期間であること，本件借地権はXらの先代が昭和22年9月にYとの間に設定し，昭和34年7月に更新したものであるが，右更新に際して更新料が支払われたこと，Xらは，それぞれ家業，家族構成上本件土地に3階以上，延面積100㎡を超える耐火建物（当

然堅固建物）を築造する必要に迫られていること，およびYが本件土地を含むその所有地約670㎡に共同ビルを建築する計画を立てているが，Xら借地人10名，借家人5名の納得を得ることができなかったことを挙げるけれども，同法条にいう「事情の変更」は，当該借地権の設定当時の当該土地の客観的な状況が変更して堅固の建物を築造するのに相応しい土地となった場合についていうのであるから，客観的状況の変更であって，主観的な事情の変更ではないというべきである。

Xらの右に挙げる事柄はいずれも主観的な事情に属するものに係ることが明らかであるから，所論の事情の変更は理由がない。

そうすると，本件土地については，現段階において借地権を設定するとした場合，必ずしも堅固の建物の所有を目的とすることを相当とするに至っているとはいえず，借地法8条の2第1項の要件を充たさないものといわなければならない。

> **コメント** 旧借地法8条の2第1項では，最初に「防火地域の指定」が明記されて，それに続いて「付近の土地の利用状況の変化その他の事情の変化……」と続いていましたので，防火地域の指定がなされれば，特段の事情がない限り借地条件変更の申立てが認められると思う借地権者がいてもおかしくなかったと思われます。
>
> しかしながら，ここでいう「防火地域の指定」は「その他の事情の変化」の一例であり，防火地域の指定がなされれば，特段の事情がない限り借地条件変更の申立てが認められるわけではありません。
>
> 本決定は最初にその旨を確認しています。
>
> そして，防火地域の指定と並んで規定している「土地利用状況」については，堅固な建物を建築しなければならないほどの不相当性を否定しました。
>
> 最後に，借地権者の家業や家族構成の問題は主観的事情であるとしてこ

れを排斥しました。
　本決定の結論には特に異存はないと思われます。
　なお，東京地裁昭和 56 年 3 月 13 日決定・判タ 444 号 161 頁も，付近の土地の利用状況の変化などの客観的事情の変更が認められないとして借地条件変更の申立てを棄却しました。

【15】 財産上の給付は土地の利用方法の変更により借地権者の受ける利益の調整であり，借地権設定者の蒙る損失の補償ではない。

(東京高裁昭和51年9月17日決定・判時838号46頁)

事案の概要　Xは，昭和34年3月に当時の借地権者からYが所有する土地の借地権の譲渡を受け木造建物を所有していましたが，昭和51年に堅固建物所有目的のために借地条件変更の申立てをしました。東京地裁はこれを認めたために，Yが抗告しましたが，東京高裁はこれを棄却しました。

決定の要旨　借地法8条の2第1項が借地条件変更の要件として規定する「事情の変更」を契約法上の理論である「事情変更の原則」にいう事情の変更と同義に解するのは相当ではない。

「事情変更の原則」は，契約当事者間の予期しない著しい客観的事情の変更のあった場合において，当初の契約に文字通り拘束力を認めるのは信義則に反することになるので，契約内容を事情の変更に即したものに修正すべきであるとする理論であり，当事者の意思を形式的にではなく，実質的に尊重せんとするもので，当事者の意思に基礎を置くものである。

ところで，建築に関する借地非訟は，土地の合理的利用を目的とする用途地域等の指定に呼応し，土地の合理的利用の促進という社会的要請の観点から採用された制度であり，この社会的要請を満たすため，土地利用に対する借地契約当事者（主として賃貸人）の支配・介入を排除せんとするものであり，契約時の当事者の意思を尊重することとは異なる次元のものである。

したがって，借地法8条の2第1項にいう「事情の変更」は，借地人の現存建物が付近の土地の利用状況と対比した場合，土地の合理的利用の観点から不相当であることをいい，右の相当性は，建物と付近の土地の利用状況という物と物との関係を即物的にとらえて判断すべく，借地権設定時における契約当事

者の意思を考慮に容れて判断するのは相当でない。

　本件の資料によると，本件土地は，現に借地権を設定する場合には，堅固な建物の所有を目的とするのが相当であると認められるので，抗告理由第1点は理由がない。

　財産上の給付は，土地の利用方法の変更により借地人の受ける利益の調整であり，賃貸人が蒙る損失の補償ではない（堅固建物の建築により賃貸人は損害を蒙ることになるが，国が私人の財産権を制限した場合の損失を補償すべきものとするときは，補償内容を法律で明定するのを常とするが，借地法にはかかる規定はない）。

　堅固建物の建築により借地人の受ける利益は，借地権価格に反映する非堅固建物所有目的と堅固建物所有目的との両者の借地権の価格の差が借地人の受ける利益であり，財産上の利益は，この借地権価格の差を中心に考慮すべく，しかるとき，原決定の財産上の給付は相当であり，抗告理由第2点も理由がない。

コメント　本件の借地権設定者による抗告理由は二つありました。

　第1の理由は，本件借地条件変更の申立ての理由は借地権者の営業発展のための有効利用という主観的事情の変更だから許されないというものですが，これに対し，本決定は，契約当事者の意思を考慮に容れて判断するのは相当ではないとして，借地権設定者の言い分には一応理解を示しながらも，原決定の理由は建物と付近の土地の合理的利用の観点から相当であるとしているので，理由がないとしています。

　第2の理由は，財産上の給付は借地権設定者の蒙る損害を補償するものであるから倍額となるべきという借地権設定者の主張に対し，本決定は，財産上の給付は利益の調整であり，損失の補償ではないと明言しました。

　以上の本決定の判断はいずれも妥当なものと思われます。

【16】 更新拒絶の正当事由の可能性を理由に借地条件変更を否定した。

（高松高裁昭和63年11月9日決定・判時1319号119頁）

事案の概要　XとYとの間では，昭和20年秋頃，非堅固建物所有目的で本件土地について賃貸借契約が締結され，昭和50年秋に更新され，残存期間は昭和70年秋までとなっています。

Xは昭和63年に堅固建物への借地条件変更の申立てをしたところ，徳島地裁はこれを認めました。Yが抗告したところ，高松高裁は原決定を取り消してXの請求を却下しました。

決定の要旨　本件土地については地域環境の変化によって堅固建物所有を目的とする土地使用を必要とする状況が生じているものと認められるが，準防火地域に指定されたのは昭和45年12月と前回の更新の前からのことであり，Xの本件借地条件変更の申立ての主たる動機は，本件土地の地域環境の変化によって本件建物での生活を前提とした土地利用状態を維持することが困難になったからというのではなく，X先代の死亡でX側に事情の変化が生じ，Xが本件土地上に新たに営業用建物を建築して借地使用による収益を増加させることを考えるようになったことによるものであることが認められ，将来の新たな生活を指向するという意味において，借地条件を堅固な建物所有を目的とするものに変更すべき緊急の必要性に乏しいといえる。

一方，Yは本件土地の返還を希望しており，本件建物の朽廃の時期は不確定であるが，借地期間の満了時には更新を拒絶して争うことが必至の状況にあり，この場合，借地期間は昭和70年までとなっていて，残存期間が7年足らずであるので，確定的な予測は困難であるが，本件契約が締結された事情，当初の借主の死亡，建物老朽化の状態，Yの土地使用を求める事情，Xの土地使用目的等を総合的に勘案すると，立退料の提供をもって補完すべきであるか否かはともかくとして，期間満了時にYについて契約更新拒絶の正当事由が認め

第2章　借地条件変更の申立て　205

られる余地がないわけでもなく，右のような一切の事情を考慮すると，現時点において将来の更新拒絶をほとんど不可能とするにも等しい本件借地条件の変更を認めるのは相当でない。

　そうすると，本件借地条件変更の申立ては理由がなく却下を免れない。

コメント　まず，本件決定が，借地条件変更の申立てを却下したのはいかがかと思います。本件申立てについて形式的要件は満たしているので，申立てを認めないとしても棄却とすべきでしょう。

　次に，借地条件変更の申立てを認めるためには，実質的要件として，旧借地法8条の2第4項でも，現借地借家法17条4項でも規定されているとおり，「借地権の残存期間，土地の状況，借地に関する従前の経過その他一切の事情を考慮しなければならない」とされています。

　本件決定では，残存期間が7年足らずであることもありますが，むしろXが東京在住で不動産業を営んでおり，本件土地においても5階建ての収益マンション等の建築の意向があるのに対して，Yは地元在住で本件土地において自ら居住するための建物の建築を予定していることを重視し，更新拒絶における正当事由の可能性を認めてXの申立てを退けたものと思われます。

　収益を図る目的の借地権者と自己使用を目的とする借地権設定者とを対比すると，本件決定の結論はやむを得ないのかもしれません。

【17】 借地契約の存続期間が近い将来満了し，借地権設定者が更新拒絶の意思を明らかにしているときには，特段の事情がない限り借地条件変更の申立てを認容するのは相当でないとした。

(東京高裁平成元年11月10日決定・判タ752号231頁)

事案の概要　Yの先代が，Xの先代に対し昭和25年7月，本件土地を非堅固建物所有目的で賃貸しました。Xの先代は，同年9月に本件土地上に本件建物を建築し，昭和35年ころ増築して居住してきました。本件契約は昭和45年7月に更新され，平成2年6月末に期間が満了します。Xは，昭和60年12月に相続により本件建物および本件土地の借地権を取得し，他に不動産は所有していません。Xは，昭和25年以降昭和48年まで本件建物に居住し，結婚して一時離れたものの，昭和62年3月以降本件建物に居住しています。Xは，本件建物が相当程度老朽化したとして本件土地上に5階建ての鉄筋コンクリート造の居宅兼共同住宅を建築しようとして借地条件変更の申立てをしました。東京地裁がこれを認めたため，Yが抗告したところ，東京高裁は原決定を取り消し，Xの申立てを棄却しました。

決定の要旨　借地契約の存続期間が近い将来に満了する借地契約につき，借地権者から堅固な建物所有を目的とするものへの借地条件変更の申立てがなされた場合において，土地所有者が，右存続期間満了の際には契約の更新を拒絶する意向を予め明らかにしているときに，その借地非訟手続きにおいて，更新拒絶に正当の事由が認められないと判断した上，右借地条件変更の申立てを認容し，これに伴って借地権の存続期間を変更の効力発生時から30年に延長するとの形成的処分を行うときは，土地所有者は，対審公開の民事訴訟手続きにおいて借地権の存否（更新の成否）の確定を求める途を与えられないまま，実際上極めて長期間にわたり借地を回復し得ない結果となるから，現時点において，将来の更新の見込みが確実であるといえる場合である

か，更新の成否について本案訴訟による確定を待つことなく，借地条件を堅固な建物所有を目的とするものに変更しなければならない特段の事情の存する場合でない限り，右借地条件変更の申立てを認容するのは相当でない，と解される。

　本件についてこれを考えると，本件賃貸借契約は平成2年6月にその存続期間が満了するものであるから，本件申立ての時期（昭和62年5月）からみても，その満了まで3年を残すにすぎないものであったところ，存続期間満了の際に，Yがその更新を拒絶してXに対し本件土地の明渡しを求め，Xがこれに応じないとき，Yがその決着を求めて訴訟の提起に至ることは，これまでの経緯に照らして推認するに難くないが，さきに認定したとおり，本件土地はYの所有する唯一の不動産であって，Y自身は現在賃貸マンションに居住しており，他方，本件建物は築後40年を経過し，既に相当程度老朽化していること等の事情にかんがみると，更新の拒絶に当たり少なくともYが正当の事由を補完するに足りる相当額の立退料をXに提供した場合には，Yの本件土地明渡しの請求は認められる筋合いのものであるし，Yが現時点で支払いを申し出ている立退料の額が直ちに正当の事由を補完するに足りるものであるかどうかはしばらく措き，少なくとも，他の事情の主張・立証いかんによっては，右金額またはこれと格段の相違のない金額をもって相当額と判断される可能性も存するものと考えられる。そうすると，本件においては，将来の契約更新の見込みが確実なものであるとは認められないし，その他，借地権の満了時期が目前に迫っている現時点において直ちに借地条件を変更しなければならない特段の事情が存するものとは認められない。してみると，Xの本件借地条件変更の申立ては理由がないことに帰するから，これを棄却すべきである。

> **コメント**　本件決定は，存続期間が近い将来に満了する事案における借地条件変更の申立てについて，「将来の更新の見込みが確実であるといえる場合であるか，更新の成否について本案訴訟による確

定を待つことなく，借地条件を堅固な建物所有を目的とするものに変更しなければならない特段の事情の存する場合でない限り，右借地条件変更の申立てを認容するのは相当でない」と判示しました。

　実は，この13年前に東京高裁は同様の決定を下しています。東京高裁昭和51年1月30日決定・判時821号121頁です。昭和51年5月をもって存続期間が満了する事案について，「更新の見込みが確実であるとはいえず，かつ右更新の成否が本案訴訟によって確定するのを待つことなく，現時点において借地条件を堅固な建物所有を目的とするものに変更すべき緊急の必要性も認められないから，その余の点について判断するまでもなく相手方申立ての本件は認容できない」と判示しているのです。

　更新の見込みの確実性まで要求するのは行き過ぎではないかとも思いますが，東京高裁の強い姿勢が伺われ，興味深いものといえます。

　なお，【19】の事例も参考にしてください。

【18】 近い将来の朽廃などを理由に借地条件変更の申立てを棄却した。

(大阪高裁平成3年12月18日決定・判タ775号171頁)

事案の概要　Yらの父乙がVに対し本件土地を賃貸し、昭和11年頃にVが本件土地上に本件建物を建築しました。その後、XがVから本件建物を買い受け、昭和26年7月に乙との間で20年間の賃貸借契約を締結し、船舶用ボイラーの製造および修理の工場として使用してきました。Yらは、乙から本件土地の所有権を取得し、本件土地の賃貸人たる地位を承継しました。本件土地賃貸借契約は昭和46年7月、平成3年7月に更新されていますが、他方で、YらはXを相手に、本件建物の老朽化等を理由に平成2年に建物収去土地明渡請求訴訟を提起し係属中です。

Xは、昭和62年頃に造船不況の影響で船舶関係の業務を縮小し、本件建物を取り壊して跡地に本件土地と隣地にまたがって鉄骨・鉄筋コンクリート造の7階と9階の二棟のマンション（本件土地上は7階建てマンション）の建築を計画し、そのために本件賃貸借契約の目的を、非堅固な建物から堅固な建物所有とするために借地条件変更を申し立てました。

大阪地裁がXの請求を認めたため、Yらが抗告したところ、大阪高裁は原決定を取り消し、Xの借地条件変更の申立てを棄却しました。

本件決定では、Yらの朽廃による賃貸借終了、債務不履行による解除の主張について理由なしとして排斥していますが、ここでは、借地条件変更の当否についてのみ取り上げます。

決定の要旨　本件土地は、阪神電鉄千船駅の南東直線距離で約600mのところに位置し、付近一帯は、従前は、工場地帯で中小規模の住宅が混在する地域であったが、近年は公害規制や工場の転出政策が奏功して、居住環境が向上し、工場の転出後の跡地の利用としては、堅固な建物であるマンションの建築が盛んになっていることが認められる。

しかし，一方，次の事実が認められる。本件建物は昭和11年頃に建築されたもので，未だ朽廃しておらず，今後も若干の期間，存続する見込みではあるが，現実には，かなり老朽化していて，近い将来朽廃する見込みである。本件賃貸借契約の期間は，更新されて，平成23年6月までとなったが，右期間満了前に本件建物は朽廃する見込みである。

本件土地は，元々，Xに対し，工場用建物の敷地として賃貸されたもので，右工場用建物の敷地以外の用途に使用することを禁止する旨の特約があるところ，Xは，金属板の製品の製造および販売，陸舶用汽缶の製造販売等を目的とする株式会社であって，本件土地を賃借以来，現に本件土地上に工場用建物である本件建物を所有し，これを船舶用ボイラー製造工場として使用してきたが，造船不況のため，その業務を縮小し，昭和62年2月頃に本件建物における船舶用ボイラーの製造を止め，以後，本件建物の一部においてボイラー修理業務のみを行い，本件建物のその他の部分は第三者に賃貸している。

Xは，乙やその相続人であるYらに対し，昭和26年7月頃，敷金1万円を，また昭和52年8月頃，敷金60万円（当時の賃料は1か月6万5,000円）を差し入れているが，それ以上に，本件土地の時価の8割ないし9割に相当するような多額な権利金や更新料を支払ったようなことはない。

そして，借地法8条の2第1項所定の借地条件変更の裁判をするに当たっては，借地権の残存期間，土地の状況，借地に関する従前の経過，その他一切の事情を考慮すべきところ，これを本件についてみるに，①本件建物は昭和11年頃に建築されたもので，現在ではかなり老朽化しており，本件借地権は近い将来建物の朽廃により消滅する見込みであること，②Xの代表者ないしXは昭和23年9月頃に本件建物の敷地として本件土地を賃借し，それ以来現在まで約43年間にわたり本件土地を賃借し続け，その借地期間は相当長期になっていること，③本件土地は，もともと工場用建物の敷地として，非堅固な建物所有を目的として賃貸されたもので，右目的以外には使用しない旨の特約があること，④本件借地権はそれほど遠くない時期に本件建物の朽廃により終了する見込みであるのに，Xが本件建物を取り壊して堅固な建物である鉄骨・鉄筋

コンクリート造マンションを建築すれば，本件土地の賃貸借契約の期間は少なくとも30年となり，さらに30年後にはこれが更新される見込みであること等の事実や，そのほかの諸事情を総合して考えると，今，非堅固な建物である本件建物の所有を目的とする本件土地の借地権を，堅固な建物所有を目的とする借地権にその借地条件を変更することは相当ではないというべきである。

> **コメント**　大阪高裁は本件決定で大阪地裁と真逆の判断をしました。その理由として4つ挙げていますが，その主たる理由は本件建物が老朽化していて近い将来において朽廃見込みであることにあると思われます。しかし，Yらが別途主張した現時点での朽廃は否定しており，現にXは本件建物を使用しあるいは他に賃貸して収益を上げているのですから，それほど「近い将来」に朽廃するとは思えません。また，本件土地を長期間賃借し続けたことはある意味で既得権化しているともいえ，必ずしも本件申立てを否定する根拠ともいえないと思います。また，本件賃貸借契約の期間についていえば，更新直後のことであり，丸々20年間残っています。その意味で，本件決定には違和感を覚えます。
>
> 他方で，本件申立ては，平成4年に借地借家法が施行される前のことであり，同法の適用がないことから，同法によって拡張された借地条件の変更，本件でいえば工場用建物からマンションへという使用目的の変更は，旧借地法に規定されていなかったこともあり，正面から認めにくいという事情があったのかもしれません。

【19】 借地権の期間満了が近い場合に，契約更新の見込みが確実であることなどが必要であるとして借地条件変更の申立てを棄却した。

(東京高裁平成5年5月14日決定・判時1520号94頁)

事案の概要　　Yの先代が大正15年頃にJR池袋駅の近くに存する本件土地をXの先代に非堅固建物所有を目的で賃貸し，その後双方に相続が生じ，本件申立て当時の借地権者はX，借地権設定者はYで，期間満了は平成7年3月となっています。本件土地上には昭和30年代に建築された1, 2, 3の建物があります。Xは，平成2年6月頃まで1の建物に居住していましたが，本件土地に近い自己所有の建物に転居しました。

Xは，本件各建物が老朽化したので，本件土地の有効利用を図るために，本件土地上に鉄筋コンクリート造7階建てを建築することを計画し，借地条件変更の申立てをしました。東京地裁はXの申立てを認めたため，Yが抗告をしました。東京高裁は，原決定を取り消して，Xの申立てを棄却しました。

決定の要旨　　Xは，本件土地上にビルを建てる計画をし，平成2年頃，Xは1の建物から転居し，平成3年頃には2および3の各建物の居住者を退去させた。平成4年12月，1の建物に火災が発生し，同建物は焼失し，3の建物はその一部が類焼したため，建物としての効用をほとんど失った。1および3の敷地は本件土地の大半を占めている。また，2の建物の外壁などにはかなり老朽化が見られる。

以上の事実から判断するに，本件賃貸借契約は平成7年3月に期間が満了し，Yがその更新拒絶をすることは明らかであるが，このように期間満了が近い場合に本件申立てを認容するためには，条件変更の要件を備えるほか，契約更新の見込みが確実であること，および現時点において申立てを認容するための緊急の必要性があることを要するものと解される。

本件においては，YおよびXはいずれも居住の必要性からではなく，本件

土地を有効利用し，賃貸により収入を得るため，本件土地上にビルを建築しようとしていること，両者とも他に土地や住居を所有していること，本件土地の約半分を占めていた1の建物は焼失し，さらに2の建物は類焼によりその家屋としての機能をほとんど失い，3の建物も老朽化が目立つことなどの事実を総合すると，平成7年の期間満了時において本件賃貸借契約が更新される見込みが確実とはいえず，これを訴訟で解決することを待てないような緊急の必要性があるとも認められない。

そうすると，Xの本件申立ては理由がないから，これと結論を異にする原決定を取り消し，本件申立てを棄却することとし，主文のとおり決定する。

> コメント
>
> 本件も，高裁が地裁の借地条件変更の認容決定を取り消して借地権者の申立てを棄却した事例です。
>
> 本件決定が，借地条件変更の申立てを棄却した理由として，「期間満了が近い場合に本件申立てを認容するためには，条件変更の要件を備えるほか，契約更新の見込みが確実であること及び現時点において申立てを認容するための緊急の必要性があることを要する」ところ，「期間満了時において本件賃貸借契約が更新される見込みが確実とはいえず，これを訴訟で解決することを待てないような緊急の必要性があるとも認められない。」と述べています。
>
> しかしながら，東京高裁の「契約更新の見込みが確実であること及び現時点において申立てを認容するための緊急の必要性があること」を要件とすることは行き過ぎではないかと考えます。
>
> 借地借家の実務に長年関与してきた弁護士の感覚としては，契約更新を拒絶する正当事由が認められる可能性は非常に少ないと思っています。
>
> したがって，期間満了が近い場合であっても（どの程度の年数が残っていれば「近い」といえるかも問題ですが），「契約更新の見込みが確実であること」ではなく，「契約更新の可能性があること」で足りるのではないかと思います。

そして，条文上何らの記載もない「緊急の必要性があること」を付加することにも疑問を持たざるを得ません。
　さらに，本件の場合について，上記の要件を踏まえても，申立てを認めてよかったのではないかと思うところがあります。
　東京高裁は，借地権者が居住のためではなく，賃料収入のためのビル建築であることを強調していますが，戦後の住宅難の時代であればともかく，池袋駅近くという都心の繁華街でビル建築をして収益を上げることが正当事由として否定されることにはならないはずで，まして本件では借地権設定者も同様にビル建築を考えている以上，ことさらに借地権者の正当事由を低く評価することにはならないと思います。
　また，「緊急の必要性があること」についても，本件建物の主要部分が火災で焼失ないし機能を喪失している以上，新たな建物を建築する緊急の必要性があるとむしろ考えられるところです。
　以上を踏まえると，東京高裁の本件決定には疑問を抱かざるを得ません。

【20】 残存期間が短期間である場合に将来の更新拒絶に正当事由が具備する可能性があり，かつ借地条件に緊急の必要性がないとして申立てを棄却した。

（東京地裁平成6年5月30日決定・ウェストロー・ジャパン）

事案の概要 Yは，Xに対し東京都新宿区四谷4丁目の本件土地400㎡を非堅固な建物所有目的で賃貸し，Xは本件土地上に木造もしくは軽量鉄骨造の5棟の建物を所有しています。昭和22年3月に土地賃貸借契約を締結した当時は，木造建物がほとんどでしたが，現在は堅固な建物がほとんどとなり，一部は高層建物でもあり，防火地域および商業地域に指定されています。

そこで，Xが平成4年に借地条件を堅固な建物に変更する申立てをしましたが，東京地裁は申立てを棄却しました。

決定の要旨 Yは，本件賃貸借は平成9年3月に満了するところ，Yとしては更新を拒絶する予定であり，右の更新拒絶には正当事由があるから本件申立てを棄却すべきであると主張する。確かに，借地権の残存期間が短期間であるのに借地条件変更の申立てがなされた場合，これを許可し，かつ，借地法の趣旨に従い借地権の残存期間を30年間延長する付随処分をなすとすれば，数年後に更新拒絶を予定していた借地権設定者は，訴訟手続きによらずに更新拒絶による借地回復の機会を奪われる不利益を被る。したがって，残存期間が短期間である場合には，将来の更新拒絶に正当事由が具備する可能性があり，かつ，借地条件の変更に緊急の必要性がない限り，借地条件変更許可の申立てを棄却するのが相当である（借地借家法17条4項）。

本件は残存期間が既に3年未満となったことが認められるから，まず，更新拒絶の正当事由の具備の可能性について検討する。

Yは，肩書住所地の木造瓦葺平家建約45㎡の借家に，息子2人と共に居住していること，この借家は昭和7年に築造されたものであり，家主から平成2

年5月，建物の老朽化と敷地の有効利用を理由として明渡しを求める調停の申立てがあったこと，同調停は調停不成立で終結したが，自己および2人の息子の居宅と老後の生活資金確保のため，Yは，本件土地を含む所有地約616㎡に，住居兼用の賃貸ビル建築を計画している（ただし，事業収支計画のみ）こと，右の計画予定地のうち本件土地以外の部分はWら第三者に賃貸していること，右所有地から本件土地部分を除いた残余の部分では狭きに過ぎるとして，Yは残余部分のみでビルを建築する意思はないこと，Yには他に不動産はないことが認められる。

そして，Yの住居兼賃貸ビル計画を実行するには，Wに対する賃貸借契約も終了する必要があるが，Yには将来居宅を確保する必要が一応認められる以上，Wの借地期間満了時に，YのWに対する更新拒絶に正当事由が具備する可能性も否定できない。

これに対し，Xは，内装工事，不動産の売買，賃貸等を目的とする株式会社であること，本件借地権の他7か所に不動産を所有していること，Xは，本件借地上に地下1階，地上9階建て延床面積約3,000㎡の鉄骨鉄筋コンクリート造のビルを築造し，これに，本社および関連グループ各社を統合するとともに，関連会社である甲社の音楽教室および社宅を集中させ，経営の効率的な運営を図る予定であることが認められる。

しかし，X自身が右の本社移転および統合を必要とする理由は明らかでなく，かつ甲社についても，現に賃借している建物の半数以上がXまたはその関連会社からの賃借であることに照らすと，同社の経営の効率化に本件土地が不可欠であるとは認められない。

Yは，前借地権者からXへの借地権譲渡の際，約2億6,000万円の承諾料を受領しており，正当事由の補完として，この承諾料に相当する金員または裁判所が相当と認める金員をXに支払う旨の意思表示をしている。

その他の事情として，Xは，前借地権者からXへの借地権譲渡許可手続きの際，Yが書証を改ざんして訴訟を提起し，譲渡許可手続きを引き延ばした結果，残存期間が短期間となったのであるから，信義則上，Yは残存期間が短期

間であることを主張できないと主張する。

　そして，前借地権者は昭和59年9月にXに対する借地権譲渡許可手続きを申し立てたが，Yが期間満了による更新拒絶を理由として建物収去土地明渡請求の訴えを昭和60年2月に提起した結果，右非訟手続きは昭和61年11月から昭和62年4月までに中止されたこと，右の訴訟は平成2年2月に請求棄却の判決がなされ確定したこと，この判決は，Yが提出した契約書に意識的に抹消した部分がある旨を認定していること，その後，非訟手続きは平成2年7月に和解が成立してYが譲渡を承諾したことが認められる。

　しかし，訴訟の提起は濫用にわたらない限りYの権利であること，借地非訟事件手続きは，その決定に既判力がないことに鑑み，借地権の存否に係る訴訟が提起された場合には手続きを中止し得るとされていること，6年にわたる非訟手続きの係属期間中，手続きが中止されていたのは6か月間に満たないこと，本件借地条件変更の手続きは，前借地権者がこれを借地権譲渡許可申立てとともに（あるいは追加して）申し立て，借地条件の変更を得た後の借地権者の地位をXに譲渡することもできたこと，さらには前述のように本決定において付随処分で借地期間が延長されればYは更新拒絶の機会を失うのに対して，Xは残存期間が短期間であることを理由に本件申立てを棄却されても，契約更新が確定した後に再度の申立てが可能であることを考慮するならば，右に認定した事情では，未だ間近に迫った契約更新時期に更新を拒絶する予定であるとのYの主張を妨げるほどの信義則違反はないとするのが相当である。

　以上の各事実を総合すると，本件借地権の期間満了時に，Yに正当事由が具備する可能性がないとはいえないことが明らかである。

　また，本件資料によれば，Xは本件借地権に関して6億6,900万円余りの資金を既に支出したこと，本件土地上には5棟の家屋があるが，借家人が退去し，Xには現在賃料収入がないこと，しかし毎月40万円の地代を継続してYに支払っていることが認められるけれども，右の5棟の家屋は一応使用に耐え得るものであって，ただ，Xがビル建築計画の一環として借家人らを立ち退かせたことが認められる。そうすると，借地条件の変更につきXに緊急の必要

性があるとも認められない。

　したがって，本件申立ては，これを棄却するのが相当と認め，主文のとおり決定する。

> **コメント**　本件も，借地権者による借地条件変更の申立てが棄却された事例です。
>
> 　もっとも，本件借地非訟の申立人が元々の借地権者ではなく，借地権譲渡という前の借地非訟手続きを経て借地権者になったという経緯があります。このため，裁判所は借地権設定者の正当事由に対して相当に好意的な評価をしている半面，借地権者の緊急の必要性に対しては冷ややかに対応をしているとも感じられます。
>
> 　しかしながら，借地権設定者が提起した別の建物収去土地明渡請求訴訟において，借地権設定者が提出した契約書に意識的に抹消した部分がある旨を判決が認定していることに鑑みると，そこまで本件の借地権設定者の主張に傾く必要があったのか疑問が残ります。
>
> 　とはいえ，本件決定が指摘する通り，借地権譲渡許可手続きと借地条件変更許可の申立てを同時，もしくは追加的にしなかった（前）借地権者の対応にも問題があったと思われます。

【21】 条件とされた一定期間内に財産上の給付をしなかった場合に再度の申立てを認容した。

(東京地裁昭和53年8月31日決定・判時929号91頁)

事案の概要　Xは，昭和38年10月にYから東京都台東区根岸5丁目所在の約20坪の本件土地を非堅固建物所有目的で賃借し，木造2階建て居宅を建築して所有していましたが，昭和46年に堅固建物所有目的への借地条件変更の申立てをしたところ，東京地裁は，裁判確定の日から6か月以内にYに130万円を支払うことを条件に堅固建物所有に変更することを認めました（昭和46年11月10日決定・判時652号58頁）。

その後，東京高裁昭和47年3月14日決定を経て確定しましたが，Xは決定で定められた上記期間内の給付をしませんでした。Xは，昭和53年に再度堅固建物所有目的への借地条件変更の申立てをしたところ，Yは一事不再理などを理由に争いましたが，東京地裁は，Xの申立てを認めたものの，今回はこの裁判により確定的に効果を生ぜしめるものとしました。

決定の要旨　非訟事件の裁判（確定）によりすでに当事者間の一定の法律関係の形成，変更（本件の場合は借地条件の変更）が宣明された事項については，再度同一内容の裁判（当該法律関係の形成，変更）を求める利益を欠く（許されない）ことはいうまでもない。

しかし，本件のXがした前回の申立てによる裁判は，その内容（主文記載）自体からして，所定の法律関係の形成（借地条件の変更）を直接に宣明したものではなく，その効果の発生をXからYに対してする反対給付に係らしめたもの，すなわち，Xに対し右反対給付をすることにより所定の借地条件変更の効果を生じさせる権能を与えたにすぎない（この種事案においては，この形式の裁判をすることが多い）。結局，前記期間の徒過によりXが右反対給付をすることができなくなった現状においては，前回の裁判は，形式的には確定残存しているが，本件借地条件の変更という実体に関する限り，もはや実効性のないも

のとなっている。すなわち，本件借地条件の変更に関しては，未解決の状態に戻っているものであり，この状態の下では，借地条件の変更をするに足る土地利用関係の事情の変化がある限り，Xは再度借地法の規定によるこれら変更を求める申立てをすることができるものと解すべきである。

なお，この場合，前回の裁判による反対給付をしなかったXにつき，懲罰的な意味で当然再度の申立権を喪失するものと解すべき根拠もない（裁判所定の期間内に所定の反対給付をすることは，Xにとって厳密な意味での義務ではなく，それをしないことにより，いわばその裁判による借地条件変更の効果を生ぜしめる権利を失ったにすぎない）。また，刑事訴追ではないからいわゆる一事不再理の問題にはならず，前回の申立てによる手続きはすでに終了しているのであるから，いわゆる重複起訴の問題にもならない。

もっとも，本件のXが前回の裁判により本件借地につき借地条件変更の権能，機会を与えられながら，期間内の反対給付をしないでその権能を失ったという事実自体は存在したのであって，このような借地人が，たちまち再度同趣旨の申立てをすることは，反対給付をすることができなかった事情のいかんにかかわらず，一般的には，考慮すべき一切の事情の中で，申立て（再度の）を容れるについて消極に働く事情の一というべきであろう。しかし，本件の場合，今日では前回の裁判によるXの権利喪失後すでに数年を経ているという事情等からして，前回の反対給付の支払条件付申立て認容の裁判の存在等をもって，直ちに本件申立てを失当なものとすることはできない。

次に，Yは，本件申立てが，XがYからの賃料増額請求を妨害するためにした，権利の濫用に当たるものであると主張するが，X側の本件手続きの遂行がことさらYに対する右妨害にほかならないものとみるべき証拠はない。この場合，今回Yが提起した賃料増額請求訴訟は，後記のように，すでに請求棄却となっていることも考えられるべきである。なお，前回の申立てが従前のYの賃料増額請求を妨害するためにされたものであるとすれば，本件の申立てもそれと類似の意図でされたものであるとの推認をする一資料にはなるが，本件で取り調べた資料からは，未だそのような推認をしうるに至らない。

ところで，本件の鑑定委員会は，本件申立てに関し，「本件土地は，公法上の規制並びにその他の事情の変更により，堅固な建物の築造を相当とするに至ったものと認める」との鑑定意見を提出しており，土地の利用状況等の観点において右鑑定意見をくつがえすに足りる資料はない。

以上の検討により，本件借地条件変更を求める申立ては，相当として認容すべきである。もっとも，今回は，右条件変更を後記Xからの財産上の給付に係らしめることはせず，右給付の支払義務とともに，この裁判により確定的にその効果を生ぜしめるものとする。なお，右の借地条件の変更に伴い，将来の権利関係の明確を期するため，本件借地権の存続期間について，堅固な建物の所有を目的とする土地賃借権契約の法定更新期間（30年間）に相当するだけ延長する措置を，併せ講ずるものとする。

> **コメント** 　借地条件変更の再度の申立てを認めた珍しい事案です。
> 　借地条件変更については，申立人の財産上の反対給付を条件にすることは一般的ですが，その反対給付をしないことにより前回の裁判の実効性が失われたことになるので，再度の申立てをすることはそれ自体妨げられないといえます。
> 　他方で，裁判所の決定を履行しなかったという事実自体は，再度の申立ての可否を判断するに当たり消極的に働くのは当然でしょう。
> 　もっとも，本件では前回から6年以上経過したこともあり，申立てが認められました。
> 　何となく釈然としませんが，やむを得ないところでしょうか。

【22】 転借人から転貸人および賃貸人双方に対する転借地条件変更の申立てを認容し，それぞれに財産上の給付を命じた。

(大阪地裁昭和 56 年 12 月 23 日決定・判夕 462 号 167 頁)

事案の概要　Xは，Y_1から賃貸を受けたY_2から本件土地について転借していましたが，Y_1，Y_2双方を相手に転借地条件変更の申立てをしたところ，大阪地裁は，Xに対し，Y_1，Y_2それぞれに財産上の給付を命じました。

決定の要旨　当裁判所は，本件借地条件の変更により本件借地権の価値が著しく増大すること，ならびにYら両名が建物買取りに際し負担の増大を強いられ，借地権消滅の可能性が著しく弱まるなどの事実上の不利益を被ることなどを総合考慮して，当事者間の利益の衡平を図るためXに財産上の給付を命ずるのが相当と思料する。

　財産給付額について，鑑定委員会は，本件土地の更地価格を平方メートル当たり 82 万 7,000 円，本件土地 79.33 平方メートル分合計 6,560 万 5,910 円としたうえ，借地条件変更後の借地権割合を更地価格の 70％とした借地権評価額 4,592 万 4,137 円と借地条件変更前の借地権割合を更地価格の 70％の 5 分の 1 とした借地権価格 900 万円との差額 3,690 万円の 15％相当の金 554 万円を本件借地条件変更による借地権評価額の増大分としてY_1に給付するのが相当である旨の意見を提出した。

　当裁判所も，前記本件土地周辺の状況等に鑑み，右更地価格はおおむね妥当な金額と認めるが，本件借地条件変更による不利益は賃貸人および転貸人の双方に生ずると考えられるので，Y_1およびY_2の双方に対しその不利益を補塡するための財産給付をなすべきであり，また給付金額についての前記意見は既存建物の現況，本件土地の従前の利用状況に鑑みると本件借地条件変更による借地権評価額の増大分の分配としては低きに失すると認められるので，これを採

用せず，以下のとおり定める。

　Y_1 に対する給付額について，本件各借地条件変更により生ずる借地権価額の増加分は，本来本件土地の所有者である Y_1 に属すべきものであるから，右増加分に相当する金額をもって給付額とすべきところ，本件借地条件変更前の借地権の割合は，本件全資料により更地価格の60％，また，借地条件変更後の借地権割合は鑑定委員会の意見どおり更地価格の少なくとも70％とそれぞれ認めるのが相当であり，その増加分は更地価格の10％相当の金額となるので，給付額を前記更地価格の約10％相当額650万円とする。

　Y_2 に対する給付額について，Y_2 の有する本件土地に対する転借地権付借地権割合（借地権割合より転借地権割合を控除した割合）の減少分は，本件借地条件変更により同人に生ずる損失であるから，右減少分に相当する金額をもって給付額とすべきところ，本件借地条件変更前の転借地権割合は借地権割合の60％，右変更後の転借地権割合は借地権割合の70％とそれぞれ認めるのが相当であり，借地権割合を前述のとおりそれぞれ更地価格の60％および70％とすると，転借地権の評価はそれぞれ変更前が更地価格の36％，変更後が右額の49％となり，したがって転借地権付借地権の評価割合は，借地条件変更前が更地価格の24％，変更後の更地価格の21％と認められ，その減少分は更地価格の3％相当となるので，同人に対する給付額を前記更地価格の約3％相当額190万円とする。

　次に，賃料額について検討する。鑑定委員会の意見は，更地価格から借地人に帰属する経済的利益（本件においては借地権割合70％相当額）を控除した価格1,968万2,000円を基礎額として年6％の期待利回りを乗じて算出した年額純賃料118万1,000円に公租公課および維持管理費を加算した額152万320円を12分した金12万6,700円に本件確定日の属する月の翌月1日から月額賃料を改定するのが相当であるとする。当裁判所も，本件借地条件変更による本件土地の利用効率の増加に伴い地代を改定する必要があると認めるところ，Y_1 と Y_2 との間の本件賃貸借契約中本件土地に関する部分の賃料額は右鑑定委員会意見どおりの金額とするのが相当と認め，X と Y_2 との間における本件転貸借

契約に関する転借料については，転借地権の使用収益可能性増大の割合，従前の賃料額，Y_2の経済的利益保証の必要等の諸事情に照らし，月額15万円とするのが相当と認めるので，本裁判確定の日の属する月の翌月1日から本件転貸借契約の転借料を月額15万円に，本件賃貸借契約中本件土地部分の賃料を12万6,700円にそれぞれ変更することとする。

なお，存続期間については，本件全資料に照らし，鑑定委員会の意見どおり，その期間を本裁判確定の日の翌日から30年間に変更する。

> **コメント** 　転借人から転貸人および賃貸人双方に対して申し立てた借地条件変更に対する認容決定の条件として，財産上の給付を命ずる相手方も双方になるのは自然なことだと思います。
> 　もっとも，その算定方法についての裁判所の考え方にはいま一つ腑に落ちないのですが（特に賃貸人の更地価格の10％相当額と別に転貸人に更地価格の3％相当額を加えている点は，むしろ両方合わせて更地価格の10％相当額とすべきであったのではないでしょうか），不動産鑑定士の方々にご意見をお聞きしたいところです。

【23】 更地価格の10％に当たる財産上の給付と現建物の根抵当権設定登記の抹消を命じた。

(東京地裁昭和47年6月6日決定・判タ282号380頁)

事案の概要　甲が乙から昭和16年11月に東京都中央区銀座7丁目所在の本件土地約72㎡を非堅固建物所有の目的で賃借し、甲は木造2階建て店舗の本件建物を所有しました。Yは昭和30年に乙から本件土地を買い受けて借地権設定者の地位を、Xは昭和33年10月、相続により借地権者の地位を、それぞれ承継しています。

その後、本件土地付近が高層化したとして、XがYを相手に堅固建物所有目的への借地条件変更の申立てをしたところ、東京地裁は、Xが本件建物に設定された根抵当権設定登記の抹消登記手続きとYに対し584万円の支払いを条件として本件申立てを認め、①使用目的を堅固建物所有、②地代については1か月3万2,760円、③借地期間を30年とする決定をしました。

決定の要旨　本件土地付近は、本件借地契約締結当時は木造の建物が多かったが、現在は高層化しているので、現に借地権を設定する場合、堅固建物所有目的とするのが相当であることが認められるので、本件申立てはこれを認容すべきである。

Xは、本件申立てが認容されることにより、本件土地上に堅固建物を建築し、本件土地を最有効に使用することが可能となり、借地上の建物を利用することにより得られる収益が増加する。

この収益の増加は、一面において借地権価格の増加となって現れ、他面賃料増額の要因となるので、借地権価格の増加分を相手方に対する財産上の給付とし、賃料を改訂するのが相当である。

従来の鑑定委員会の意見によると、非堅固建物所有目的の借地権の価格の更地価格に対する比率（借地権割合）と堅固建物所有目的の借地権の価格の更地価格に対する比率は10％程度であるとする意見が多いので、財産上の給付を

鑑定委員会の評価になる本件土地の更地価格5,838万円の10％に当たる584万円とし，賃料を同委員会の意見に従い1か月3万2,760円に改めるのを相当とする。

本件建物の登記簿謄本によると，本件建物に丙銀行のため元本極度額650万円の根抵当権設定登記がなされているので，右根抵当権者の利益を考慮し，かつ刑法第262条に触れるのを避けるため，本件申立てを，右財産上の給付の支払いのほか，右根抵当権設定登記の抹消登記手続きを条件として認容するのを相当とする。

なお，借地期間を財産上の給付義務履行の日から30年に変更するのを相当とする。

> **コメント** 借地非訟事件の初期の頃の決定例と思わせるところがいくつかあります。
>
> 　第1に，建物に設定されている根抵当権設定登記の抹消登記手続きを条件としていることです。借地権譲渡許可の申立てに対し借地権設定者が介入権を行使した場合であればともかく，本件の借地条件変更の申立ての場合には借地権設定者にとって建物の根抵当権について直接的な関係はない上に，そもそも，既存建物の滅失登記をするために根抵当権者の承諾が欠かせないので，あえて決定に入れる必要性がないと思われます。
>
> 　第2に，借地権価格の増加分を相手方に対する財産上の給付としたのも，若干損失補償的な考え方に偏った感があります。
>
> 　第3に，財産上の給付額について，更地価格の10％とした根拠も今一つ不明確と思われます。
>
> 　第4に，存続期間についての起算点を財産上の給付義務の履行日としているのも，履行しない限り存続期間が進行しないことになるので，決定確定日を起算点とすべきかと思います。

【24】 3か月以内の更地価格の10％に当たる財産上の給付と借家人明渡しを条件に借地条件変更の申立てを認めた。

（東京地裁昭和48年6月29日決定・ウェストロー・ジャパン）

事案の概要　　Xは，Yらから昭和27年2月，東京都港区赤坂2丁目の土地約21坪を非堅固建物所有目的，期間20年で賃借し，同地上に木造2階建て居宅を所有し，その後法定更新され，地代は昭和47年4月以降1か月1万730円でした。

　Xは，本件建物を堅固建物に改築するために借地条件変更の申立てをしたところ，東京地裁は，本裁判確定の日から3か月以内にYらに560万円を支払い，かつ本件建物の借家人から明渡しを受けることを条件として，本件土地に関する賃貸借契約の借地条件を，①使用目的を堅固建物所有とする，②存続期間の終期を条件が満たされた日から30年後とする，③条件が満たされた日の属する月の翌月から地代を1か月1万5,611円と変更する旨の決定をしました。

決定の要旨　　本件土地付近の建物は借地契約締結当時はほとんど木造であったが，現在は高層化の傾向にあることが認められ，現に借地権を設定する場合には，土地の使用目的を堅固建物所有とするのが相当であるので，本件申立ては，これを認容するのが相当である。

　本件申立ての認容により，Xは，本件土地上に最有効使用に相応しい堅固建物を建築することが可能であり，このことは，本件土地利用により得られるべきXの収益が増大することを意味する。収益の増加は，借地権価格の増加に作用する一方，地代増額の要因となる。借地権価格の増加は，土地の使用目的変更の対価と目すべきものであるので，これを財産上の給付とし，地代を最有効使用に相応しい額に改める必要がある。

　従来の鑑定委員会の意見によると，土地の使用目的を非堅固建物所有から堅固建物所有に変更する場合，借地権価格が更地価格の10％程度増加するとす

るのが意見の大勢であるので、財産上の給付を鑑定委員会の評価する本件土地の更地価格5,604万8,000円の約10％に当たる560万円とする。

　鑑定委員会は、財産上の給付を求める方法の一つとして更新料を援用するが、更新料の合理的根拠は必ずしも明らかでなく、更新には合意更新と法定更新とあり、いずれの更新を選ぶかは、借地人が決めることであり、第三者には右の選択権がないのであるから、財産上の給付に更新料を援用するのは相当でなく、また、鑑定委員会は、将来得べき更新料の現価に建物の効用増加率を乗じ、これを財産上の給付の一部としているが、何を言わんとしているのか全く理解に苦しむ。

　鑑定委員会の意見を参考として、地代を1か月1万5,611円に改め、期間を主文記載のとおり変更する。本件の資料によると、Xは、本件建物を第三者に賃貸していることが認められ、借家人居住のまま改築することは違法行為であり、また、借家人から明渡しを受けられない以上、申立ての利益はないので、本件申立ては、右財産上の給付の履行と借家人の明渡しを条件として認容するのを相当とする。

コメント　本件決定は、借地条件の変更については、本件土地付近が高層化の傾向にあることからあっさりとこれを認めた上で、財産上の給付については、本件の鑑定委員会の意見を退け、従来の東京地裁における鑑定委員会の意見の大勢である更地価格の10％相当額を採用しました。

　確かに本件の鑑定委員会の意見である「将来得べき更新料の現価に建物の効用増加率を乗じる」というのは分かりにくいのですが、裁判所の選任した鑑定委員会の委員なのですから、裁判所としても理解が得られるまで鑑定委員に質問等をして、そのような計算式を採用した理由を確認すべきであったと思われます。

　本件決定でもう一つ気になるのが、借家人の明渡しまで3か月以内と

した点です。旧借家法でも現借地借家法でも解約申入れは6か月前に行う必要があります。それなのに，3か月としたのは旧借家法等からみても問題があります。

　借地人は財産上の給付をしてから，借家人の明渡交渉に入るはずですから，こちらについては3か月以内の条件の対象から外すべきではないかと思われます。

【25】 更地価格の 10％に当たる財産上の給付を命じた。

(東京地裁昭和 51 年 4 月 27 日決定・判タ 341 号 227 頁)

事案の概要　X は，Y から昭和 34 年 3 月，本件土地を昭和 74 年 3 月まで非堅固建物所有の目的で賃借し，木造建物を所有していますが，付近一帯に中高層ビルが建ち並び本件土地はビルに囲まれており，営業の発展と拡張のため，5 階建て総床面積 825 ㎡の鉄筋コンクリート造の建築を計画しているとして，堅固建物所有目的への借地条件変更の申立てをしました。

東京地裁は，借地条件の変更を認めて 30 年の存続期間を定めるとともに，更地価格の 10％の財産上の給付を命じました。

決定の要旨　X は，財産上の給付に関連して，本件賃貸借契約の目的は実質的には堅固建物を所有するものであって，したがって，右給付額も実質的には増改築許可の申立ての場合と同視すべきものであり，仮に然らずとするも，本件土地面積の 2 分の 1 に当たる 94.49 ㎡について，その実質的な目的は堅固建物の所有であるから，右部分については，前同様右給付額は実質上増改築許可の申立ての場合と同視すべきものである旨主張するけれども，本件資料によれば，本件賃貸借契約の目的は，本件土地全部につき，形式上たると実質上たるとを問わず，普通建物すなわち非堅固建物所有であることが認められるので，X の右主張は理由がない。

鑑定委員会は，本件賃貸借契約の目的を変更して，建物を堅固中高層化することにより，建物の容積（延床面積）が増大し，本件土地の利用効率が増加し，その利用者である X は利益を得ること，建物を堅固化することにより借地権の存続期間がより長期化し，借地人である X は利益を得ること，これに反し，Y は借地期間の長期化により完全所有権の回復時期が延期されるという不利益を蒙るから，利益の衡平を図るため，借地人たる X に財産上の給付を命ずるのを相当とし，その給付額は，借地条件変更前の土地利用から生ずる利得と借

地条件変更後のそれから生ずる利得を秤量し，その各々の現在価格（現価）を比較し，後者の前者より上回る額（差額）を借地条件の変更により借地人の享受する利益額とし，右利益額を基準とし，観察評価による建付価格の上昇に基づく借地権価格の上昇額，裁判例による対更地価格割合を参酌し，金 1,649 万円が相当である旨の意見書を提出した。

当裁判所も，本件申立てを認容するに際し，当事者間の利益の衡平を図るために財産上の給付を命ずるのが相当であると考える。そして，右給付額は右鑑定意見書の意見に，従前の裁判例を参酌し，本件資料にあらわれた一切の事情を考慮し，右意見書による本件土地の更地価格 1 億 6,498 万 8,000 円の 10％にあたる 1,649 万円（1 万円未満切り捨て）をもって相当とする。

> コメント　本件土地賃貸借契約の当初の期間が 40 年と長期であることもあり，X は本件土地賃貸借契約が元々実質的には堅固建物所有目的であるから，財産上の給付額については増改築許可の申立ての場合と同視すべきである旨主張しましたが，裁判所は賃貸借契約書の文言等からこれを退けて，鑑定委員会の意見や東京地裁の裁判例などを踏まえ，更地価格の 10％としました。
> 　X の主張する増改築許可の申立てと同視すべきなるものの意味するところが今一つはっきりしませんが，当初の存続期間の長さだけをみても 10％より 2～3％は下げてもよかったのではないかと思われます。

【26】 またがり建物の建築予定を考慮して更地価格の15％に当たる財産上の給付を命じた。

(東京地裁昭和 56 年 3 月 20 日決定・判タ 444 号 159 頁)

事案の概要 Xは，Yから東京都港区麻布所在の本件土地を非堅固建物所有の目的で賃借し，現在，X代表者が所有する甲地と本件土地とにまたがって本件建物が存在しています。

Xは，現在と同様に本件土地と甲地にまたがった堅固建物を建築する計画を立て，借地条件変更の申立てをしたところ，東京地裁は，本件申立てを認めるとともに，XにYに対する更地価格の15％相当の財産上の給付を命じました。

決定の要旨 本件土地の財産上の給付額について検討するに，本件の両鑑定意見書では，結論として更地価格の10％相当をもって給付額としている（昭和54年5月付鑑定意見書では，非堅固建物所有を目的とする場合の借地権割合70％と堅固建物所有を目的とする場合の借地権割合80％との間の借地権割合の増加分10％をもって給付額とする）。

ところで，Xは，本件土地と隣地のX代表者所有甲地にまたがって本件建築予定建物の建築を計画していて，Xによれば，右建物は両土地の境界に沿い各々区分建物となる構造とするので，仮に本件土地上の部分の収去をなすべき事態となっても，容易にこれをなし得るというのである。しかし，非堅固建物に比し堅固建物の収去が困難であることは，一棟の堅固建物の各々の部分を区分建物とすることにより相違するものでない。のみならず，各々区分建物とするとしても（X提出の図面によると，そのままではX主張の各部分が直ちに区分建物となる余地はないが，両土地の境界に沿って垂直にシャッター等で障壁を設けることにより，これが可能となる余地がないでもないが），区分建物を相互に隔てる障壁を初めとして各種の管理施設ないし設備等共用部分施設とみるべき部分が存することになるであろうから，仮にXにおいて将来本件借地権を処分することになると，地主であるYの介入権行使を躊躇させるのみならず，介入権

行使の結果は当事者の予期しない複雑な法律関係を生ずることとなることが予測せられるのであり，同様のことはYが建物買取請求権を行使する場合にも生ずることが考えられる。

　そうすると，Xが本件土地と甲地（Xが甲地にどのような使用権限を設定するのかは明らかでないが）にまたがり前記建物を建築すると，本件土地の賃貸人であるYにXが本件土地上の範囲に限って一棟の堅固建物を建築する場合に比し相当の不利益を蒙らしめる結果となることは明らかである。

　もっとも，本件においては，前記のとおり右両地にまたがって本件建物が存在しているのであるが，本件のような場合をも含め，相隣接する自己所有地と借地間ないし同一または格別の賃貸人からの格別の借地間にまたがって一棟ないし数棟の非堅固または堅固建物を建築所有する形態で借地を利用する場合が巷間にはまま存するところであろうが，それらは多くが関係当事者間でそれなりの合意がなされているものと考えられる。

　本件において前記増改築すなわち前記両土地にまたがって本件建物を建築所有することについてXにおいてその都度Yの承諾を得ていたかについてはいささか疑問なしとしないが，それはともかく，仮にYにおいて右について明示または黙示の承諾を与えていたものと認められるとしても，本件建物は非堅固建物であって，非堅固建物の場合に両土地を右のように一体として使用することを承諾していたからといって，直ちに堅固建物の場合にもこれと同一に論ずることは，借地法が非堅固建物所有目的の場合と堅固建物所有の場合の借地契約の内容を別異に法規制しているのみならず，堅固建物所有目的の場合，したがって堅固建物が建築された場合には前記説示のような非堅固建物所有の場合にはさほど問題とならない事態を生ずること等に鑑みると，多くの場合，通常の当事者の意思に沿う所以であるとは言い難いと考えられる。

　そして更に，借地条件を変更する旨の裁判は，借地条件を非堅固建物所有の目的から堅固建物所有の目的に変更するのであるが，その結果として，借地人にその後建築する具体的な堅固建物の建築について更に借地法8条の2第2項の地主の承諾に代わる増改築許可の裁判を得るまでもないと解するとすれば，

借地条件変更申立事件においては、申立人であるＸが、将来当該借地の範囲内でのみ堅固建物を建築する計画を有するものか、本件の場合のように他地にまたがってその計画を有するのかは、借地法８条の２第３項の一切の事情として附随処分を判断する場合のみならず当該申立ての許否の判断をする場合にも、これを考慮することが、借地非訟制度の目的により叶う所以のものである。

これを本件についてみると、本件ではともかくも従来Ｘにおいて前記のように本件土地と甲地を一体として利用してきていて、Ｙにおいてこれに従来格別異議を唱えたと認める事情の存しないこと、Ｘへの本件借地権の譲渡についてはそれなりの譲渡承諾料が支払われており、その後本件当事者間に本件以外にとくに借地紛争はなく推移してきたこと、本件建築予定建物は４階建ての中層堅固建物であり、取壊しが著しく困難とは認められないこと、Ｙは期間満了の際には正当事由に基づく明渡請求をする予定でいるが、右正当事由による本件土地の明渡しの認められる可能性は本件資料を検討してもほとんど存しないと考えられること等、本件に現れた諸般の事情を考慮するときは、地主であるＹの生ずることの予測される前記事情による不利益は、Ｘが堅固建物を建築所有することにより得る利益とともに本件においてはＸに命ずる財産上の給付の額においてこれを考慮することで双方の利益の調節は一応なしうるものとして、本件申立てを許容するのが相当である。

しかして、この種の事件において、当裁判所が通例申立人にその支払いを命ずる財産上の給付は更地価格の１０％とされており、前記鑑定委員会の意見は結論において右通例に沿うものであるが、本件においては縷々説示した事情を考慮するときは、Ｘに対し、財産上の給付として１,１６０万円（更地価格の約１５％に相当する）の支払いを命ずるのが相当であると考える。

コメント 本件は、借地と借地人の会社代表者の土地にまたがる建物の問題です。

またがり建物について借地条件変更の申立てが認められるのか，認められる場合の財産上の給付の額はどうか，という二つの問題があります。
　本件決定は，またがり建物における複雑な法律関係の発生を問題にしつつも，現状の建物自体がまたがり建物であることなどの経緯に照らして，借地条件変更の申立ては認めました。
　他方で，財産上の給付の額については，鑑定委員会の意見では更地価格の10％としているのを変更して，15％相当額としています。
　本件決定は，両方の問題について説得力のある論旨の展開をしており，バランスの取れた妥当な判断と思われます。

【27】 残存期間1年足らずで存続期間を30年とする借地条件変更を認める代わりに更地価格の15.15％の給付を命じた。

(東京地裁昭和56年5月13日決定・判時1021号120頁)

事案の概要　XはYとの間で東京都神田駅東口前の繁華街にある約13坪の本件土地について非堅固建物所有目的での賃貸借契約をしており，昭和37年に更新料60万円を支払って更新し，昭和57年3月までの期間を残していました。

　Xは，本件土地および隣接するX所有地約13坪の上に木造建物の店舗兼居宅を所有していましたが，昭和54年10月に火災で焼失したため，鉄骨鉄筋コンクリート造の建築を計画し，借地条件変更の申立てをしたところ，東京地裁はこれを認めました。

決定の要旨　鑑定委員会は，本件土地に係る都市計画法上の規制，その付近の土地利用状況等を検討した上で，本件土地については堅固な建物の築造を相当とする旨の意見を述べている。

　右によれば，本件土地は，付近の土地利用状況の変化等により，現に借地契約を締結するとすれば，堅固な建物所有を目的とするのが相当となるに至ったものと認められる。

　本件借地契約は昭和57年3月に期間満了となるが，Yは本件土地付近に他にも土地を所有していること，仮に右期間満了後本件土地の返還を受けてもYが自ら居住する等して直接使用する意向は有していないこと，本件土地が借地できなければ，X所有の隣接地がいわゆる盲地となってその価値が大きく減ずること，Y主張の東北新幹線用地買収計画は本件土地付近において細部にわたっては必ずしも具体性を有していないことが認められ，これらの点等に照らせば，本件借地契約の残存期間がわずか1年足らずであることを考慮してもなお，本件申立ては相当であるといわなければならない。

本件においては，本件申立てを認容するに当たっては，Xに財産上の給付を命ずる等して当事者間の利益の衡平を図る必要があると認められ，鑑定委員会も金621万5,000円の給付を相当とするとの意見を述べている。

　右鑑定委員会の給付額は本件土地の更地価格の約12.9％に相当するものであるが，本件土地を借地できることによってX所有の南側隣接地と一体として利用できることから生ずる本件土地の価値の増加分を基礎として算出したものであることは，その意見に照らして明らかである。

　しかし，右のような価値の増加は，隣接する複数の狭小土地を一体として利用する場合，いわゆる盲地を道路に接する隣接地と一体として利用する場合等に一般に生ずるものであって，借地条件を非堅固建物所有の目的から堅固建物所有の目的に変更することによって生ずるXの利益・Yの不利益の評価と直接結びつくものではない。

　もっとも，本件の場合，右のような価値の増加は，Xが昭和57年3月の期間満了後も本件土地を引き続き借地できることを前提として把握されるものであり，借地条件の変更に伴って後記のように期間がその効力が生じた日から30年と延長されることを考慮すると，結果的には右のような価値の増加は，本件借地条件の変更によって生ずる利益・不利益の少なくとも一部を反映しているといえなくもない。

　そこで，以上の点，残存期間が1年足らずなのに本件借地条件の変更に伴って30年の期間が定められると，Xが建築を計画している建物の構造・規模，用途，当裁判所においてはこの種事案における給付額は更地価格の10％程度とされる例が多いこと等を勘案すると，本件借地条件の変更に当たってXに命ずべき財産上の給付額は，本件土地の更地価格の15％程度を相当とする。

　そして，本件土地の更地価格を金4,819万円とする鑑定委員会の意見は相当であるから，右給付額は金730万円（更地価格の約15.15％）をもって相当とする。

> **コメント** 本件決定は，残存期間が1年足らずにもかかわらず存続期間を30年として堅固な建物への借地条件変更を認めました。
> 　X，Y双方ともに本件土地に隣接する十数坪の土地を所有しており，本件土地を使用する必要性は高いといえますが，X所有地が公道に面していないこと，Xは本件土地に居住して使用するのに対し，Yは直接使用の意向を有していないことなどにより，本件土地の必要性がYよりもXが相当に勝っていると判断したように思えます。
> 　もっとも，30年の期間を新たに設定することを重視して，財産上の給付額については，鑑定委員会の意見である更地価格の約12.9％を大幅に上回る15.15％としたのはやむを得ないところでしょうか。

【28】 土地改良費用を借地権者の負担とした。

（東京高裁昭和60年11月14日決定・判時1180号62頁）

事案の概要　Xは，Yより東京都千代田区外神田2丁目所在の約33坪の本件土地を非堅固建物所有目的で賃借していました。

　本件土地の大部分について，地下鉄のために区分地上権が設定されて地下鉄が開通しており，現状のままでは堅固な建物の建築は不可能ですが，900万円ないし1,000万円の費用を投じて地盤を強化すれば5階建ての堅固建物の建築が可能であるとして，XがYを相手に借地条件変更の申立てをしたところ，東京地裁は，期間を30年に延長し，1,489万円の支払いと土地改良費用全額をXの負担することなどを条件として申立てを認めました。

　双方が抗告したところ，東京高裁は，Yの抗告を一部容れて財産上の給付額を2,482万円に増額するなどの変更をしましたが，Xが抗告理由とした土地改良費用についてはXの負担のままとしました。

決定の要旨　Xは，原決定が支払いを命じた財産上の給付額1,489万円は不当に高額であり，これを450万円に減額すべきである旨主張し，Yは原決定が支払いを命じた財産上の給付額は不当に低額であり，これを2,569万円に増額すべきである旨主張する。

　よって，検討するに，次の事実が認められる。

　Xは，昭和31年8月，Yから本件土地を普通建物所有の目的をもって昭和51年7月まで賃料1か月2,700円で賃借し，同地上に木造瓦葺2階建て居宅（現況事務所兼居宅，床面積1，2階各約90㎡）を建築所有し，昭和51年8月に法定更新され，存続期間は昭和71年7月までとなった。本件土地の賃料は，その後昭和53年2月から1万5,000円，昭和54年4月から2万1,000円に増額されたが，比較的低廉であった。Yは，昭和57年3月頃，Xに対し同年4月からの賃料を1か月3万円に増額する旨の意思表示をしたが，Xはこれに応じなかった。なお，Xは，Yに対し権利金，更新料等を支払っていない。

本件土地およびその付近は，商業地域，防火地域であって，建物の建ぺい率80％，容積率500％であり，現在は木造建物および中層鉄筋造建物が混在するが，将来は中層鉄筋造建物の多いビル街に移行する公算が大きい。本件土地の大部分を占める土地については地上権が設定され，その地下に地下鉄が開通しているので，本件土地上に堅固建物を建築する場合には，荷重耐力を補強するため，工事費800万円ないし1,000万円を要する地盤強化等の土地改良工事を施工する必要がある。そして，右工事を施工することにより，本件土地上には通常の宅地と同様に堅固建物を建築することが許容されるところ，Xは，将来本件土地上に5階建ての堅固建物を建築することを予定しているが，右建築は十分可能である。

　右事実によれば，本件土地賃貸借の目的を非堅固建物所有から堅固建物所有に変更し，右変更に伴い存続期間を延長するのが相当であり，これによって本件土地の高度の利用が可能となり，借地権の価値が著しく増加し，その反面，本件土地所有権の底地価格は低落を免れないのであるから，XおよびYの利害の調整のため，Xに対して一定の期間内に財産上の給付をすることを命じ，その支払いを右目的変更の条件とするのが相当である。

　ところで，原審における鑑定委員会の意見によれば，前記地上権および地下鉄が存在しない場合における本件土地の更地価格は1平方メートル当たり257万円であり，右金額から地下鉄が存在するために要する土地改良工事費1平方メートル当たり8万1,000円，地下鉄が存在することに基づく心理的不安感による減価1平方メートル当たり25万7,000円を控除すれば，本件土地の更地価格は1平方メートル当たり223万2,000円となり，本件土地の借地権価格は1平方メートル当たり167万4,000円（右更地価格の75％）であるというのであり，記録によれば，右意見は相当であると認められる。

　そして，右評価を基礎として前記諸事実，Yの取得すべかりし更新料，その他一切の事情を考慮すれば，Xの給付すべき金額は本件土地の更地価格合計2億4,822万720円の10％に当たる2,482万円（1万円未満切捨）とするのが相当である。そうすると，Xの主張は理由がなく，Yの主張は一部理由がある。

Yは，本件土地の借地条件の変更に伴い地代を1か月5万6,900円に増額すべきである旨主張し，Xは1か月3万円とするのが相当である旨主張する。よって，検討するに，本件土地の借地条件の変更に伴い本件土地の賃料をある程度増額すべきであるが，原審における鑑定委員会の意見書によれば借地条件の変更に伴って本件土地の賃料を1か月3万8,000円に増額すべきであるというのであり，記録によれば右鑑定委員会の意見は相当である。そうすると，地代改定に関する原決定の判断は相当であって，Yの主張は理由がない。

　Xは，本件土地上に堅固建物を建築するために土地改良費として900万円ないし1,000万円を必要とするとしても，その全部をXの負担とすべきではなく，そのうち本件土地の底地割合である25％に相当する225万円ないし250万円は土地所有者であるYの負担とすべきである旨主張し，Yは，右土地改良費は全部Xの負担とすべきであり，かつXが右土地改良費を支出しても右事実はその後の地代の改定について考慮すべきでない旨主張する。

　よって検討するに，Xはその申立てによって本件土地賃貸借契約の目的が堅固建物所有に変更され，これに伴ってその存続期間が延長され，本件土地上に高層の堅固建物を建築することが可能となるのに対し，Yは本件土地の所有権価格の低落を免れず，また，本件土地の更地価格の算定に当たって土地改良工事費として1平方メートル当たり8万1,000円を減価すべきものであるから，本件土地上に堅固建物を建築するについて必要な土地改良費は全額Xの負担とすべきであり，Xは自己の負担とされた右土地改良費についてYに対し償還請求をすることができないものというべく，なお，将来の地代に際し，前記事実を地代増額に不利な事情として考慮するのは相当ではない。そうすると，Xの主張は理由がなく，Yの主張は理由がある。

　以上の次第で，XがYに対し本裁判確定の日から3か月以内に2,482万円を支払うことを条件として，本件土地の賃貸借契約の目的を堅固建物所有に変更し，但し，Xは地上権による地下鉄敷設に影響を及ぼす建物を右地上権者の同意なく建築してはならず，また，右賃貸借契約の期間を右目的変更の効力の生じた日から30年に延長し，地代額を右目的変更の効力の生じた日の属する月

の翌月1日から1か月3万8,000円に改定し，賃貸借土地上に堅固建物を建築するために必要な同土地の地盤強化その他土地の改良に要する費用はXの負担とすべきである。

> **コメント** 非堅固建物所有目的から堅固建物所有目的に借地条件の変更をするに当たっての財産上の給付額については更地価格の10％とそれほど高くはありませんが，本件決定の意義は，それとは別に，地上権の設定により地下鉄が開通していることから，堅固建物を建築するのに地盤改良が必要であるところ，その費用を全額借地権者に負担させたことです。
>
> 非堅固建物のままであれば地盤改良は不要なのですから，堅固建物を建築するための土地改良費を借地権者に持たせるのはやむを得ないと思われます。
>
> ところで，本件決定は，更地価格を算定するに当たり，「地下鉄が存在することに基づく心理的不安感」による減価を認めていますが，現在でもそのような減価はあるのでしょうか。
>
> 明治時代に汽車が通ると空気が汚れるなどとして旧国鉄を避ける地域がありましたが（そのために，その後過疎化したところもあります），地下鉄が存在することが減価要因になるか素朴な疑問があります。

【29】 建築関係規定との関係は相当性判断の一要素となるとして更地価格の12％の支払いを命じた。

(千葉地裁平成3年11月20日決定・ウェストロー・ジャパン)

事案の概要 　Xは，Yらから千葉県市川市の本件土地約120㎡（別途通路部分約53㎡も借地の範囲かについて争いあり）を非堅固建物所有目的で平成3年12月までの期限，年額地代6万5,000円で賃借していました。Xは，本件土地を含む近隣地域が防火地域の指定を受けたことを理由に，堅固建物所有目的が相当になったとして借地条件変更の申立てをしました。

　Yらは，本件土地が建築基準法の接道義務を満たしていないなどとして本件申立てを争いましたが，千葉地裁は堅固建物所有目的への変更を認め，期間についても裁判確定の月の翌月から30年間とし，本件土地について更地価格の約12％相当額の931万円の支払いを命じ，地代について本件土地部分の公租公課の倍額および通路部分について公租公課額の約2分の1相当額を合算した14万1,000円に改める旨の決定を出しました。

決定の要旨 　Xは，平成元年9月に建築主事による本件土地上の建築物の計画につき，当該建築物の敷地，構造および建築設備に関する法律ならびにこれに基づく命令および条例の建築関係規定に適合する旨の建築確認を得ていることは明らかである。Yらは，本件建築確認は，重大かつ明白な違法があるから，無効である旨主張する。建築主事の確認は，建築主事が，建築主の申請にかかる建築物の計画が建築関係規定に適合していることを公権的に確認する行為であって，それを受けなければ，建築工事をすることができないという法律効果が付与されている。しかし，建築主事には，建築物の敷地について，原則として，使用権原の有無等私法上の法律関係を審査する権限はなく，申請書に基づいてその計画が建築関係規定に適合するかどうかを形式的に審査すれば足りる。また，現行法上，建物とその敷地との関係を公示する制度はなく，建築確認の申請書の保存期間等についても規定は設けられてい

ないから，建築主事が申請にかかる計画敷地が，真実当該建物の敷地であるか，あるいは既存建物の敷地とされているか否か等を判断することは制度的にも困難である。本件建築確認も，申請にかかる計画敷地について形式的に審査したものであり，この審査方法は，建築確認の制度に則ったものである。そして，本件建築確認について，他に重大かつ明白な瑕疵があるとは認められないから，無効であるとするYらの主張は採用しない。

　Xは，建築主事の建築確認と借地条件変更の裁判は，目的を異にするから，建築確認の問題とは別個に借地非訟事件の審理を行うべきであると主張する。確かに，借地条件変更の裁判においては，新築建物等が建築関係規定に適合するかどうかは，裁判所が相当性の判断をおこなう上で，増改築許可の裁判の場合ほどの重要な意味を持ちえない。

　なぜなら，①借地条件変更の裁判は，借地契約期間にも影響を及ぼすなど土地賃貸借契約の目的等の本質的な契約内容を変更するものであって，具体的建物の建築が適法かどうかは直接の問題ではなく，②条文上も，賃貸人から申立てがなしうるなど，個々の建物の増改築問題を捨象して規定されているからである。

　もっとも，借地条件変更の裁判が，直接には具体的建物の建築の適否の裁判でなく，契約内容の変更の裁判であるといっても，前提となる賃貸借契約が建物所有目的であるから，建築主事の確認上，堅固な建物等への改築が到底認められないことが予想される以外にも，建築関係法規の趣旨等を勘案して，明らかに堅固な建物への新築・改築が相当でない場合には，裁判所は，申立てを棄却することができるというべきである。

　すなわち，借地条件変更の裁判は，「事情の変更により現に借地権を設定するにおいては堅固の建物の所有を目的とすることを相当とする」に至ったかどうかを判断するものであるから，建築関係規定など行政法規とは目的を異にし，建築主事の確認などと異なる判断をすることも可能であるが，相当性の判断をする一要素（相当性の判断においてプラスまたはマイナスに作用する程度の問題）として，建築関係規定など行政法規との関連をも考慮することができると

いうべきである。

　本件については，まず建築主事の確認が有効になされていることは前説示のとおりであり，建築確認が得られないことが明らかであるとはいえない。次に，本件土地が直接公道に接していないこと，本件土地を使用している申立人は，本件通路部分を通行使用して公道に出ていること，本件建築確認は，本件通路部分を敷地として公道に接道させていることは，記録上明らかであるが，Xの本件通路部分についてXに何らかの通行権はあるものの，Yらに対し建築基準法上の敷地として利用する権原があるか必ずしも明らかではない。

　しかし，建築基準法が同法43条1項所定の接道義務を設けた趣旨は，建築物の利用上の安全性を確保するためのものであり，公益的観点もさることながら，利用者の安全という観点に相当程度重点が置かれているというべきである。そして，本件通路部分が，私法上の権原いかんにかかわらず外観上通路としての形状を示していることは記録上明らかであり，その点では，利用者の安全という建築基準法の趣旨にかなっている。また，その通路幅について，路地上敷地としての建築主事の確認を得られる程度の幅を有していることも明らかである。そうすると，本件通路部分の私法上の権原の問題いかんは，本件賃貸借契約を堅固な建物目的とすべきかどうかについての決定的障害にならない（相当性の判断においてマイナスに作用する程度が少ない）というべきである。

　近隣地域の事情変更について，本件土地を含む近隣地域は，昭和48年12月に建築基準法61条の防火地域の指定を受けたこと，近隣商業地域で建ぺい率80％，容積率400％であること，本件土地は，京成国府台駅から徒歩2分の繁華街に存し，近隣にはすでに高層マンションが何棟か建てられていること，隣接するYら所有地にも堅固建物が最近建築されていることなどの事情にかんがみると，本件土地について，現に賃貸借契約を締結する際，堅固な建物の所有を目的とすることが相当と認められる。そうすると，本件申立てを認容するのが相当である。

　なお，堅固な建物の所有を目的とする土地賃貸借契約になる以上，その賃貸借の期間は，それに見合う期間延長することが相当であるから，本件賃貸借契

約の期間を，この裁判確定の月の翌月から起算して30年間とすることとする。

付随処分について，本件申立ての認容および契約期間の変更のため，Yらとの利益を調整する必要があり，Xをして，Yらに対し，諸般の事情を総合した上で，財産上の給付（不可分債権関係と解する）として本件土地の更地価格の約12％の支払いをさせることが相当である。

鑑定委員会によれば，本件更地価格は1㎡当たり65万円であり，本件土地の面積は約120㎡であるから，本件土地の更地価格は7,760万3,500円となる。なお，本件通路部分については，Xに独占的使用権原がないことは明らかであるが，なんらかの通行権があることも明らかである。そうすると，本件通路部分については，借地の面積には含まないこととするが，後記のとおり通行利益として算定することとする。よって，7,760万3,500円に約12％を乗じた931万円の支払いを命ずることが，当事者間の衡平になると判断した。

なお，地代については，本件土地の公租公課は1㎡当たり年額約530円であるところ，諸般の事情を考慮して，本件土地部分については1㎡当たりこの約2倍の額に本件土地の面積を乗じ，端数整理をした12万7,000円が本件土地部分のみの相当地代である。また，Xが本件通路部分を通行に供していることは明らかであるから，通行料相当額（本件の各事情を総合して，本件通路部分の面積の公租公課の額の約2分の1を乗じた額1万4,000円が相当である）を本件土地のみの賃料に合算し，本件賃貸借契約の地代を14万1,000円と改めることが相当である。

> **コメント** 本件では，まず借地条件変更の裁判と建築関係規定との関係が問題となりました。借地権設定者が建築基準法の接道義務（建築物の敷地が公道に2m以上接していること）を果たしていないのに建築確認をしたのは無効であると主張したからです。本件決定は，計画敷地に対する形式的審査権限しかないので，建築確認について重大かつ明白な瑕疵が認められないから無効との主張は採用できないと排斥してお

り，当然といえます。他方で，借地権者からは，借地条件変更の裁判と建築関係規定との関係は目的を異にするとの主張が出されたことについて，増改築許可の裁判の場合ほどの意味を持たないとしながらも，相当性の判断をする一要素として建築関係法規との関連を考慮できるとしており，バランスの取れた考え方といえます。

　ところで，借地権者は，本件通路部分も借地権の範囲に入る旨主張していますが，本件決定は，借地権者による独占的使用権原がないことは明らかであるとして，借地の面積からは除外しました。借地権者以外の者も本件通路部分を使用しているのであれば，借地権の範囲外となるのはやむを得ないでしょう。もっとも，そうなると，公道に接する敷地なのかという疑問がないではありません。

　借地条件の変更を認める場合に，期間を30年間延長することはしばしばみられるところです。また，本件決定が付随処分として更地価格の12％としたことは，堅固な建物への条件変更の場合に一般的にいわれる更地価格の10％ないし15％の範囲内に収まっています。地代が従前の倍以上になっていますが，これもやむを得ないところでしょうか。

【30】 借地条件変更の承諾料を更地価格の6％とした鑑定委員会の意見を相当とした。

（大阪地裁平成30年1月12日決定・判タ1448号176頁）

事案の概要　Xは，Yから大阪市西区所在の本件土地約260㎡を賃借し，鉄筋コンクリート造一部鉄骨造陸屋根高さ6mの2階建て（床面積1階約93㎡，2階約48㎡）の給油所（以下，「本件建物」という）を所有して給油販売所を経営していました。Xは，本件建物を取り壊して，鉄骨造3階建て，各階の床面積はいずれも約347㎡（隣接土地を敷地に含む）で自転車販売店舗を建築しようと申し入れましたが，Yの応答がないので借地条件変更の申立てをしました。

本件土地の月額地代は，賃借当初の昭和38年10月から15万円，昭和49年7月から20万円，昭和54年7月から25万円，昭和58年5月から30万円，昭和63年1月から約50万円，平成2年1月から約69万円，平成7年10月から約93万円，平成13年3月から約74万円です。

大阪地裁は，「Xが，本決定確定の日から2か月以内に，Yに対し，2,500万円を支払うことを条件として，本件土地についての本件借地契約を堅固な建物の所有を目的，建物の種類を店舗，建物の構造を鉄骨造，建物の規模を高さ10mの3階建て（床面積1階，2階，3階各約347㎡），建物の用途を事業用に変更する。前項の変更後の本件借地契約における地代は，前項の変更の効力が生じた日の属する月の翌月から月額78万4,800円とする」旨の決定を出しました。

決定の要旨　本件申立てについて，鑑定委員会が指摘する通り，本件借地契約の最終更新が平成5年10月15日であって，存続期間は同日から30年であるから，未だ相当の残存期間を有すること，昨今のガソリンスタンドの廃業・撤退が相次いでいる状況にあることに加えて，Yにおいて，近い将来における自ら土地を使用する必要があること，その他正当の事由

があることの指摘がないことを考慮すると，土地の合理的利用の促進としての観点から，一定条件の下で，これを認容するのが相当である。

　なお，Yは，次のとおり主張する。すなわち，本件借地契約は平成35年10月15日で期間満了となるが，現在の建物は昭和44年10月15日に新築されたとされるから，既に47年が経過しており，耐用年数を50年としてもあと3年で大規模な改修をしないと使用不可能となること，現状からすれば，平成35年10月15日で借地契約は終了となり，原状回復の上，明け渡すべき時期が到来することになること，Xの求める建物は鉄骨造の堅固な建物であり，当然ながら，残存期間を大きく伸長して残存することになり，借地契約の期間も大幅に伸長されることになる，というものである。これが，本件申立てを棄却すべき事情として主張しているものとすれば，権利義務を確定する訴訟手続きで主張するべき事情であるから本件申立てにおいて考慮することは相当でない。

　借地条件変更に伴う承諾料については，鑑定委員会が指摘するとおり，2,210万円とするのが相当であると考える。その理由は次のとおりである。

　まず，本件土地の評価額について検討する。鑑定委員会は，基準日を平成29年7月1日として，周辺取引事件等を総合的に勘案し，標準画地価格を120万円/㎡と査定し，角地である増加要因(5%)を加味して更地価格を126万円/㎡とし，これに対象の地積を乗じて，対象地の更地価格を3億6,800万円と査定しているが，この計算過程に違法または著しく不相当な点は見当たらない。Xは，本件土地の更地価格ではなく，固定資産評価額とすべきであると主張するが，固定資産評価額は課税上の基準であって，実勢価格を反映しているとはいえないので，Xの主張は採用できない。Yは，更地価格の評価が低額にすぎると主張する。この根拠として，本件土地を130万8,000円/㎡とした取引事例を考慮すべきである上，近隣土地の公示価格は今後上昇が見込まれることを挙げる。確かに，本件土地を130万8,000円/㎡とした取引事例が存在することは否定できない。しかし，この取引事例を考慮しないことが違法であるとか著しく不相当であることの事情は認められない。一般に賃借人は土地の更地価格を低く評価する傾向がある（本件でも，Xは更地価格を固定資産評価額とすべき

であると主張している）一方で，賃貸人は土地の更地価格を高く評価する傾向があることは否定できない。他方で，裁判所が行う鑑定は中立公平という観点から利益調整をした上で評価をするものであるから，XのみならずYからも不満が出るのが通常である。これに加えて，実際の取引が成立して初めて土地の価格が確定することになることから，土地の価格評価は，ある程度の価格幅が生ずることは避けられない。Yが主張する事実だけでは，鑑定委員会が査定した126万円/㎡がこの価格幅を超えて著しく不相当であると認めることはできない。なお，当裁判所は，本件土地の評価に関して，不動産鑑定士でない者が作成した取引事例を参考にして不動産価格の評価をすることは，不動産鑑定士でない者がする不動産評価を禁じた不動産の鑑定評価に関する法律36条の立法趣旨に抵触する可能性があると考える。Yは，鑑定委員会が採用した更地価格の6％ではなく10％とすべきであると主張しているようにも思われるので念のため検討する。確かに，文献によれば，借地条件変更の場合，当該借地の更地価格の10％相当額を原則としていること，例外的に固有の事情を考慮してその割合を適宜増減していること，裁判例を概観すると上限が15％，下限が7％あたりであろうこと，長年の裁判例の積み重ねにより借地非訟の実務慣行として不動産取引界にも根付いていることを指摘する。しかしながら，これは，東京地裁を中心とする関東地方の実情であって，持ち家志向が強く借地権取引が極端に少ない関西地方とりわけ大阪地裁管内では必ずしも妥当しない。また，大阪地裁における借地非訟事件の申立ては件数も少なく，関西地方に借地取引の実務慣行が存在するとの文献も見当たらない。そうすると，当裁判所が判断の根拠とできるのは，関西とりわけ大阪府内における不動産取引に精通した鑑定委員により判断された鑑定意見書によるべきであると考える。なお，Yは，借地期間が事実上大幅に延長されることを考慮されていないと主張するが，鑑定委員会の意見はYが主張する事実関係を踏まえたものと解するのが相当である。Yの主張は採用できず，承諾料としては2,210万円とするのが相当である。

　地代の増額の可否およびそれを担保するための追加保証金の要否について，

まず，地代増額の可否について検討する。鑑定委員会が指摘する通り，現行地代が地域の水準に対して著しく不相当となっているわけではないことから，増額は必要ないと判断する。次に，追加保証金の要否について検討する。鑑定委員会が指摘するとおり，Xは，Yに対し，契約時の一時金として2,000万円を差し入れているが，これを建築予定建物の床面積で控除すると1万9,190円/㎡となる。対象地の接面道路との関係，建築予定建物が鉄骨造かつ1階がピロティー構造であること，建物面積が隣接地上部分も含むものであることを勘案すると，上記一時金で建物解体費用・賃料不払い等はおおむね担保されているものと判断できるから，保証金の増額は必要がないと判断する。

　当裁判所は，当事者間の利益調整という観点からすれば，承諾料2,210万円，地代増額および追加保証金はいずれも必要がないとする鑑定委員会の意見は相当であると考える。しかしながら，借地非訟事件は，当事者間の利益調停という観点のほか，将来の紛争予防という機能があることから，それぞれが希望する和解案も検討して最終的な判断をすることとする。Xは，鑑定委員会の意見を受諾する形の和解を希望しているのに対し，Yは，借地条件変更承諾料として2,500万円，賃料を78万4,800円に増額すること，本件土地に埋設されている全ての埋設物を撤去すること等を条件とする和解を提案する。当裁判所は，基本的には鑑定委員会の意見が相当であると考えるものの，将来の紛争予防という観点からYの主張にも一定の合理性があるものと認め，承諾料および地代（もっとも，地代については，当初の主張である82万820円ではなく，鑑定委員会が算定した積算地代である78万4,800円である）については相手方の和解案を採用することとした。

コメント　本件決定は，最初に，Xの求める建物は鉄骨造の堅固な建物であり，借地契約の期間も大幅に伸長されることになることについて，本件申立てを棄却すべき事情として主張するのであれば，訴訟手続きで主張すべき事情であるから本件申立てにおいて考慮すること

は相当でない，と判示しています。しかしながら，この点については，非訟事件であるから主張できないというわけではなく，ただ非訟事件での権利義務に関する判断に既判力がないというだけのことですから，この判示の仕方には違和感を覚えます。

次に，本件決定は，条件変更の承諾料を更地価格の6％とした鑑定委員会の意見を相当としたものの，これについてかなりの弁解をしています。条件変更の承諾料については更地価格に対する割合が10％ないし15％という事例が多いと言われています（第1編のQ-38参照）。それらと比べると6％は確かに相当に低いと思われます。これに関しては，本件における元々の建物が鉄筋鉄骨造であり，非堅固な建物から堅固な建物への条件変更ではないと指摘して，6％程度でも問題ないといえばよかったのではないかと思われます。

本件決定は，最後にまた不思議な考え方を述べています。「借地非訟事件は，当事者間の利益調停という観点のほか，将来の紛争予防という機能があることから，それぞれが希望する和解案も検討して最終的な判断をすることとする」として，特に先の承諾料について，鑑定委員会の意見では6％の2,210万円を相当としながら，Yの提案した和解案の2,500万円（更地価格の約6.8％）を採用しているのです。将来の紛争予防という観点があることを否定しませんが，Yの提案額を採用することが何ゆえに将来の紛争予防になるのか，私にはどうも理解できません。

他方で，決定分の中頃に戻りますが，「裁判所は，本件土地の評価に関して，不動産鑑定士でない者が作成した取引事例を参考にして不動産価格の評価をすることは，不動産鑑定士でない者がする不動産評価を禁じた不動産の鑑定評価に関する法律36条の立法趣旨に抵触する可能性があると考える」と明記した点は誠に正論であり，また実務的にも注目すべきであると考えます。

以上，本件決定には結論に至る理由付けに首を傾げたくなる点がいくつか見られますが，結論自体は概ねよろしいのではないかと思っています。

第3章　増改築許可の申立て

　増改築許可の申立てにかかわる裁判は多く見受けられます。
　まず，【31】と【32】は，増改築禁止特約に違反して増改築をした場合に信頼関係破壊の法理による解除の制限が問われた事例です。
　【33】は，増改築制限特約の不存在について争いがない場合に借地非訟手続きを使えるかという問題です。
　【34】は，借地条件変更決定と増改築許可の申立てとの関係を問うています。
　【35】は，またがり建物の事例の一つです。
　【36】は，改築の異議および増改築許可と異議権との関係を論じています。
　【37】は，借地権者でない借地上の建物所有者の申立ての是非，【38】は，転借人の申立ての相手方の問題です。
　【39】，【40】は，増改築許可の申立てがいつまでできるかという時間的限界を問うものです。
　【41】は，借地権の残存期間が不明であっても申立てを認めています。
　【42】は，借地権存否の別訴があっても申立てを認めています。
　【43】は，増改築の特定に詳細な図面を不要としています。
　【44】は，土地賃貸借契約締結後最初の建築に本申立ては不要としました。
　【45】は，借地条件変更の裁判には増改築の裁判を含むとしています。

【46】は，黙示の合意による堅固な建物所有目的への変更を前提として増改築許可を認めました。

　【47】は，木造平家建ての制限特約を否定しました。

　【48】は，増改築許可の申立てと賃借権譲渡許可の申立てを同時になし得るとしています。

　【49】，【50】は，いずれも「土地の通常の利用上相当でない」とした事例です。

　【51】は，建築確認が得られないことが明らかでないとして認めています。

　【52】は，隣の日照を考慮して認めました。

　【53】は，期間満了による正当事由が，【54】は，朽廃が近いことを理由に，それぞれ申立てを否定しています。

　【55】から【59】までは付随処分の事例です。

　このうち【55】と【56】は，付随処分としての財産上の給付額についての紹介です。

　【57】は，地代の増額を認め，【58】は，存続期間の延長を否定しました。

　【59】は，危険物貯蔵のための使用を禁止しました。

　【60】は，令和の判決ですが，増改築許可の申立てをしたものの非訟手続きが中止され，期間満了による建物収去土地明渡請求を認めています。

【31】 増改築禁止特約の有効性を前提としつつ信頼関係破壊の法理により解除を制限した。

（最高裁昭和 41 年 4 月 21 日判決・民集 20 巻 4 号 720 頁）

事案の概要　Xは，Yから本件土地を建物所有目的で賃借していましたが，建物増改築禁止特約がありました。ところが，XはYに無断で 2 階部分を増築して自己居住用から賃貸用アパートに変えてしまいました。そこで，Yが，Xの増改築禁止特約違反を理由に解除して建物収去土地明渡請求訴訟を提起しました。東京地裁がYの請求を認めたため，Xが控訴しました。東京高裁は，原判決を取り消してYの請求を棄却したため，Yが上告しましたが，最高裁は上告を棄却しました。

判決の要旨　一般に，建物所有を目的とする土地の賃貸借契約中に，賃借人が賃貸人の承諾を得ないで，賃借地内の建物を増改築するときは，賃貸人は催告を要しないで，賃貸借契約を解除することができる旨の特約（以下，単に建物増改築禁止の特約という）があるにもかかわらず，賃借人が賃貸人の承諾を得ないで増改築をした場合においても，この増改築が借地人の土地の通常の利用上相当であり，土地賃貸人に著しい影響を及ぼさないため，賃貸人に対する信頼関係を破壊するおそれがあると認めるに足りないときは，賃貸人が前記特約に基づき解除権を行使することは，信義誠実の原則上，許されないものというべきである。

以上の見地に立って，本件を見るに，原判決の認定するところによれば，YはXに対し建物所有の目的のため土地を賃貸し，両者間に建物増改築禁止特約が存在し，Xが該地上に建設所有する本件建物（2 階建て住宅）は昭和 7 年の建築にかかり，従来Xの家族のみの居住の用に供していたところ，今回Xはその一部の根太および二本の柱を取りかえて本件建物の 2 階部分（6 坪）を拡張して総 2 階造（14 坪）にし，2 階居宅をいずれも壁で仕切った独立室とし，各室ごとに入口および押入を設置し，電気計量器を取り付けたうえ，新たに 2

階に炊事場，便所を設け，かつ，2階より直接外部への出入口としての階段を付設し，結局2階の居室全部をアパートとして他人に賃貸するように改造したが，住宅用普通建物であることは前後同一であり，建物の同一性をそこなわないというのであって，右事実は挙示の証拠に照らし，肯認することができる。

そして，右の事実関係のもとでは，借地人たるXのした本件建物の増改築は，その土地の通常の利用上相当というべきであり，いまだもって賃貸人たるYの地位に著しい影響を及ぼさないため，賃貸借における信頼関係を破壊するおそれがあると認めるに足りない事由が主張立証されたものというべく，したがって，前記無断増改築禁止の特約違反を理由とするYの解除権の行使はその効力がないものというべきである。

> **コメント** 本件判決の結論だけを見ると，Yの請求が認められなかったという意味でYには不本意な結果でしょう。
>
> ただし，ここで取り上げたのは，いわゆる信頼関係破壊の理論による解除の制限の問題ではなく，最高裁が増改築禁止特約が有効であることを前提に解除の制限を判示したということです。
>
> つまり，増改築禁止特約，それ以外にも部分的な制限を取り決めた増改築制限特約を含めて，最高裁はその有効性を認めたということになるのです。
>
> さらに言えば，本件判決が出たのは昭和41年であり，いまだ借地非訟制度ができる前でした。したがって，同制度ができた後では，増改築禁止特約（増改築制限特約を含む）に違反して借地権設定者の承諾を得ずに，かつ借地非訟手続きも踏まずに増改築に踏み切った場合には，借地契約の解除が原則として認められ，信頼関係破壊の理論による解除権の制限については難しくなっています。

【32】 増改築禁止特約違反の改築工事に対する解除を否定した。

（東京高裁昭和54年7月11日判決・東高民時報30巻7号194頁）

事案の概要　Xは，甲から本件土地を賃借して木造建物を所有し，その一部をYの夫に賃貸しY夫婦が居住していましたが，他の部分を使用していたXおよび他の借家人とのもめごとが絶えませんでした。昭和47年3月にYが本件土地を取得した後は，Xの玄関扉の取換えにも反対するなどXとの間柄は一層険悪なものとなりました。Xは，昭和49年5月に屋根・玄関扉部分等の補修工事および羽目板取換え工事の実施を考え，Yを相手に工事妨害禁止仮処分を申請し，右工事を妨害しない旨の和解をしました。Xは，上記工事しか考えていなかったところ，建築業者から土台・柱，屋根下地板が弱っていることを理由にその取換えも勧められて右工事を行いましたが，借地非訟の手続きはしませんでした。

そこで，Yが本件土地賃貸借契約を解除し建物収去土地明渡請求訴訟を提起したところ，東京地裁はYの請求を棄却しました。Yが控訴しましたが，東京高裁はこれを棄却しました。

判決の要旨　Xは，本件建物の雨漏り・すきま風を防ぎ日常生活の快適さを確保するためのいわば保存工事ともいうべき程度の工事を当初考えていたところ，建築業者の勧めにより工事の範囲を拡大して前記認定のような工事となったのであるから，本件工事は，改築禁止条項に触れるといっても，さして計画的になされたものでもなく，その動機も無理からぬところがある。もとより，Xが裁判上の和解の際，当事者双方が予想した範囲を超えて右条項に反する程度の工事を実施しながら，Yの同意も求めず，またこれに代わる借地法8条の2第2項所定の借地条件変更の申立てもしなかったことは，Yとの間の長年の確執を考慮しても決して好ましいことではない。

しかし，右改築工事は，借地人の土地の通常の利用上相当の範囲にあり，か

つ建物の耐用年数を伸ばすとはいえ，工事の程度にてらし，賃貸人に及ぼす影響が著しいとまでは断定できない。これらの事実と前記の各事実を併せると，結局右工事は賃貸人に対する信頼関係を破壊するような背信行為には当たらないというべきである。

> **コメント** 【31】では，増改築許可の申立ての制度ができた後の無断増改築に対しては，契約解除が認められるのが原則であると述べましたが，本件はその例外です。
>
> 　本件判決は借地法8条の2第2項を引用しながら「借地条件変更の申立て」と述べているのは間違いで，「増改築許可の申立て」のことです。
>
> 　本件判決が指摘する事実経緯からすると，借地権設定者の承諾も借地非訟手続きも取らず本件工事を強行したことはギリギリセーフだったということです。
>
> 　もっとも，同様に，増改築の規模，程度や増改築に至る経緯等を踏まえ，借地権設定者による解除を否定した事例として，東京高裁昭和59年4月26日判決・判時1118号186頁，東京地裁昭和63年5月31日判決・判時1300号68頁があるので，無断増改築により借地契約を解除されたからといって，借地権者は，そう簡単にあきらめない方がよいかもしれません。

【33】 増改築制限特約の不存在について争いのない場合の増改築許可の申立てを否定した。

(東京高裁昭和 43 年 7 月 19 日決定・判時 529 号 55 頁)

事案の概要 Xは，Yから本件土地を建物所有目的で賃借し，昭和 22 年 5 月に建物を築造していますが，老朽化したこともあり増改築許可の申立てをしました。東京地裁はこれを認めたため，Yが抗告したところ，東京高裁は原決定を取り消し，Xの申立てを却下しました。

決定の要旨 借地法 8 条の 2 第 2 項には，「増改築を制限する旨の借地条件が存する場合において」と規定されているけれども，必ずしも増改築制限の特約が有効に存在する場合に限る趣旨ではなく，右特約の存否に争いのある結果，「当事者間に協議調わざるとき」にもまた右申立てをすることが許されると解するのが相当である。

何故ならば，たとえ右申立てを受けた裁判所において右特約の存在を認め難いと判断する場合であっても，当事者間に右特約の存否に争いがあり，その結果協議がととのわない場合には，増改築を強行することもあるべく，ひいて右特約違反の有無をめぐり将来各般の紛争を生ずる虞あるべきことが容易に予想できるのみならず，かかる紛争にもとづく訴訟において右特約の存在を認定される場合にそなえて同条項の申立てをすることができると解するのが，増改築制限の特約をめぐる紛争をあらかじめ防止調整しようとする同条項の立法趣旨に最も良く適合するからである。

しかし，更に進んで，右特約不存在につき当事者間に争いのない場合においても，増改築に関する紛争防止のため適切と認められるときは借地法 8 条の 2 第 2 項の申立ておよび裁判が許されるべきであるとする見解は，同条項の前示立法趣旨をこえて同条項の適用を認めようとするものであって，当裁判所の採らないところである

本件についてこれを見るに，本件土地賃貸借契約に増改築制限の特約の不存

在につき，当事者間に何ら争いのないこと一件記録に照らしまことに明白である。そうであるとすれば，本件申立てはこれを不適法として却下すべきものであって，右申立てを認容した原決定は取消しを免れない。

ただし，Xは，たとえ本件申立てが却下されても，増改築制限の特約がないこと前示のとおりである以上，普通建物所有を目的とする本件土地賃貸借契約の趣旨および法令に反しない限り自由に本件建物の増改築を行うこと得べきは勿論であるのみならず，他方Yもまた右増改築の実施方法如何により旧建物が滅失したと認められる場合には借地法7条所定の異議を述べる権利を有すること多言を要しない。

> **コメント** 借地法8条の2第2項の「増改築を制限する旨の借地条件が存する場合において」，および借地借家法17条2項の「増改築を制限する旨の借地条件がある場合において」とそれぞれ定められているとおり，増改築許可の申立てをするには，増改築制限の特約の存在が必要であるようにみえます。
> 　けれども，本決定が述べているとおり，借地権者である申立人としては特約がないと思っているが，借地権設定者である相手方が特約の存在を主張している場合には，特約がないと信じて増改築を強行することは実際上難しいでしょう。
> 　そこで，このような場合においても本件申立てができるというのは，紛争の事前防止という立法趣旨にもかなうものとして本件決定が認めたのは妥当な判断と思われます。
> 　東京高裁昭和44年10月30日決定・判タ244号271頁および同昭和50年9月11日決定・判タ338号293頁も，紛争の事前防止の観点から同趣旨を述べています（東京地裁昭和49年9月24日決定・判タ327号309頁はこれに反対の立場）。
> 　もっとも，本件決定の意義は，その次の判断にあります。
> 　増改築制限の特約が存在しないこと自体については借地権設定者にも異

議がなく双方に争いがない場合にも本件申立てができるのか否かについて，これを明確に否定したことです。

　借地権設定者が増改築制限の特約の不存在に異議がなければ，借地権者は自由に増改築ができるから，両者間にそもそも紛争が生じないのではないかと思われるかもしれませんが，そうではありません。

　借地権者が建物を建て替えようとして，その新しい建物が残存期間を超えるときには，旧借地法7条でも借地借家法7条でも，それに対する借地権設定者による異議が認められているからです。

　しかし，それは借地権自体の存否の問題になることから，借地非訟手続きとしては取り扱わず，本訴訟での争いに委ねることになるのはやむを得ないと思われます。

　東京地裁昭和44年2月25日決定・判タ233号171頁，東京高裁昭和52年2月25日決定・判タ354号274頁および東京地裁平成3年3月15日決定・ウェストロー・ジャパンのいずれも同様の理由で申立てを却下しています。

【34】 以前に借地条件変更の決定を得た借地権者がその際に予定していた建物と規模などが大きく異なる建物を建築するための増改築許可の申立てを却下した。

(東京地裁平成5年1月25日決定・判時1456号108頁)

事案の概要　XとYとの間で東京都江東区白河所在の本件土地について昭和35年6月に作成された賃貸借公正証書において，木造建物敷地に使用することと，Yの承諾を得ずに賃借物の原状を変更しないことの条項はあるものの，増改築制限特約の条項は認められませんでした。

その後，XがYを相手に鉄筋または鉄骨造3階建て工場を建築する予定で申し立てた借地条件変更事件において，「XがYに対し850万円を支払うことを条件として，本件借地についての賃貸借契約の目的を堅固建物の所有を目的とするのに変更する」旨の昭和57年決定が出されました。Xは，これに基づきYに対し850万円の支払いをしたものの，建築はしないままでした。

Xは，平成3年に隣接の自己所有地と併せて両方にまたがる鉄骨造一部鉄筋コンクリート造7階建ての貸事務所・駐車場・住宅に増改築するとして，増改築許可の申立てをしたところ，東京地裁は，本件申立てを却下しました。なお，決定の要旨で，またがり建物について省いています。

決定の要旨　賃貸借公正証書にいう「賃貸人の承諾を得ずに賃借物の原状を変更しないこと」の条項が，借地法8条の2第2項の「増改築を制限する旨の借地条件が存する場合」に当たるとはいえない。ほかに，本件現存建物について増改築を制限する旨の約定があることを認めるべき資料はない。

57年決定は，本件賃貸借契約の目的を「木造建物敷地に使用する」ことから「堅固建物を所有する」ことに変更したものに止まり，右決定自体が本件現存建物についての増改築を制限する趣旨を含まないことは明らかである。そうすると，57年決定の当時に予定されていた鉄筋または鉄骨造3階建て工場に

ついての増改築の許可ということも問題にならず，結局，本件の増改築許可の申立ては，増改築に対する制限の約定が存在しないのに申し立てたことになる。

右のように，本件では，賃借物の原状変更に対する承諾が必要となることはあっても，増改築に対する承諾は，いかなる意味においても問題とはならない。増改築制限の特約の存否が不明という場合にも当たらない。

しかし，Ｘが57年決定に基づいて本件計画建物を建築し得るかどうかについては，更に別個の観点から検討することが必要である。

なぜなら，Ｘは，57年決定に際しては，自ら鉄筋または鉄骨造3階建て工場を建築する予定であることを明示して申立てを行い，それが財産上の給付額の算定を通して条件変更の裁判の内容となっているからであり，また，本件計画建物は，本件借地の範囲を超えるまたがり建物として建築することが予定されているからである。

57年決定においては，堅固建物の規模，構造，用途を明示的に制限はしていないが，Ｘが建築予定物として提示した鉄筋または鉄骨造3階建て工場が財産上の給付額を算定する資料の一つとして斟酌され，ひいては，それが条件変更と不可分一体の内容となっているのであって，条件変更を認めた部分と財産上の給付に関する部分とを切り離すことはできないから，Ｘは，57年決定に基づいては，自ら提示した建築予定物と規模・構造・用途の大きく異なる本件計画建物を建築することは認められないと解するのが相当である。

前述した57年決定におけるＸの申立て，裁判の経過およびその内容に適合するばかりでなく，Ｘが提示した建築予定物が，条件変更後における自らの賃借権の行使にとって何らの制約とならず，逆に，財産上の給付額を低く押える手段として利用する結果となることは，禁反言の原則ないし賃貸借契約における信義則に照らして是認されるべきではないからである。

なお，Ｘは，本件現存建物を取り壊して本件計画建物を増改築するについて，Ｙの承諾に代わる裁判を求めながら，他方では，57年決定が「賃貸借契約の目的を堅固建物の所有を目的とするものに変更する」というのみで，その

主文において堅固建物の種類，構造を制限していないことを根拠として，本件賃貸借契約の目的は，57年決定によって何らの制約も伴わずに堅固建物所有の目的に変更されたことになるから，当然に本件計画建物の建築も許容されると主張する。

しかし，57年決定がその主文において堅固建物の種類，構造を制限していないのは，Ｘが建築予定物として提示した鉄筋または鉄骨造3階建て工場の建築を認めてもＹの不利益とならないことから，特に右工場の建築に制限を加える必要がないと判断したためであって，何らの制約も伴わずに堅固建物の建築を認めた趣旨と解するのは正当でない。

借地法8条の2第3項によれば，条件変更の裁判において堅固建物の種類，構造を制限することは，当事者間の利益の衡平を図るため必要がある場合に付随処分たる「相当の処分」の一種として認められるもので，Ｘが建築予定物として提示した鉄筋または鉄骨造3階建て工場を財産上の給付額を算定する資料の一つとして斟酌しつつ，その財産上の給付を条件とする借地条件の変更においては，建築予定物と規模，構造，用途の大きく異なる本件計画建物あるいは公法的規制以外の何らの制約も伴わない最有効使用の建物の建築を許容したと解することはできないからである。

もとより，Ｘが，実際には本件計画建物あるいは最有効使用の建物の建築を予定しながら，財産上の給付額を低く押えるために鉄筋または鉄骨造3階建て工場を建築予定物として提示し，57年決定もこれを容認していたと認めるべき証拠はない。したがって，Ｘの右主張は採用の限りでない。

コメント 借地権者が，57年決定において堅固建物所有を目的とする借地条件の変更が認められたのに，その後9年間予定されていた建物を建築せず，改めてそれとは規模・構造・用途がまったく異なる建物の建築をすることについて増改築許可の申立てをしましたが，本件決定はこれを却下しました。

その理由はいくつかありますが，第1に，増改築制限特約が存在しないこと，第2に，57年決定が認めた財産上の給付額から自ら提示した建物と規模，構造，用途の大きく異なる建物の建築は認められないとしたこと，第3に，またがり建物の建築は認められないことを主に挙げています。

　第1の点については【33】で述べており，また，第3の点についてはここでのテーマでないので，いずれも省きます。

　第2の点ですが，それではどうすればよいのかということが問題となります。これについても，実は本決定が上記決定の要旨の後に解決策を示しています。

　すなわち，借地借家法の下では，新築予定建物の規模，構造，用途を借地条件の制限に準ずるものとして同法17条を類推適用することによって，改めて借地条件変更の申立てをすることが可能ではないかと述べており，私も同感です。

【35】 Y_1 所有地と Y_1 が Y_2 から借りている借地を合わせて Y_1 から借りている場合の付随処分として X の Y_2 に対する財産上の給付および X・Y_1 間だけでなく Y_1・Y_2 間の地代の増額を命じた。

(東京地裁昭和 55 年 12 月 17 日決定・判タ 444 号 162 頁)

事案の概要　X は、Y_1 から東京都大田区所在の甲地と乙地（総称して「本件土地」という）を賃借していました。甲地は Y_1 の所有ですが、乙地は Y_2 が所有して Y_1 が借地しており、乙地については X が転借していることになります。

X は、Y_1、Y_2 双方を相手方として増改築許可の申立てをしたところ、東京地裁は、申立てを認める条件として、Y_2 に対する財産上の給付として 109 万 8,000 円の支払いと、X と Y_1 間の地代を月額 2 万 100 円に、Y_1 と Y_2 間の地代を月額 1 万 4,900 円に増額しました。

決定の要旨　鑑定委員会は、本件増改築について、土地の通常の利用上相当であると認め、承諾に代わる許可を与える場合、X から Y_2 に対して、財産上の給付として金 68 万 8,000 円を支払い、X と Y_2 の本件土地についての賃料を月額 2 万 3,400 円（1 ㎡当たり 208 円）に、Y_1 と Y_2 間の乙地の賃料を月額 1 万 3,500 円（1 ㎡当たり 153 円）に増額変更することを相当とする旨の意見書を提出している。

認定した事実および鑑定委員会の意見によれば、本件増改築許可の申立ては相当と認められる。

付随処分について検討する。本件においては、当事者間の利益の衡平を図るため、X に対し、財産上の給付を命じ、X と Y_1 の賃料および Y ら両者間の賃料を改定するのを相当と認める。

鑑定委員会は、増改築の対象部分の敷地面積の更地価格に、慣行的承諾料割合の最も高い率を乗じる方法によって、財産上の給付を算定している。更地価

格および慣行的承諾料を因数として，給付額を算定することは相当と考えられるが，まず更地価格の算定面積を増改築部分の敷地に限定したのは不当といわなければならない。

　借地（甲地および乙地）全体が一棟の建物の敷地として使用されていること，増改築による経済的利益の増加も一棟の建物の全体に及ぶこと，しかもそれは慣行的承諾料割合を決めるに当たって考慮されるべき要素であることなどを考えれば，更地価格は，本件建物の敷地面積（ただし，Y_2 の所有土地に限る）について求めるべきである。

　更に乗じた割合について検討するに，なるほど本件増改築は，意見書の指摘するとおり，対象地が商業地域であり，特に1階部分は店舗の改築を主体とするため土地の利用効率の増加は比較的大きいということができるけれども，店舗の改築は1階の一部に過ぎないこと，増改築による床面積の増加は約42%に留まるなど増改築の規模は必ずしも大きいとはいえないこと，一方前記のとおり Y_2 の所有土地で，本件土地の近接地の利用価値の相対的低下その他当事者間の諸般の事情を考えれば，承諾料率は3%程度を相当と考える。よって，Xが Y_2 に支払うべき財産上の給付額は109万8,000円とする。

　ところで，Y_1 は，Xと転貸借契約を結ぶに当たって，口頭で増改築を禁止することを約束したから，同相手方についても財産上の給付がされるべきであると主張するが，本件資料によっても右特約の存在は必ずしも明らかでなく，いずれにしろ Y_1 において本件増改築を承諾している事情などを考えれば，Y_1 については，格別財産上の給付を命ずる必要はないと考える。

　次に，Xと Y_1 間の賃料について検討する。鑑定委員会は，対象物件の存在する大田区における年間地代の地価に対する平均的割合を乗じて適正賃料を算出している。意見書の指摘するとおり，対象地周辺の継続地代としての実際支払賃料は広範囲にわたっているので，適当な比準賃料を求めることの難しさは理解されるから，年間地代の地価に対する割合を0.6%（ちなみに，意見書の引用する日税不動産鑑定士会作成の「継続地代の実態調べ」の昭和54年版によれば，昭和54年1月1日現在における近隣公示地価格に対する継続地代の平均割合は，商

業地において 0.71％, 住宅地において 0.69％である) として更地価格に乗じたのは, 適正賃料の評価方法の一として是認される。

ところで, X は, Y_1 に対して, 昭和 45 年 7 月以降任意改定した賃料を供託してきたが, 昭和 52 年 8 月以降は供託を止めて任意支払っている事情のもとにおいて, 同月における賃料を直ちに両者間の合意賃料とみなすことは問題なしとしないが, これを一応の基準として昭和 52 年 8 月以降の地価等の変動率を乗じて概算した結果も参考に値すると考える。

大田区における近隣公示地の公示価格の変動状況から地価変動率を求めると, 昭和 52 年 8 月現在の地価は, 同年 1 月および昭和 53 年 1 月現在の地価が同一であるから, これと同額と推定し, 昭和 54 年 10 月現在の地価は同年 1 月現在の地価が平均上昇して昭和 55 年 1 月現在の地価になったものとして推定した上, その価格を比べて, 両時点間の変動率を求め, それに意見書の算定した昭和 54 年 11 月から昭和 55 年 9 月までの地価変動率 6.75％を加えると, それぞれ 1.155, 1.183, 1.222 で, 平均すると 1.187 である。

次に, 追加意見書の引用する財団法人日本不動産研究所発行の「全国市街地価格指数」によって 6 都市用途地域別市街地価格指数 (商業地域) の推移をみると, 昭和 52 年 8 月現在の価格指数は 1.738 (同年 3 月現在の指数 1.727 および同年 9 月現在の指数 2.059 および同年 3 月から 9 月までの地価変動率を追加意見書により 3.8％として推定) であるから変動率は 1.189 である。

総理府統計局発表の東京都区部の (地代) 家賃統計指数によれば, 昭和 52 年 8 月現在においては 121.5, 昭和 55 年 9 月現在においては 142.0 であるから, その間の変動率は 1.169 である。前記みなし合意賃料から公租公課 (月額 5,646 円相当) を除いてこれらの変動率を乗じる方法によって昭和 55 年 9 月現在の賃料を試算すると, およそ 1 万 6,700 円となる。右金額は, 公租公課のほぼ 3 倍 (1 万 6,938 円) に当たる。

本件土地の収益性の増加, それに伴う借地権の長期化, Y_1 から転借するその余の土地の利用価値の相対的低下その他諸般の事情を考慮し, 前記鑑定委員会の意見および右の試算賃料を参考にし, X と Y_1 の本件土地についての賃料

を月額2万100円（1㎡当たり179円）に改定する。

　なお，本件土地は，本件建物の敷地として一括して借地契約（賃貸借および転貸借）が結ばれており，また従前からの賃料の支払事情なども考慮して，賃料は，賃貸地および転貸地を併せて決定するのが相当であると考える。

　Y_1とY_2の賃料について，鑑定委員会は最終合意賃料に地価変動率を乗じる方法で鑑定評価しているが，右はそれ以前の両者間の賃料改定の経緯にかんがみれば，相当である。右評価額に，前記大田区における年間地代の地価に対する平均的割合から鑑定評価した結果を参考にし，借地権残存期間，Y_2の所有する乙地の宅地としての価値の相対的低下，公租公課（月額4,720円相当）との関連その他諸般の事情を考慮して，Y_1，Y_2間の乙地についての賃料を月額1万4,900円（1㎡当たり169円）に改定する。

> **コメント**　本件は，Xが利用している本件土地の半分以上が転借地であることから，直接の貸主のY_1だけでなく，転借地の所有者のY_2も相手方としています。その場合に，財産上の給付を命ずる相手方は，【22】の決定例のように転貸人Y_1だけでなく賃貸人Y_2の双方であるのが一般的と思われます。しかしながら，本件では，Y_2に対してだけに財産上の給付を命じています。
> 　本件決定は，その理由として，Y_1は増改築禁止特約の存在が明らかでないだけでなく本件増改築を承諾しているというのですから，やむを得ないでしょうか。
> 　財産上の給付額について，本件決定は，鑑定委員会の意見の68万8,000円よりも約6割高い109万8,000円としています。鑑定委員会が増改築の対象部分の敷地面積に限定しているのを，全体の建物敷地と広げているのがその主たる理由と思われますが，建物を一棟としてみた場合に本件決定の判断に違和感はありません。
> 　地代についても，鑑定委員会がX・Y_1間については2万3,400円，Y_1・Y_2間については1万3,500円との意見を出したのに対して，本件決

定はX・Y_1間については2万100円，Y_1・Y_2間については1万4,900円とそれぞれ異なる数字を出しています。

　その理由は，不動産鑑定士ではない私には理解しかねるところですが，この程度の違いであれば，鑑定委員会の意見を尊重してもよかったと思います。

　なお，本件決定で引用されている「日税不動産鑑定士会の継続地代の実態調べ」は，昭和49年以降3年ごとに行われており，継続地代を研究するためには大変貴重な資料といえます。

　ちなみに，日税不動産鑑定士会は，税理士と不動産鑑定士の双方の資格を有する方々が中心の任意の研究団体です。

【36】 増改築許可における改築の意義と同許可による異議権喪失の有無。

(東京地裁昭和44年12月11日決定・判タ243号287頁)

事案の概要　Xは，Yから東京都江戸川区南小岩所在の本件土地を賃借し，隣地の他から賃借している乙地にまたがって木造平屋建ての本件建物を所有しています。Xは，本件建物を取り壊して乙地にまたがる木造2階建ての建物を建築する計画のもとで増改築許可の申立てをしました。東京地裁はこの申立てを許可しました。

　Yの主張は多岐にわたりますが，増改築許可における改築の意義と借地法（現借地借家法）7条の異議権との関係にのみ絞ります。

決定の要旨　改築とは，既存建物の一部についてのみならず，全部を取り壊してそこに建物を建築することをも含むというべきであるのみならず，改築許可の裁判があっても借地法7条にいう異議権を喪うことにならないものと解すべきである。

　本件借地契約の残存期間は昭和51年4月まであと約6年半を残すに過ぎないが，現時点において期間満了時の更新拒絶の正当事由を予測することは困難であるのみならず，増改築許可の裁判は賃貸人の更新拒絶を奪うものではない。

コメント　本件決定の第1の問題は，増改築許可決定の対象となる「改築」とは，部分的な改築だけでなく全面的な改築，すなわち，既存建物を取り壊して建て直す場合を含むかです。これは，当然含むと考えるべきでしょう。

　増改築許可の申立てのうちの改築許可の申立ての大部分は全面的な改築，つまりは再築であるのに，これが含まれないとなれば，本制度を設け

た意義が失われかねないからです。

　横浜地裁昭和44年12月12日決定・判タ243号293頁も，実質新築の場合においても増改築許可の申立てが可能と述べています。

　では，どうしてこのような問題意識が出たのかといえば，それは第2の問題が関係してくるからです。

　すなわち，旧借地法7条は，建物滅失後の再築に対し異議を述べることで本来の期間満了時に正当事由を争うことができ，借地借家法7条でも同趣旨の規定があります。

　そこで，改築許可決定が出た場合には借地権設定者による異議権が失われるのではないかという議論があるのです。

　『借地非訟の実務』（2003年10月改訂新版・大阪弁護士協同組合）181頁では同決定により異議権は失われると書かれていますが，旧借地法にも借地借家法にもそのような明文の定めはないので，本件決定と同様に異議権は失われないと思われます。

　なお，第1編のQ-47を参照してください。

【37】 借地上に建物を所有するが借地権者ではない者による申立てを否定した。

(東京地裁昭和 46 年 10 月 1 日決定・判タ 271 号 376 頁)

事案の概要　X_1 と Y との間で昭和 27 年 8 月に本件土地についての借地契約が締結されましたが，本件土地上にある本件建物の登記名義は X_1 の母 X_2 でした。

X_1 と X_2（総称して「X ら」という）が Y を相手に本件建物について増改築許可の申立てをしたところ，東京地裁は X らの申立てを却下しました。

決定の要旨　増改築の申立てが認められるためには，増改築しようとする建物が借地人の所有であることを要するところ，X_1 は本件土地の借地人ではあるが，本件建物は登記簿上はもとより，実質上も X_2 の所有であることは前認定のとおりであり，X_2 は本件土地の借地人ではないので，本件申立ては，申立ての要件を欠く不適法なものであり，却下すべきである。

コメント　借地権者と借地上の建物所有者が異なることがあります。借地権者である親では銀行のローンが下りないときに子の名義で建物を建てるような場合です。

ところが，本件決定は，増改築許可の申立てができるのは，借地人が建物を所有している場合に限るとして，両者が異なるときには申立てが不適法であると判示しました。

形式的にみればその通りかもしれませんが，どうも釈然としません。これでは増改築の道が閉ざされることになりかねないからです。少なくとも，本件のように両者が共同で申し立てる限りは適法と認めてよいのではないかと思います（『詳解　借地非訟手続の実務』196 頁，新日本法規）。本件では両者が親子の関係にあるので，ここまでかたくなな対応をしなくて

もよかったと考えます。
　なお，東京地裁昭和 44 年 8 月 15 日決定・判タ 240 号 258 頁は，借地権設定者と別の者が土地所有権をめぐって争いがあり，借地権者が両名を相手に増改築許可の申立てをしたところ，借地権設定者でない者に対する申立てだけが却下されています。契約当事者でない以上，これはやむを得ないと思われます。

【38】 転貸借契約にのみ増改築制限特約がある場合に，借地権設定者・転借地権設定者の双方を相手方に転借地権者が申立てをすることを認めた。

（東京地裁昭和43年11月29日決定・判タ229号292頁）

事案の概要　　Y_1は，その所有する東京都中野区本町1丁目所在の土地の内の116坪をY_2に増改築制限特約付きで賃貸し，Y_2はその内の50坪の本件土地をY_1の承諾を得てXに増改築制限特約なしで転貸しています。

Xは，本件土地上に約10坪の平家建てを所有していますが，かなり古くなったことから，1階，2階ともに25.5坪の2階建ての建物を建築しようとしましたが，Y_1の承諾が得られなかったことから，Y_1，Y_2を相手に増改築許可の申立てをしました。

東京地裁は，6か月以内にY_1に対し33万円，Y_2に対し5万円の各支払いを条件として改築を許可し，賃貸借および転貸借の期間をそれぞれ昭和64年3月までとし，各1か月の地代については，Y_1に対するY_2の地代を7,540円，Y_2に対するXの地代を3,350円と増額しました。

決定の要旨　　本件手続きの経過に徴すると，もしXが本件の改築を実施した場合，Y_1は，Yら両名間の賃貸借契約に増改築制限の約定があると主張して，紛争を惹起することが予測されるので，Y_1に対する申立てはその利益があるというべきである。一方，Y_2は転貸借契約に増改築制限の特約があると主張するわけではなく，改築許可に伴う利害の調整についての主張をしているにすぎないし，また本件に顕れた資料による限りそのような特約があるとは認められない。しかし，Y_1に対する関係で許可の裁判をするに当たり，原賃貸借の賃料等の借地条件を変更する付随の処分をする必要も生ずべきことを考慮すると，かような場合，Y_1のみでなくY_2をも当事者とすることが合理的であると考えられる。したがって，本件においては，Xは前記

事情にかかわらず借地法8条の2第5項により，両名を当事者として増改築許可の裁判を求めることができると解するのが相当である。そして，本件に顕れたところによると，申立てに係る改築は借地の通常の利用上相当であり，かつ許可を不相当とする特別の事情も認められないので，本件申立てはこれを認容すべきである。

そこで，次に付随の処分について検討する。両名間の原賃貸借の期間は昭和16年の賃貸の時から20年とされ，昭和20年中地上建物が戦災で消滅し，戦時罹災土地物件令による期間進行の停止のあったことを考慮しても昭和37年頃には期間満了となり，借地法の規定によってさらに期間を20年として更新されたと認められ，転貸借の期間は前判示の契約時から30年と認められる。そこで，本件における全面改築の許可をするにあたっては，借地法7条の規定の趣旨を酌み，改築の時期からほぼ20年となるよう，それぞれの期間を昭和64年3月末日までにすることとする。

次に財産上の給付であるが，前述のように期間が延長される上，本件改築により建物の朽廃による借地契約の終了はたやすく期待されないことになること，および本件賃貸借については，Y_2からY_1に対し，昭和31年頃，7万円の権利金，その他に若干の金銭の支払いがなされているが，そのほかには権利金等の授受はなく賃料もかなり低額であったことなど借地に関する従前の経過のほか，なお，当裁判所にY_2からY_1に対し，Y_2が使用している部分に対する建物につき改築許可の申立てがなされている関係をも合わせて考慮し，転借部分の更地価格（鑑定委員会の意見に従い，3.3㎡当たり22万円を相当と認める）の3％に当たる33万円をY_1に支払うべき給付額とする。なお，Y_2に対する給付については，右の事情のほか，資料により認められるY_2とXとの関係および両者の意向をも汲んで5万円と定める。

賃料については，Y_2はY_1に対し1か月1,740円（3.3㎡当たり15円，ただし，この点について当事者の合意があったかは措く）の割合で供託し，XはY_2に対し1か月870円を支払ってきたのであるが，右は鑑定委員会の意見に徴しても低額と認められるので，右意見を酌んで原賃貸借につき1か月7,540円（3.3㎡当

たり 65 円），転貸借につき 3,350 円（3.3 ㎡当たり 67 円）と定めることとする。

> **コメント**　転借地権者は，元の借地契約，転貸借契約のいずれも増改築制限の特約がなければ自由に増改築ができますが，双方に同特約がある場合には借地権設定者，借地権者すなわち転借地権設定者の両方を相手に増改築許可の申立てをすることに異論はないでしょう。
> 　また，元の借地契約には同特約がなくて，転借地契約のみに同特約がある場合には，転借地権設定者だけを相手方として同申立てをすれば済むと思われます。
> 　問題は，本件のように元の借地契約には同特約があるが転借地契約には同特約がない場合です。
> 　一見すると，借地権設定者だけを相手に申立てをすればよいようにも思えますが，付随処分として転借地権者に対する地代などの借地条件の変更があり得るので，この場合にも両者を相手方として申し立てる必要があると思われます。
> 　なお，借地条件変更について同様な決定があるので，【22】を参照してください。

【39】 工事着工後の増改築許可の申立てを認めた。

(東京地裁昭和45年6月11日決定・判タ253号316頁)

事案の概要　Xは、Yから東京都杉並区南荻窪1丁目所在の本件土地約32坪を賃借し、2階建ての居宅を所有していましたが、西側5坪を除く部分を取り壊し、木造2階建ての共同住宅に改築するために基礎工事に着工したところ、Yから契約解除の通知を受けて工事を中止し、増改築許可の申立てをしました。

東京地裁は、3か月以内に25万円を支払うことを条件に、Xの改築を許可し、地代について1か月1,908円から3,298円に改定することを命じました。

決定の要旨　増改築をなすにはYの承諾を要する旨の特約が存することおよび本件改築は土地の通常の利用上相当であることが認められる。Xは、本件建物のうち西側5坪を除く部分を取り壊し、本件改築をなすべく基礎工事に着手したところ、Yから右工事を理由に借地契約解除の通知に接し、工事を中止して本申立てに及んだのであるが、右の程度の工事の段階では原状回復が容易であるばかりでなく借地法8条の2は、土地の合理的利用を促進させるため右合理的利用を妨げる賃貸人の恣意を抑止する必要ありとの観点から新設されたものと解すべきであるので、右のように基礎工事の段階で工事を中止して本申立てに及んだ場合には、解除の効果は発生せず、右申立ては適法というべきであり、本件改築は土地の通常の利用上相当であるので、本件申立ては、これを認容すべきである。

本件改築許可の裁判により、本件借地権は強化されるので、当事者間の利益の衡平を図るため、Xに財産上の給付を命ずるのが相当である。その額は鑑定委員会の意見に従い金25万円を相当とする。なお同委員会の意見に従い、本件借地権の賃料を3.3㎡当たり1か月85円に改める。

> **コメント** 増改築許可の申立てをするのは，増改築にかかる前，すなわち工事着工前でなければならないはずですが，工事着工後であっても，初期段階であれば申立てを認める場合があります。
>
> 本件は，無断増改築を理由に借地契約の解除通知が届いた後に工事を中止したケースですが，基礎工事の段階で原状回復が容易であることから，本申立てを認めました。
>
> 本件以外にも，東京地裁昭和42年12月22日決定・判タ216号251頁は基礎コンクリート工事着手の段階で借地権設定者の抗議を受けて中止した事例，東京地裁昭和44年7月17日決定・判タ239号263頁は借地権設定者の承諾を得られたと信じて工事を着工したが抗議を受けて申立てをした事例について，いずれも増改築許可の申立てを認めています。

【40】 改築工事が完成している場合の申立てを却下した。

（東京高裁昭和47年12月21日決定・判タ298号423頁）

事案の概要　Xは，昭和23年4月にYから東京都豊島区所在の本件土地を賃借し，昭和43年に更新されています。Xは，本件土地上に本件建物を所有していましたが，改築を計画して本件建物を取り壊し，建前を終わり屋根を完成した段階で，豊島区長より幅員の関係で問題ありとして工事停止命令が出されたため，工事を中止して，増改築許可の申立てをしました。東京地裁昭和46年12月13日決定・判時651号87頁は，豊島区長による建築停止命令が取り消されることを条件として増改築を許可しました。Xは，工事を再開続行しこれを完成しました。Yが抗告したところ，東京高裁は原決定を取り消し，申立てを却下しました。

決定の要旨　当裁判所は，Xの右許可の申立ては借地法8条の2に規定する許可申立ての適格要件を欠くものと判断する。

　借地法8条の2に規定する増改築の許可は増改築を制限する旨の借地条件が存在する場合に，借地権者の申立てによって，裁判所が諸般の事情を考慮し場合によっては他の条件を変更するなどして賃貸人の承諾に代えてなされるものであって，結果的に契約当事者の合意に代わる賃貸借条件の新たな形成をするものである。

　したがって，右裁判の作用は増改築を制限する定めの有無，すでに着手しまたは完成した増改築の契約上の適否を判断し，これを確認することを目的とするものではない。

　本件についてこれをみるに，前記のとおりXが改築を制限する契約上の定めはないと主張しながら，改築の許可を求めること自体矛盾であるばかりでなく，すでに改築に着手し，それを完成しながらその改築の許可を求めるということは，名を許可にかりてその改築が契約上適法であることの確認を求めるものであって，新たな賃貸借条件の形成を求めるものではない。そして右契約上

の定めについて賃貸人に争いがあることおよびその改築に伴って支払うべき「慣習上の応分の謝礼金」の額が現在明確でないことは右申立ての性質に影響するものでもない。右契約の内容および謝礼金の額は客観的にはすでに定まっているはずであって，これを発見し確定する途は，最終的には何らかの方法による争訟の手段によるほかないからである。

　なお，本件の場合，Xは，賃貸人において増改築を制限する旨の定めのあることを主張しているのであるから，たとえみずからその制限の定めがないと信じていても，無用な紛争の予防を図るため，その主張を廃して（せいぜい右の定めを単なる参考事情として），増改築の着手前にその許可を求めるのであれば，もとよりその申立ては前記法条に規定する許可申立ての適格を備えるであろう。

　しかし，Xはその途を選ばずに，あえて増改築を制限する定めはないと現に主張し，かつすでに改築を実行し，これを完成しているのであるから，いま，その申立てを右法条に規定する許可申立ての適格を備えるものとすることはできない。

　Xの本件申立ては以上のとおりその適格を欠くので，これを却下することとし，これと異なり右申立てを適法として他の条件変更の下に改築を許可した原決定は相当でないからこれを取り消し，主文のとおり決定する。

コメント　本決定の原審は，本件申立てを認めていましたが，本決定はこれを取り消しました。原審が，増改築許可の申立てを認めたといっても，豊島区長の建築命令取消しが条件とされていること，抗告されて確定していないにもかかわらずいったん中止した工事を続行して完成までさせたことが，裁判所の怒りを買ったと思われます。

　「Xが改築を制限する契約上の定めはないと主張しながら，改築の許可を求めること自体矛盾であるばかりでなく，すでに改築に着手し，それを完成しながらその改築の許可を求めるということは，名を許可にかりてそ

の改築が契約上適法であることの確認を求めるものであって，新たな賃貸借条件の形成を求めるものではない。」と厳しく断罪しています。

　もっとも，借地権者が改築制限特約がないと主張しても借地権設定者が同特約があると主張している以上，本件申立てをすることは借地紛争の防止を図る趣旨から認められており，特約がない旨の主張と増改築許可の申立てをすることは必ずしも「矛盾」ではありません。裁判所が相当に怒っているために筆が滑ったのかもしれません。

　むしろ，決定が確定してもいないのに工事を完成してしまったことが借地紛争防止のために制度化された本件申立ての趣旨に合わないと思ったため，借地権者に厳しい結論が出されたものと推測すれば，やむを得ないのでしょうか。

【41】 借地権の残存期間が不明の場合に増改築許可の申立てを認めた。

(福島地裁いわき支部昭和43年12月23日決定・判タ230号287頁)

事案の概要　Xは，いわき市所在の本件土地55.66坪をYから賃借し，木造2階建ての建物を所有し，温泉旅館を経営していますが，増改築許可の申立てをしたところ，福島地裁いわき支部は増改築を許可しました。

決定の要旨　Xの母が昭和14年に本件建物を購入し，じ来Xが居住してきたものであるが，その当時における本件土地の原始土地賃貸借契約の内容は不明で，当事者も借地残存期間が幾何あるかということには無頓着で経過してきたこと，昭和39年頃，Yの要望でXとの間に賃貸借契約書が取りかわされたが，右契約書によると，昭和39年1月から同41年12月までの3か年間と規定されていたことが認められ，その後は契約書も作成されていないことがうかがわれる。しかして，右3か年の期間の定めも特段の事情なき限り借地法11条に違反する無効のものである。したがって，本件土地の残存期間が何年あるかは正確には断定できないが，Xが本件土地につき現に借地権を有していることは明らかである。とすると，Yが近い将来自己使用の正当事由があること（具体的な主張も証明もないが）の故を以てXの増改築許可の申入れを拒むことは理由がない。

本件土地付近一帯が温泉旅館を主とした商店街で近時とみに繁華していること，Xは現在小規模の温泉旅館を経営しているが，右町の発展に伴い来客も多く本件建物を増改築して経営の改善，生活の繁栄を図ることは自然の勢いであること，以上認定の事実によると，Xの本件申立てはその増改築の態様に照らし本件土地の通常の利用上相当というべきである。

右増改築の結果，本件土地の利用価値も上昇し，本件建物の耐用年数も必然的に延長されるので，増改築禁止条項によりYの有する利益を考慮し，当裁

判所は鑑定委員会の意見を聴いた上地代を本裁判確定の日より3.3㎡（1坪）当たり1か月金40円（月額金2,226円，1円未満切り捨て）の割合に変更することとし，なお増改築の許可に対する財産上の給付については，鑑定委員会の意見によれば，その必要がないとの意見であるが，Xにおいて増改築費約200万円の5％位は御礼として提供してもよいとの意見を表明しているので，当裁判所は右提供の申入れおよび前記の事情およびその他一切の事情を公平に考慮した上Xに対し金10万円の給付を命ずる。

> **コメント** 本件における借地権設定者の主張が明確ではありませんが，元々3年契約（それ自体が借地法に違反して2条1項により30年の存続期間になるはずですが，本件決定では残存期間が不明と判示しています）という短期間の契約をしていたこともあり，増改築の許可申立てをされたことが意外だったのだと思います。
> 　そこで，自己使用の正当事由があると反論をして借地権の存在自体を争う姿勢を示したものの，裁判所からは具体的な主張も立証もないと一蹴されています。
> 　このように，借地権設定者が借地権の存在自体を争ったとしても，借地非訟事件の裁判所は手続きを続行して決定まで出すことができるのです。
> 　ところで，本件決定において，鑑定委員会の意見では増改築の許可をする代わりの財産上の給付の必要がないとしているのに対し，X自身が支払いを了承している増改築費の5％相当額の支払いを命じています。
> 　借地非訟の裁判所が，必ずしも鑑定委員会の意見にとらわれることなく，財産上の給付を命じたことは妥当な判断と思われます。

【42】 借地権存否の別訴があっても増改築を許可した。

(東京高裁昭和 51 年 3 月 12 日決定・判時 823 号 59 頁)

事案の概要　　X は，Y から宇都宮市南大通り 2 丁目所在の本件土地 178.83 ㎡を賃借し，本件土地上に木造の本件建物を所有していますが，Y が X を相手に本件建物が朽廃し借地権が消滅したことを理由に建物収去土地明渡請求訴訟を提起して係属中です。これに対して，X は増改築許可の申立てをしたところ，宇都宮地裁はこれを認めました。Y が抗告したところ，財産上の給付の額を 40 万円から 130 万円に増額したものの，増改築の許可は維持しました。ここでは，借地権存否の裁判との関係についてのみ触れます。

決定の要旨　　借地法 8 条の 2，借地非訟事件手続規則による増改築許可の裁判は，増改築の許否およびその具体的条件を形成するものであり，直接借地権の存否について既判力をもって確定するものではないが，その判断が前提問題となるときはその限度でその審理判断もできるのであり，その判断の結果借地権が消滅していないとの判断に達した場合は増改築の許可に関する裁判をすることができる。

したがって，別訴で借地上の建物朽廃を理由とする借地権消滅に基づく借地明渡訴訟が係属していても，その判決が確定するまで借地非訟事件として裁判をなし得ず裁判手続きを中止しなければならないものと解する必要はない。

もっとも，右借地非訟事件の裁判の前提となった借地権の存否についての判断は既判力を有するものではないから，後に民事訴訟においてこれと異なる判断をすることを妨げなく，その意味で両者の抵触を事実上避けるため配慮することが望ましいけれども，それをしないからといって違法とすることはできない。

本件において，本件建物が朽廃したことは記録上これを認めうる証拠はないから，本件借地権はなお存在するものとして本件増改築許可の裁判をした原審

の裁判手続きに瑕疵はない。

> **コメント** 借地権存否の訴訟が別訴として提起され係属中の場合に，借地非訟事件の手続きを進められるかは，借地非訟事件の裁判所の判断に任されています。
>
> 借地非訟事件の裁判所としては，本件決定がいみじくも述べているように，「両者の抵触を事実上避けるため配慮することが望ましい」ことは間違いなく，そのために借地非訟手続きを中止することが認められており，正式に中止決定まで出さなくとも，事実上の中止状態になることもあります。
>
> ところが，本件で借地権設定者が主張しているのは「建物の朽廃による借地権消滅」であり，実際のところ，現に営業などで使用している限り朽廃認定されることはまずありません。
>
> そこで，借地非訟の裁判所も，本件については建物朽廃についてこれを認めうる証拠はなく，借地権は存在するとして，本件決定を下しました。妥当な判断と思われます。

【43】 増改築許可の申立てにおいて建物の種類・構造および床面積の特定で十分である。

（東京高裁昭和45年6月10日決定・判タ254号156頁）

事案の概要　Xは、Yより東京都葛飾区青戸6丁目所在の本件土地上に本件建物を所有していますが、2階建ての共同住宅への改築を計画して、増改築許可の申立てをしたところ、東京地裁はこれを認めました。Yが抗告したところ、東京高裁はこれを棄却しました。ここでは、増改築の内容の特定についてのみ触れます。

決定の要旨　Yは、裁判所が本件のような土地所有者等の承諾に代わる許可を与える場合には、改築建物の種類、構造等を厳密に特定すべきことを法が要求しているにもかかわらず、原決定における特定の方法は右の要求を充足しているといえないから、原決定はこの点において違法であると主張するが、本件のように改築建物が木造の居宅付共同住宅である場合、原決定が建物の種類、構造および床面積によってした特定の程度で十分であって（反面からいえば、本件改築建物のような場合には、右特定に用いられた建物の種類、構造および床面積のみが承諾に代わる許可を相当とするか否かの判断に影響を及ぼす事項であるといえる）、右以上に図面等によって詳細かつ厳密な特定をなさねばならないものではないから、Yの右主張も理由がない。

コメント　本件のYは、増改築許可決定を出すためには、改築建物の種類、構造等を図面等により厳密に特定すべきであると主張していますが、本決定は、種類、構造、床面積で足りるとしたものです。

もっとも、「土地の通常の利用上相当とすべき増改築」か否か、「財産上の給付」をどの程度にすべきかなどについての判断をする場合には、建物

が敷地のどこに位置するか程度の図面の添付はあった方がよいと思われます。

【44】 更地に最初に建築する場合に増改築許可の申立ては不要である。

(東京地裁昭和 58 年 10 月 19 日決定・ウェストロー・ジャパン)

事案の概要　Xは，Yから東京都墨田区菊川3丁目所在の本件土地を賃借していますが，当初からその一部に材木のカビ止めタンクを設置したものの一度も建物を建築しておらず材木置場に使用してきました。Xが，軽量鉄骨造瓦葺平屋建工場を建築しようとして，増改築許可の申立てをしたところ，東京地裁は却下しました。

決定の要旨　Xが建築しようと計画している建物は，Xが本件土地を賃借してから最初のものであることについては当事者間に争いのないところである。ところで，借地法8条の2第2項の定める増改築許可の裁判は，その前提として当然借地上に建物が存することを要すると解されるところ，たとえYが本件建築に異議を述べたとしても，同条が規定する「増改築」に該当しないから，Yの承諾に代わる許可の裁判は必要なく，本件申立てはその利益を欠き却下を免れない。

コメント　増改築許可の申立てをするということは，既存の建物が存在することが前提となるはずですから，土地を借地してから一度も建物が存在していないのであれば「増改築」に当たらないことは明らかです。したがって，増改築許可の申立ての利益を欠くことはやむを得ないと思われます。

　東京地裁昭和47年9月22日決定・判タ288号361頁も，「いわゆる更地を建物所有の目的で賃借した借地人は，契約上当然その地上に目的の範囲内の建物を建築しうるのであり，特に土地所有者の承諾を得る必要はなく……本件申立てはその利益を欠き却下を免れない」と述べています。

【45】 増改築制限のある借地契約における借地条件変更の裁判は増改築許可の裁判も含み，裁判で表示された建物と建築する建物との間の差が僅少であれば建築は可能である。

(東京高裁昭和53年7月4日決定・判時898号50頁)

事案の概要 XはYから大和市所在の本件土地を賃借し，非堅固建物を所有していましたが，堅固建物所有への借地条件変更の申立てをして，これが認められました。Xが建築しようとしたところ，Yが増改築許可の裁判がないとして建築工事禁止の仮処分申請をしました。横浜地裁がこれを却下したため，Yが抗告したところ，東京高裁はこれを棄却しました。

決定の要旨 X，Yの間において借地条件のうち非堅固な建物所有の目的を堅固な建物所有の目的に変更することについて当事者間に協議が調わない場合において裁判所が借地法8条の2第1項の規定によって裁判をなす場合に借地上に非堅固な建物が現存するときはこれを堅固な建物に改築することが予定されており，したがって右裁判においては改築の可否も審理の対象とされていることが通常であり，特に増改築制限の特約のある賃貸借の場合には特段の事情なき限り借地法8条の2第2項に定める増改築許可の裁判の内容も当然包含されているものと解するのが相当であり，そうでなければ1項の裁判は無意味・無内容となるものである。

そして，Yの主張する本件借地につき1項に従ってなされた東京高裁の裁判も，賃貸借契約上増改築制限の特約が存し，Xが直ちに借地上に現存する非堅固な建物を堅固な建物に改築しようとしている事案に関するものであるから，当然2項の裁判の内容も含まれているものと解することができる。

もっとも，右裁判においては，その主文において特に建築しようとする建物の規模，面積，構造等に直接触れてはいないが，主文に掲記されている付随処分を決するについてY主張のような地下1階，地上4階の建物を基準として

いることが明らかであるから，おのずから従来の非堅固な建物から右の規模の建物へ改築することを許可しているものと解され，その限度においてＸは改めて２項の裁判をする必要はないものというべきである。

　ところで，一般に１，２項の裁判を求めるに際して申立人は必ずしも確定した建物の設計を完成していることを要求されるものではなく，また一応建物の設計が完成していてもその後設計変更されることもままあることを考えれば，特にＸにおいて賃貸人，裁判所等を欺罔して有利な裁判を求めようとするような意図がない限り裁判に表示された建物の規模等と現実に建築する建物の規模等との間に若干の差異を生じることはやむを得ないものであり，そのような建築をしたからといって裁判の趣旨に反するものとはいえず，したがって，新たに２項の裁判を必要とするものではない（勿論その間に大幅な差異がある場合においては改めて２項の裁判を求めた上建築をしなければならないことは当然である）。

　そこで本件についてみるに，Ｘが現在建築しようとしている建物は疎明によれば地下１階，地上５階の建物であることが一応認められ，前記１項の裁判において表示された建物と階数において異なるものであるが，前者の総面積は613.10㎡であり，後者のそれが607.55㎡であってその差は僅少であるので，Ｘが建築しようとしている建物の建築が前記１項の裁判の趣旨に反するものと解することができない。そして，右変更は大和市の指導によってなされたものであることが一応認められるものであって，Ｘにおいて前記１項の裁判を求めるに際して欺罔行為等をなしたことを疎明すべき資料の存しない本件においてはＸに更に２項の裁判を求める必要もなく，直ちに前記規模の建築をなし得るものである。

　以上のようにＸは１項の裁判を得てかつその定める金850万円を有効に供託し，同裁判所の限度において増改築の制限を免れたものであるから，Ｘは本件建築をなすについて新たに２項の裁判を必要とせず，したがってこれを必要とすることを前提とする本件仮処分申請はその被保全権利を認めることができないから，その余の判断をなすまでもなく失当として棄却を免れない。

> **コメント** 本件では二つの問題がありました。第1に，増改築制限のある借地契約における借地条件変更の裁判は増改築許可の裁判も含むとしたこと，第2に，裁判で表示された建物と建築する建物との間の差が僅少であれば建築は可能としたことです。
> 　いずれも妥当な結論と思います。
> 　なお，本件では元の決定が借地条件変更の申立てに基づくものでしたが，第2の点については，元の決定が増改築許可の申立ての場合も同様に考えてよいと思います。

【46】 黙示の合意により堅固建物所有目的に変更されたことを前提に既存の木造建物を堅固建物に改築する許可を認めた。

（東京地裁昭和43年7月10日決定・判時535号70頁）

事案の概要　Xは，Vが所有する東京都目黒区自由が丘1丁目所在の土地約90坪の本件土地のうち昭和27年11月に約60坪を，昭和28年3月に残り約30坪をいずれも非堅固建物所有目的で期限の定めなく賃借しました。本件土地上に鉄筋コンクリート造陸屋根2階建て医院兼居宅1,2階ともに15坪の甲建物と木造モルタル平屋建て居宅9坪の乙建物を建築して所有していました。

乙建物が狭くなったとして，これを取り壊し，鉄筋コンクリート造3階建て住居兼医院1階，2階各13坪，3階14.45坪を新築する計画を立て，Vの相続人であるYらの承諾を求めましたが断られたため，増改築許可の申立てをしました。東京地裁は，Xの申立てを認めました。

決定の要旨　Yは，Xが甲建物を建築したことは契約違反であり，かつ本件改築についてYの承諾がないにもかかわらず工事に着手したことは増改築制限の特約に違反するとして，昭和42年9月，本件借地契約を解除し，同年10月，本訴を提起した。そこで，本件借地権の存否が問題となるが，当裁判所はXが甲建物を建築したことについて，Vは黙示の承認を与えたものと認め，本件改築工事に着手した点についても，これを以て契約解除の理由とはなし得ないものと認める。よって，Yによる本件賃貸借契約の解除は，その効力がないものとして，以下判断をすすめる。

本件改築計画は，法令上および本件土地および周囲の土地利用上不当とすべき点は見当たらない。よって，本件改築計画は，これを許可すべきである。そこで，次に本件資料に基づき，付随の処分について検討する。Xは本件土地を前記のとおり2回に分けて借り受けているが，その経緯からみて，借地契約の

存続期間は後の契約の時から計算すべきものと解するのが相当である。本件借地契約は，期間について定めのないものであり，当初非堅固建物所有を目的とする契約であったが，後に前示のとおり堅固建物所有の目的に変更されたものと解すべきであるから，本件借地権の存続期間は昭和28年3月から60年というべきである。Xは借地契約に当たり，60坪につき金35万円，30坪につき金21万円を権利金として支払っている。右金額は当時の更地価格の6割ないし7割に相当する。鑑定委員会は，本件土地の更地価格を3.3㎡当たり17万2,000円と評価し，本件借地契約が既に堅固建物所有目的に変更されているとすれば，(期間を昭和27年11月からとして)Xに26万1,800円の支払いを，裁判によって借地条件を変更するとすればXに155万円(更地価格の10%)の支払いをさせるのが相当であるとしている。

当裁判所は右鑑定委員会の意見と前示借地関係の経緯とを総合考慮し，本件土地の約7%にあたる金100万円の支払いをさせるのが相当であると認める。

コメント 本件は，契約書上では非堅固建物所有目的としながら，当初より2棟のうちの大きい方の鉄筋コンクリート造の甲建物の建築を黙認していたこともあり，黙示の合意により堅固建物所有目的へ変更されたと判断した珍しい事例です。

その上で，甲建物の建築および新しい建物の建築の着手を理由に解除することができないとし，かつまだ四十数年の残存期間がある中での増改築を許可するのは妥当な判断といえます。

他方で，財産上の給付については，一般の増改築の許可の場合と借地条件を非堅固建物所有目的から堅固建物所有目的に変更する場合の中間である更地価格の7%相当としたあたりに，本決定の苦労の跡がうかがえます。

【47】 木造平家建てとする特約について増築許可で排除した。

(東京地裁昭和 46 年 12 月 21 日決定・判タ 275 号 345 頁)

事案の概要　X_1 と X_2（X_2 は X_1 の実母）は、Y から東京都文京区小日向 3 丁目所在の土地 65 坪を賃借し、X_1 が甲建物、X_2 が乙建物をそれぞれ所有していますが、乙建物が老朽化したのでこれを取り壊し、X_1 が甲建物を増築して 2 階建てとすることを計画し、増改築許可の申立てをしました。東京地裁は、X_2 の申立ては却下し、X_1 の申立てを認めました。

決定の要旨　本件増築は土地の通常の利用上相当であることが認められるので、X_1 の申立ては、これを許可するのが相当である（本件の資料によると、借地上の建物は木造平屋建てとする特約があるが、右特約の合理的根拠はなく、本件増築の許可により右特約は排除されることになる）。X_2 は本件土地の賃借人ではあるが、本件申立ての増築は、X_2 所有の建物に関するものではないので、同申立人の申立ては、これを却下する（X_2 がその所有に係る乙建物を取り壊すのは自由で、Y の承諾を要するものではない）。

コメント　本件は、単に増改築制限の特約があるだけでなく、それとは別に「借地上の建物は平家建てとする」特約があるので、これをどう考えるのかという問題がありました。

増改築制限の特約だけであれば、既存の建物が平家建てでも増改築許可の裁判で 2 階建てに変更することは問題ありません。しかし、それとは別に平家建てと限定する特約がある場合に、増改築許可の裁判についてもこれに拘束されるのではないかという疑問が生じたのです。

旧借地法 8 条の 2 第 1 項では借地条件の変更対象が非堅固建物所有から堅固所有建物しか明記されていないので、それ以外の借地条件の変更が許されるのか不明確でした。そこで、借地借家法 17 条 1 項では、「種類、

構造，規模又は用途を制限する旨の借地条件」に拡大したので，現在であれば増改築許可の申立てと同時に借地条件変更の申立てをすることで，本件のような事案にも容易に対応できたのですが，昭和40年代の借地法の時代には本件決定のようないわば拡大解釈で乗り切るしかなかったと思われます。裁判所の苦労がうかがわれます。

【48】 増改築許可の申立ては土地賃借権譲渡許可の申立てと同時になし得る。

（東京地裁昭和48年3月12日決定・判タ302号271頁）

事案の概要　Xは，Yより本件土地を賃借して，本件土地上に本件建物を所有していますが，本件建物を土地賃借権付でZ_1，Z_2（以下，「Zら」という）に譲渡する許可の申立てをするとともに，Zらにおいて予定している改築許可の申立てをしました。東京地裁は，いずれの申立ても認めました。

決定の要旨　借地権の譲渡予定者において，譲受後に建物改築を予定し，その具体的計画が定まっている場合には，現賃借人において，譲渡許可と増改築許可の各申立てを同時になし得，裁判所はこれを併合して審理，裁判することができると解するのが相当である。

けだし，増改築許可の裁判は具体的な増改築の計画について，増改築を制限する旨の特約を一時的に排除する機能を有するもので，増改築をする主体が問題ではなく，具体的増改築計画が土地の利用上相当であるか否かが問題となるのであり，譲渡許可と増改築許可の申立てを同時に裁判しても賃貸人に不利益を与えることはなく，手続きの経済上便利，有利であるからである（譲渡許可後に譲受人において増改築許可の申立てをしなければならないとすることは両当事者にとって煩雑である）。

コメント　借地上の建物が老朽化して使用に不都合が生じてきた場合に，借地権者自身が増改築をする資金や意欲がないものの，第三者であれば増改築をしてもよいと考えることがあります。

そのようなときに，当該第三者への借地権譲渡の許可の申立てをすると同時に第三者が計画している建物の増改築の許可の申立てをすることは自

然なことです。

　逆に，第三者への譲渡許可の裁判が確定してからでないと増改築許可の申立てができないということであれば，借地権者および第三者にとってのみならず，借地非訟の申立てを続けて申し立てられる借地権設定者にとっても大変煩わしいことになります。

　本件決定は，以上のように双方にとっての不都合をなくすものであり，合理的な判断と考えられます。

【49】 建築基準法に違反する改築は，土地の通常の利用上相当でない。

(東京地裁昭和 47 年 9 月 7 日決定・判タ 288 号 361 頁)

事案の概要　X は Y より本件土地を賃借していますが，X が所有する本件建物の改築を求めて増改築許可の申立てをしたところ，東京地裁はこれを棄却しました。

決定の要旨　本件借地は準工業地域に属し，建築基準法 53 条 1 項により建築物の建築面積の敷地面積に対する割合は 10 分の 6 以下と定められている。しかして，X が計画している改築建物の建築面積（約 45.58 ㎡）は右借地面積の 10 分の 6（約 41.20 ㎡）を超えていることが明らかである（本件の資料によれば，本件借地の一部は道路として利用されていると認められるので，この点を考慮するとさらに建築基準法上可能な建築面積は減少する）。そうすると，X の計画する改築は土地の利用上相当なものとは言い難いから，本件申立ては失当として棄却を免れない。

コメント　建物を建築するには建築基準法等の建築関係の法規を遵守することが必要です。建築基準法でまず問題となるのが建ぺい率と容積率です。建ぺい率（同法 53 条）は敷地面積に対する建築面積の割合で，平面的な広さです。これに対して容積率（同法 52 条）は敷地面積に対する延床面積の割合で，立体的な広さといえます。第 1 種低層住居専用地域，商業地域，工業地域などの都市計画法で定める各地域ごとに建ぺい率，容積率が異なります。

本件では，建ぺい率が問題となりました。準工業地域で建ぺい率が 10 分の 6 以下であるのにそれを上回る建物に改築しようとするものですから，法律の守り手である裁判所としてもこのような改築を許可することは

できません。

　本件の結論は当然ともいえますが，訴訟ではなく，非訟事件である以上，裁判所としては後見的に関与して，申立てを棄却するよりは建ぺい率に違反しないような建物への改築を指導してもよかったと思われます。

　大阪地裁昭和43年3月27日決定・判タ219号190頁は，借地権者が予定している建物が建ぺい率を超えていることを踏まえ，建ぺい率の範囲内であれば，これを許可すると判断しています。

　また，東京地裁昭和53年6月27日決定・判時924号80頁も，「建築基準法所定の建築確認を得た限度で」の増築を認めています。

　なお，非堅固建物所有から堅固建物所有への借地条件変更の申立てとは異なり，増改築許可の申立てに対しては，借地条件そのものを変えるわけではないので，土地の通常の利用上相当であるかについて，建築基準法の要件を充たすものであれば，裁判所は原則として認める方向にあると思われます。

【50】 地下1階の鉄筋コンクリート造車庫への改築は，土地の通常の利用上相当でない。

(東京地裁昭和43年12月16日決定・判タ230号280頁)

事案の概要　Xは昭和36年7月に前の所有者から本件建物を買い受け，Yとの間で本件借地契約を締結しました。同契約には増改築制限の特約がある他に，「賃借地内に土造，石造，煉瓦造又はこれに類する堅固の建物を建築せぬこと」，「賃借地内の土砂を他へ搬出しないこと」という特約がありました。

　Xが，地上2階建ての木造建物と共に地下1階の鉄筋コンクリート造車庫床面積24.02㎡を合わせた増改築許可の申立てをしたところ，東京地裁は，木造建物部分の増改築は認めましたが，地下部分の車庫についてはこれを認めませんでした。ここでは，車庫の部分についてのみ取り上げます。

決定の要旨　本件増改築のうち地下の鉄筋コンクリート造1階車庫床面積24.02㎡の部分は，本件土地の北西角から公道に沿って間口約5m，奥行き約7.8m，深さ約1.5mにわたって，北側の石垣の部分も含めて，削り取ってその土砂を搬出し，堅固な構造を有する建物として築造されるものであって，これは増改築を制限する特約に反するだけでなく，前記の借地の原状変更の禁止の特約（筆者注：Yの承諾なくして賃借物の用法または原状を変じないこと）に反することになることは明らかであり，また一応前記の堅固建物の建築禁止の特約，借地内の土砂の搬出禁止の特約に反することにもなる。

　もとより，借地法8条の2第2項は，借地上建物の増改築は，借地人が自己所有の建物に変更を加えるものであるから，それが借地の通常の使用収益の方法の範囲であるかぎり，本来自由に許されるべきであることを前提とし，借地上の建物の増改築を制限する旨の借地条件が存在する場合でも，その増改築がその土地の通常の利用方法として相当なものであれば，借地の合理的利用を図る趣旨から，借地契約の当事者双方の利害を調整してこれを許可しようという

のである。そして，右のような土地の通常の利用上相当な増改築も，単に建物の変更だけでなく，その建物の基礎工事等のために借地の一部を掘削し，または土盛りをするなどして，最小限度必要な範囲で借地の原状の一部を変更することも付随的に許されるものといわなければならないし，それを明らかにするために同条第3項による付随の処分として，それが触れる借地条件を変更することも許されるといえよう。

ところが，本件増改築のうち地下1階の築造工事は，本件土地（ただし私道部分を除く）の約2分の1の部分の地盤を深さ約1.5mにわたって削り取るものであるので，それは相手方所有の本件土地そのものの原状をかなり変更し，その経済的価値を毀損することになるとともに，また本件土地と同筆の東側隣地の地盤との関係でも不均衡を生じさせることになることが認められ，それらがYの土地所有権の侵害となることは否定できない。したがって，借地の返還に際してそれを原状回復することが物理的に不可能ではないにしても相当困難であると認められる。したがって，右のような程度の借地の原状変更を禁止する特約は合理的理由もあり，有効であるといわざるを得ないから，特段の事情の変更が認められなければ，この特約を遵守すべき義務は免れないので，たとえ，それが借地上建物の増改築をする場合であっても，これに反することは許されないというべきであり，そのような増改築は，土地の通常の利用上，相当であるとは言えないものと解すべきである。

本件土地は昭和36年7月借地契約締結当時から，前記認定のような地形をなしていたもので，前記の借地の原状変更を禁止する特約をした後，特段の事情の変更があったとは認められないから，右の特約は遵守されるべきであり，右の特約に反するような借地の原状変更を伴う前記地下1階鉄筋コンクリート造車庫の部分は土地の通常の利用上相当であるとは認められない。

コメント　本件決定は，地下1階鉄筋コンクリート造車庫の改築について，まずは，原状変更の禁止の特約，堅固建物の建築

禁止の特約，借地内の土砂の搬出禁止の各特約に反するとしたうえで，さらに，原状回復が事実上難しいことなどを理由に土地の通常の利用上相当であるとは認められない，と判断しました。

　単に，建物の基礎を固めるというのではなく，地盤を相当程度削り取る工事を伴うものですから，やむを得ないと思われます。

【51】 接道義務との関係で建築確認を得られないことが明らかとはいえないとして改築を許可した。

(東京高裁昭和52年5月31日決定・判時859号40頁)

事案の概要　熊谷市内の実測約60㎡の本件土地上の本件建物をXが譲り受けたことから，YがXを相手に建物収去土地明渡請求訴訟を提起したところ，XとYは，昭和47年9月に訴訟上の和解をして，昭和21年1月から昭和51年1月までの土地賃貸借契約の存在を確認しました。

昭和49年5月に原因不明の出火により本件建物床面積の約2分の1相当が焼損し，右部分を改築しないと本件建物全体が利用出来ないことから，XがYを相手に増改築許可の申立てをしました。

浦和地裁熊谷支部がXの申立てを認めたため，Yが抗告したところ，東京高裁は，財産上の給付金額を7万円から12万円に引き上げましたが，Xの増改築の許可の申立てを認めました。ここでは，改築の相当性の有無に絞ります。

決定の要旨　本件土地は熊谷市内の官庁，商店街の近くに位置しており，社会経済的な見地あるいは防災その他都市計画上の観点からすれば，本件土地は，本件建物のような木造平屋建ての普通の居宅の敷地としてよりは，堅固な中高層建物の敷地として使用する方がいっそう効率的であり，かつ望ましいものであることが窺われるが，他方，現実には当事者は，本件土地を本件建物の敷地として使用することを目的とする賃貸借契約関係を長年にわたって継続して現在に至ったものであり，しかも，Xが本件において裁判所の許可を求めている本件改築は，記録上認められるその具体的計画に照らすと，本件建物の既往の規模，構造，用途をいささかも変更するものではなく，ただ右建物のうち不時の火災により焼損した部分に手を加えて建物全体を従前どおりの状態のものに回復するために必要な修繕を施すというにすぎないものであるから，これを本件土地の通常の利用上不相当であるということはで

きない。

　次に，Yは，本件改築は，本件建物の敷地が建築基準法第43条第1項所定のいわゆる接道義務の要件を充たさないから，建築確認を得られないものであると主張する。一般に，当該増改築が建築基準法に違反し，同法所定の建築確認を得られないことが明らかである場合には，借地法第8条の2第2項にいう土地の通常の利用上相当とすべき増改築には当たらないと解されるところ，記録によれば，本件建物の敷地は都市計画区域内に存することが認められるから，本件改築については，建築基準法第6条第1項第4号の規定により建築主事の確認を得なければならず，右確認を得るためにはその敷地が同法の前記法条所定の要件を充たす必要があることは，Yの主張するとおりである（なお本件建物は，従前は，建築基準法第3条第2項所定の適用除外建物であったが，本件改築については同条第3項第3号，第86条の2の規定により前記第43条第1項の規定が適用されるものである）。

　ところで，本件土地はその西側において長さ6.05mにわたり幅員約1.5mの通路に接しており，右通路は10m余りで公道（北大通り）に達すること，本件建物に居住する者は長年にわたり右通路を公道に通ずる道路として使用してきたことが認められる。右の通路は幅員が約1.5mしかないため，建築基準法第42条第1項に規定する道路に該当しないことが明らかであるが，右通路につき同条第2項の規定に基づく特定行政庁の道路の指定を受ければ，右通路は同条第1項の道路とみなされ，これにより，本件建物の敷地は同法第43条第1項所定の要件を充たすこととなるのである。そうとすれば，右道路指定を受けることを期待できないと認めるべき事由の見当たらない本件においては，Xにおいて本件改築につき建築確認を得られないことが明らかであるとはとうてい言うことができないから，この点に関するYの主張は採用することができない。

> **コメント**　本件決定は，二つの点から「土地の通常の利用上相当」か否かを判断しています。
>
> 　第1に，本件改築が既存の建物の規模，構造，用途を変更しないで，火災により焼失した部分を回復するものである以上，土地の通常の利用上不相当とはいえないとしました。
>
> 　第2に，建築基準法で定める接道義務を充たさないという借地権設定者の主張に対して，建物敷地に接する通路が特定行政庁指定のいわゆる位置指定道路となる可能性があることから，この主張を排斥しており，同感です。
>
> 　ところで，本件決定は，財産上の給付として，原決定の7万円を変更して，更地価格800万円の1.5％に当たる12万円の支払いを命じています。妥当な判断と思われます。

【52】　隣の借地権設定者の日照を考慮して改築を認めた。
(東京地裁昭和45年11月25日決定・判タ259号277頁)

事案の概要　XはYから東京都荒川区荒川2丁目所在の本件土地15坪を賃借し、本件土地上に木造平屋建てを所有し、昭和44年9月に更新料14万円を支払って昭和64年5月まで更新しました。

Xは、本件建物を取り壊し、本件土地上に2階建てを改築しようと計画し、増改築許可の申立てをしたところ、東京地裁は、隣地に住むYの日照を考慮した建物への改築を許可しました。

決定の要旨　Xの改築計画は法令の制限上適法であり、土地の利用上支障となる点は認められない。

ところで、増改築許可の裁判にあたっては、一切の事情として、隣地との関係を考慮すべきところ、Yは本件申立ては隣地に存するY居宅の日照を害するので許されないと主張するので判断する(なお、Yは前記更新契約に際し、Xが2階建て建物を建築しない旨約したと主張するが、仮に右のごとき約束が存してもそれは借地法8条の2第2項の増改築制限特約の一つであり、これが存するから直ちに2階建て建物が建築されないものでなく、その約款を一時的に排除するのが相当か否かを各別に決することを要する)。

本件土地付近は、概して家内工業地帯であり、2階建て程度の作業所、住宅が密集しており、準工業地域の指定のほか、準防火地域、第2種容積制限地区に指定されていること、本件土地は、およそ間口5.5m、奥行9mの矩形状の土地であり、北側においてY所有の居宅が、南側には平家建て建物、東側には2階建て建物が存すること、右Yの建物は、本件土地の北側の境界から約2.5m強ないし3.0mへだてて建築されている2階建て建物であり、1,2階の各部分に南側、東側に窓があり、右1階南側6畳の部屋が居間として使用されていること、Xの第1次的計画は、右北側境界から0.45mへだてて軒先迄6mの高さの2階建て建物を建築しようとするもので、これが認められない場

は，設計を変更し，敷地の南側を犠牲にし，第2次的に，建物を右境界から1.45mないし1.15mへだてて建築するものであるが，右改築計画のうち，第1次的計画によるときは，Yは，2階部分をともかく，1階部分の南側の窓からの日照は全く失われるに至るが，第2次的計画においては，1階部分の南側の窓からも相当な日照を受けることができることが認められる。

　右認定の事実によれば，Xが，本件土地に2階建て建物を建築すること自体は，本件土地の形状から必要かつ有効であり，付近一般の土地の利用状況からみて妥当たるを失わないが，第1次的計画によるときは，Yが現に享受している1階南側からの日照を全面的に奪うもので相当でないが，第2次的計画による場合には，Xも，敷地の南側部分を犠牲にするもので，Yの日照の一部が失われるとしても，その程度は，後記付随処分による調整により受忍を不当とする事由はない。そこで，本件申立ては第2次的計画により許可すべきである。

　付随の処分につき検討する。本件許可の裁判に伴う当事者の利害を調整するためXに財産上の給付を命ずべく，前記のとおり日照の阻害を受忍すべきYの不利益を考慮の上，本件賃貸借の経緯特に前記のとおり更新料として金14万円を支払って更新契約を結んだ本件改築建物の程度に徴し，鑑定委員会の意見中第1次試算を参考にして，その給付額を金8万9,000円と定める。賃料は，更新契約の際改定されたばかりであるが，使用効率の増加にともない，この際3割増額し，3.3㎡当たり金130円と定める。

コメント　平家建てを2階建てに改築すれば，それまでに隣が享受していた日照が相当程度失われるのは事実です。もっとも，建築基準法では，この程度の建築であれば規制の対象とはしません。

　本件では，偶々隣人が借地権設定者であったため，借地非訟制度が借地権者と借地権設定者との間の利益の調整を図り紛争を抑止する目的があることから，借地権設定者の日照についてもある程度考慮することとしたものです。

本件決定のように，東京地裁昭和42年12月25日決定・判時511号59頁は，借地権設定者の日照を考慮して増改築を許可しています。

　また，東京地裁昭和43年9月30日決定・判タ227号212頁も，同じ借地権設定者から賃借している隣地に対する日照および通風を維持するために，隣地境界線から1.5ｍの距離を置くことを条件として増改築を認めています。

　なお，東京地裁昭和46年5月13日決定・判タ265号272頁は，借地権者が，借地上の建物の増築の申立てをしたところ，建物の借家人が増築予定の建物の敷地に植木等を置いて利用し，増築に反対している場合に，増築による借家人の権利を害し新たな紛争を生ずるので相当ではないと棄却しています。

【53】 翌年の期間満了時に正当事由が肯定される可能性が十分あるとして増改築を否定した。

(東京地裁平成2年6月28日決定・ウェストロー・ジャパン)

事案の概要 Xは、Yから東京都目黒区目黒本町所在の本件土地を賃借していますが、本件土地賃貸借契約は平成3年4月に存続期間が満了し、Yは異議を述べる予定でかつ正当事由を具備すると主張しました。東京地裁は、Xの申立てを棄却しました。

決定の要旨 Yは、67歳の寡婦である。その長女は41歳で独身、ファンコニー症候群・糖尿病の持病があり、縫製工として働いているものの、月収は10万円に満たず病状次第でいつ勤めができなくなるかもしれないため、Yは本件土地の明渡しを受け、共同住宅を建築し、その一部を長男に居住させるほか、他は賃貸し、その賃料をYおよびその娘の生活していける収入源にしたい計画を有している。本件建物は昭和6年頃に建築されたものである。Xは、本件土地に隣接する宅地3筆合計291.46㎡を所有している。右土地上に共同住宅2棟が築造され、1棟はXと妻の共有、他の1棟はXの妻の単独所有となっている。13人に賃貸し、1か月70万円位の家賃収入を得ている。

Xは、71歳・無職であり、越谷市に居宅を所有して月に2回ほど利用している。Yは、Xに対し、立退料として5,000万円位を提供する意向を有している。

Xは、本件土地上に本件建物を所有し、右建物に居住している。Xは、本件土地の建物を取り壊して2階建て1棟を建築し、4部屋を作り、1部屋はXが居住し、他の3部屋は家賃収入を得るため他に賃貸する計画を有している。Yは、本件土地の北側に宅地133.12㎡を所有し、右土地上に2階建ての建物を築造し、右建物の1階に長女および次男と居住し、2階の3室および1階の1室を他に賃貸している。

右事実によれば，Yが本件土地賃貸借の存続期間が満了する平成3年4月頃，Xの右土地の使用継続について異議を述べることは確実であると認められ，右異議について正当事由の具備が肯定されることも十分にありうるものというべきである。してみると，本件建物の増改築をしなければならない緊急の必要が認められない本件にあっては，右正当事由の有無について，本案訴訟における少なくとも第1審の判断を受けさせることなく，現時点において賃貸人の承諾に代わる増改築の許可の裁判をすることは相当でないものというべきである。

　よって，Xの本件申立ては理由がないからこれを棄却することとし，主文のとおり決定する。

> **コメント**　1年以内に借地期間が満了し，借地権設定者が異議を述べることが確実で，しかもその正当事由の具備の可能性が十分あるときには，借地権者に緊急の必要性が認められない以上，増改築の許可を認められないとしたものです。
>
> 　借地条件変更の申立ての場合にも同様な議論がありましたが，少なくとも本件については，「異議を述べることは確実であると認められ，右異議について正当事由の具備が肯定されることも十分にありうるもの」と書かれているように，借地権者に対するハードルが高いように思えます。
>
> 　東京地裁昭和55年3月20日決定・判タ416号150頁は，「借地権者は契約の更新なき場合においては時価による建物買取請求権を有するから，借地権の残存期間が短く更新時期の近づいている場合においては，賃貸人に更新拒絶が認められる以上，賃借人の申し出による増改築の許否を決するについても，賃貸人の予定する更新拒絶の当否を当該時点において可能な限り審究するのが相当である。」と述べたものの，更新拒絶自体は否定しています。

【54】 建物の朽廃が近い状態であるとして増改築を否定した。

(東京地裁昭和42年12月22日決定・判時511号60頁)

事案の概要 XがYより本件土地を賃借していますが、本件建物が明治時代に建築されたもので老朽化したとしてこれを取り壊したうえでの改築の許可の申立てをしました。東京地裁はこれを棄却しました。

決定の要旨 本件建物は明治40年頃に建築されたものであることが認められ、Xら自身の述べるところによっても、もはやそのままでは居住に適しない程度に老朽化しているというのであり、右建物は外部から一見しても外壁の損傷が甚だしく、戸の開閉もできず打ち付けてあるものが各所に見られ、全体として老朽し、もはや居住に危険なきを保し難い状況にあると見受けられ、構造上の要部についてみると、柱、土台等も損傷、老朽を来し、建物各部に傾斜、ゆがみを生じ、各所に応急的な補強を施して倒壊の危険に備えていることが認められるのであって、右認定によれば、本件建物は借地法2条1項にいう朽廃またはこれに極めて近い状態（仮に現在朽廃していないとしても、遅くとも数年を経ずに朽廃に至るとみられる）に達していると考えられる。

以上のとおりとすれば、本件でなされた事実調べの程度で、現在右建物が既に朽廃し、これによって借地権の消滅を来していると断ずるのが早計であるとしても、借地権消滅の時期が極めて近いことは動かし難いといわねばならない。

そして、かように極めて近い時期に借地権の消滅が見込まれる場合において、Xら主張のような全面改築につき賃貸人の意思に反しその承諾に代わる許可の裁判をするのは相当でないと考えられるので、借地法8条の2第4項により右の点を考慮し、Xら主張の改築が土地の通常の利用上相当であるかどうかにつき審究するまでもなく、本件申立てを棄却すべきものとし、主文のとおり決定する。

> **コメント** 本件決定は，借地上の建物が朽廃もしくはこれに極めて近い状態にある場合の増改築許可の申立てを棄却したものです。
>
> 旧借地法2条1項但書きは，建物が朽廃すれば借地権は消滅すると明記しており，既に朽廃しているかまもなく朽廃となることが予想される場合には，借地権自体が消滅もしくは消滅時期が極めて近い以上，増改築許可の申立ても認められないというのはやむを得ないと思われます。
>
> ここでは，何をもって，朽廃もしくはこれに極めて近い状態と言えるかについて具体的に述べているので，大変参考になるはずです。
>
> もっとも，札幌高裁昭和60年6月6日決定・判タ565号119頁は，建物の朽廃を否定して増改築を許可しており，朽廃もしくはこれに極めて近い状態による借地権の消滅もしくは消滅時期が極めて近いことだけを理由として増改築許可の申立てを否定することはそう容易いことではありません。

【55】 財産上の給付額について土地利用の有効度の増加分を基準として算定し更地価格の3％とした。

(東京地裁昭和47年10月13日決定・判時696号200頁)

事案の概要　Xらは、Yから東京都墨田区本所1丁目所在の本件土地81.13㎡を賃借し本件建物を所有していますが、同建物を取り壊して新築しようと計画し、増改築許可の申立てをしたところ、東京地裁は更地価格の約3％に当たる30万円の支払いと建築確認を得ることを条件にこれを認めました。

ここでは、鑑定委員会の意見との対比など、算定根拠について詳細に述べているので、そこに焦点を当てます。

決定の要旨　鑑定委員会は、本件改築が認められた場合、(1)借地期間の延長につながること、(2)買取請求権が行使された場合、地主に不利であること、(3)改築により土地の利用度が高くなることを理由に当事者の利害調整のため財産上の給付を命ずる必要があるとし、その額を更新料を中心として求め本件土地の更地価格1,000万2,000円の約7.3％に当たる73万円を以て相当とする、としている。

鑑定委員会の右意見を検討しつつ、当裁判所の見解を述べる。

増改築許可の裁判に伴う財産上の給付を考える場合、増改築を制限する旨の特約（以下、増改築禁止の特約という）がどのような意味を持つものかを明確にする必要がある。一般に、賃貸借契約は借主が賃借物を契約の目的、用法に従って自由に最有効に使用、収益をなし、貸主はそれに応じた対価を取得するというのが本来の姿であり、借地契約においてもその期間中に借地の有効利用度が低下した場合に、借地人がさらにこれを有効に利用すべく地上建物の増改築をなすのは本来自由なはずである。したがって、増改築禁止の特約は特段の事由（たとえば、隣地の日照を確保するため2階建て以上の建物の建築を禁止し、反面対価を一般の契約より安価にするというような場合）があって合意された場合

は格別，通常その合理性は疑わしい。増改築を認めると建物の朽廃時期が延び，借地期間の延長につながり賃貸人に不利であるといわれるが，契約の一方当事者が契約の消滅を期待し，他の当事者に対し契約本来の目的と矛盾する行動を押し付けるのは信義則上妥当を欠き，また借地権の安定を企図する借地法の趣旨にも適合しないと思われる。それ故に借地法8条の2第2項は増改築禁止の特約が存する場合であっても土地の通常の利用上相当な増改築はこれを許可すべきことを定めたものと解すべきである。以上のように，増改築許可の裁判は通常さして合理性があるとは考えられない禁止の特約を排除する機能を有するものであるから，これに伴う財産上の給付は最小限にとどめるべきものと考える。けだし，財産上の給付が高額なものとなれば増改築は事実上制限され，前記法条の趣旨に合致しない結果となるからである。

　当裁判所は，財産上の給付の算出根拠を土地の利用度の増大による収益の増加に求めるべきであると考える。すなわち，土地利用の対価（通常は地代として定期に支払われるが，一時金として支払われることも多い）は当該土地を利用することによって得られる収益のなかから支払われるものであり，したがって収益性の高い土地の利用対価は高く，収益性の低い土地の利用対価は安いのが通常であるところ，増改築は一般的に言えば土地をより有効に利用し収益を増大させるものであり（この点，増改築建物が貸家の場合に顕著に現れるが，自己使用の住宅の場合でも居住の快適性，便利性等から潜在的な収益増を考えることができる），収益が増加すればその一部を賃貸人に支払うのが前示土地利用の対価のあり方からして衡平に合すると考える。

　鑑定委員会は，買取請求権行使の際の地主の不利益を考慮すべきであるという。しかしながら，建物買取請求権を規定した借地法の趣旨は一つには借地上に建物が存する場合に借地権の存続を図るべく間接的にこれを支援する機能を期待することにより，一つには借地権消滅の場合に借地人の投下資本を回収せしめることにより借地権の強化を図ったものであって，土地の利用上相当として許可を受け借地に資本を投下しようとする借地人が資本回収を求めるべき相手方に事前に，その損害を填補すべき金銭を支払わなければならないとすれ

ば，前記法律の趣旨は全く無意味なものとなり，借地権を強化するための規定がかえってその弱化の機能を果たす結果となり本末転倒の解釈といわねばならない。まして，買取請求権が行使されるのは借地期限到来の際賃貸人が更新を拒絶しかつその拒絶に正当事由が存する場合および第三者が借地上の建物を取得し，賃貸人が借地権の譲渡，転貸を承諾しない場合（この場合も借地法9条の2，9条の3により賃貸人に承諾しない自由があるわけではない）であって，将来このような事態が起こるか否かは増改築許可の裁判の際に通常予測が不可能であることを考えると，なおさら抽象的に買取請求権行使の可能性があるというだけでこれを根拠に財産上の給付を決するのは適当でない。

さらに，鑑定委員会は財産上の給付額算定について更新料を中心として求めると述べるが，借地契約の更新の際更新料を支払うという慣行がどの程度成熟しているのか，あるいはその額の算定は何を基準としてどの程度の額なのかは必ずしも明らかでない上，法律上その合理性について疑問無しとしない。いずれにしても，いわゆる更新料の支払いは当事者の合意に委ねるべく，借地非訟手続きにおける財産上の給付額算定の根拠とする合理的理由は見出しがたい。

以上のとおり，当裁判所は増改築許可の裁判に伴う財産上の給付額は土地利用の有効度の増加分を基準として算定すべきものと考えるのであるが，右増加分の把握は必ずしも容易ではない。そこで，当裁判所は従前の裁判例，鑑定委員会の意見書，借地条件変更の裁判の場合の給付額（借地の目的が非堅固建物の所有から堅固建物の所有に変更されると，土地の有効利用度は質的に上昇し，その増分は借地権価格の上昇分として明確に現れ，その上昇率は更地価格の10％前後といわれる）等を斟酌し，更地価格に3％を限度としてそれ以下の率を乗じて算定（場合によってはゼロということもありうる）することを一応の基準としている（他の借地条件，たとえば借地期間を変更する場合は別途考慮する）。

本件は全面改築（新築）であるから，右基準による最高限度によるべきであり，財産上の給付額は鑑定委員会の意見による本件土地の更地価格1,000万2,000円の約3％に当たる30万円と定めるのが相当である。

地代については，鑑定委員会の意見に従い，その増額の必要はないものと認

め，また他の借地条件を変更する必要性も認めない。

> **コメント** 増改築許可の裁判における財産上の給付額について，鑑定委員会の意見では，①借地期間の延長につながること，②買取請求権が行使された場合，地主に不利であること，③改築により土地の利用度が高くなることの三つの理由を挙げて，更新料を中心に求めた数字として更地価格の約7.3％を相当としました。
> 　これに対して，本件決定は，①，②の理由を否定するとともに，更新料の法的根拠への疑念を示し，③の理由のみを認めました。もっとも，土地利用の有効度の増加分の把握は容易ではないことから，非堅固建物所有から堅固建物所有への借地条件変更の裁判における財産上の給付額が更地価格の10％前後とされていることを前提に，本件では更地価格の約3％としました。なぜ，10％から3％になるのか今一つ明確ではありませんが，直感的にはこの結論は妥当なものと思います。
> 　東京地裁昭和50年12月23日決定・判タ338号295頁も，全面的な改築工事について，更地価格の3％相当額の財産上の給付額の支払いを命じました。
> 　もっとも，それより少ない財産上の給付額とした事例もあります。
> 　東京地裁昭和43年9月16日決定・判タ227号210頁は更地価格の約1％ですし，東京地裁昭和45年4月7日決定・判タ248号272頁および東京地裁昭和45年7月13日決定・判タ254号284頁はいずれも更地価格の2％です。また，東京地裁昭和50年1月14日決定・判タ338号295頁は更地価格の2.5％です。
> 　他方で，それより多い財産上の給付額とした事例もあります。
> 　東京地裁昭和45年11月18日決定・判タ259号276頁は，鑑定委員会の意見では更地価格の2.8％であったのを，更地価格の3.5％が相当であるとしています。

【56】 財産上の給付額について決定する際に考慮すべき諸事情を挙げて更地価格の約6%とした。

（東京高裁昭和51年3月12日決定・判時823号59頁）

事案の概要　Xは、Yより宇都宮市南大通り2丁目所在の本件土地を賃借し、平家建ての本件建物を所有していますが、本件建物を2階建てに増築しようとして増改築許可の申立てをしたところ、宇都宮地裁は40万円の支払いを条件にこれを認めました。

Yが抗告したところ、東京高裁は財産上の給付額を130万円に増額して増改築を認めました。財産上の給付額についてのみ述べます。

決定の要旨　Yは、原決定には、鑑定委員会の意見である財産上の給付額金130万円を理由なく減額した違法があり取消しを免れない旨主張し、Xは、本件許可の裁判は、財産上の給付を条件とすべきではないのに、原決定がXに財産上の給付として金40万円の支払いを命じたのは失当であると主張する。

借地法8条の2第4項により増改築許可の際の財産上の給付額を決定するにあたっては、借地権の残存期間、増改築により結果的に延長される借地期間、土地の状況、借地に関する従前の経過事実ことに従前および将来における地代その他地主の得られるべき財産上の利益、地主の借地明渡請求の有無および請求の当否の度合、期間満了の際の地主の更新拒絶権の制限の程度および建物買取請求との関係、増改築禁止特約がある場合その特約解除の対価性、増改築する建物の構造および程度、建物収益増による地主への利益還元などの一切の事情について考慮すべきものと解するのが相当である。

本件において、本件借地の残存期間は約16年とみられること（更新の昭和47年1月から20年と解される）、本件の増改築がなければ右残存期間満了以前に建物が朽廃して賃貸借が終了する可能性もなくはないこと、しかし増改築により本件建物の命数は少なくとも二十数年延び、これに伴い借地期間は残存期

間よりさらに約10年は延長されるものとみられること，本件借地は宇都宮市内の繁華な商店街でその周辺には中層ビルも相当あり将来発展の可能性があり，その更地価格は約金2,146万円（3.3㎡当たり金12万円）で，その借地上にX所有の3棟の建物が建築され，その1棟は居宅，他の2棟はXの営業である餅菓子の製造工場および倉庫であり，通常の住家所有のみの場合に比し土地使用の経済的価値の高いこと，本件借地契約はXの先代とY先代間で大正7年に締結され，当初から普通建物所有の目的であり，その後右契約は何度か更新され，昭和47年1月さらに更新されたが，従前は地代（現在額は3.3㎡当たり金150円）のほか，何ら権利金その他財産上の給付がされていないし，将来財産上の給付をすべき約束もないこと，地主であるYが別訴で借地明渡訴訟を提起し，借地の継続使用を望まない態度を持していること，本来の期間満了の時は昭和66年12月31日であって，現在ではYが更新拒絶につき正当の事由があるかどうか，および本件建物ことに増築部分の買取請求についてはまだ現実性がなく，本件ではあまり考慮の価値がないこと，本件借地契約には増改築禁止の特約があり特約を解除する対価を考慮するのが相当であること，Xが増築しようとする建物は1階14.28㎡（台所，洋間），2階52.99㎡（倉庫）であり，既存部分（平屋）37.26㎡に対し増築後は延床面積104.54㎡に達し，相当規模の工事であること，この増築によりさらに従前以上にXの営業上建物の効用が高まり本件借地利用の効率が増大することなどの事情が認められ，本件においてはこれらを考慮するのが相当である。これによると，XがYに対し増築許可の条件として，財産上の給付をすべきであり，その額は，鑑定委員会の意見のとおり金130万円をもって相当する。もっとも，鑑定委員会の意見書中には必ずしも右の諸事情にわたって記載されているわけではないが，その意見書の全趣旨からみればこれらの諸事情も十分に考慮した上で出された結論であることが推認される。また，委員会の意見では右金額中にはいわゆる更新料を含むとするが如くであり，そうだとすれば借地人に与えた法定更新の保護を奪う結果となりかねないとする原決定の所論ももっともであるが，すでに前記説示の如く，本件増改築がなければ期間満了前に再び法定更新の可能性も開け

る本件においては，いわば将来における更新料をそのことの基礎条件の形成される現在において支払わしめんとする意味をもつものとすれば決して不合理ではない。したがって，これと異なる原決定は失当であるから，この付随条件として金40万円を超える支払いを認めなかった部分につき取消しを免れない。

> **コメント** 本件決定で注目すべき点は，増改築許可の付随条件として借地権者が借地権設定者に対し支払われるべき財産上の給付額を決定するにあたっての諸事情を具体的に詳細に述べていることです。
> 　今後，増改築許可の申立てをする方にとっての攻撃方法，また反対に申立てを受ける方にとっての防御方法のヒントが散りばめられているので，是非とも熟読してほしいと思います。
> 　もっとも，原決定の40万円に対して本件決定の130万円という3倍以上の金額には疑問があります。
> 　更地価格2,146万円の約6％で【55】で紹介したいくつかの裁判例からみても高率であること，全面的な改築ではなく，しかも増築部分が3棟のうちの1棟にすぎないこと，末尾の更新料についての記述が必ずしも明確ではないことから，本件において少なくとも100万円を超えるのは行き過ぎかと思います。

【57】 地代が高裁でより増額された。

（東京高裁昭和50年10月13日決定・判時806号39頁）

事案の概要　Xは、Yから本件土地を賃借し、本件建物を所有していますが、本件建物について増改築許可の申立てをしたところ、東京地裁は、Xの申立てを認め、付随処分として、財産上の給付を命じるとともに、地代を1か月3.3㎡当たり150円に改定しました。そこで、Yが財産上の給付額についての増額とともに、地代を1か月3.3㎡当たり250円への改定を求め抗告しました。東京高裁は、地代を1か月3.3㎡当たり170円に改定する、と変更し、その余については原決定を正当としました。ここでは、地代の改定についてのみ取り上げます。

決定の要旨　地代額について検討してみるのに、原審における鑑定委員会の昭和50年3月22日付意見書は、本件地代を1か月3.3㎡当たり150円をもって妥当と判断しており、その算定基準となる必要経費として、本件土地に対する昭和49年度の固定資産税および都市計画税の合計11万1,370円（1か月3.3㎡当たり77円、計算上円位未満切捨。以下、これに同じ）の賦課されることをあげているが、右鑑定基準時後、昭和50年度の同固定資産税および都市計画税の合計14万820円（1か月3.3㎡当たり97円）を賦課されることになったことが本件記録によって認められ、前者より後者が1か月3.3㎡当たり20円の増額になることは計数上明らかである。

　以上の事実および本件記録によって認められる一切の事情を考慮して、当裁判所は本件地代として1か月3.3㎡当たりにつき前記150円に右増額分20円を付加した170円をもって相当であると判断する。

コメント　増改築許可の申立てに対する付随処分として、財産上の給付額について関心が行きがちですが、地代も相当程度増額

することがあります。

　一時的なコストとしては財産上の給付額が大きいのですが，今後の長期間のランニングコストを考えると地代の増額も決して侮れません。

　本来，地代増額は，旧借地法12条，借地借家法11条で定められているとおり，地代増減額請求による訴訟手続きで行うべきものです。それを増改築許可の申立てという借地非訟手続きの付随処分として行うわけですから，疑問がないわけではありません。

　しかしながら，借地非訟手続きにおいては，地代についての専門家である不動産鑑定士が委員として入る鑑定委員会の意見を踏まえて行われること，建物増改築により借地の利用価値がほぼ確実に上がることなどを考えれば，地代増減額請求訴訟で二度手間をかけるまでもないでしょう。

　本件決定に戻れば，わずか1年間で固定資産税および都市計画税の合計額が1割以上増加している状況を見れば，本件増額決定はやむを得ないでしょう。

【58】 存続期間の延長を否定した。

(大阪地裁昭和55年8月7日決定・判時1002号112頁)

事案の概要 　Xの先代は、昭和26年頃までに本件土地上に建築された本件建物を前所有者から譲り受け、Yとの間で本件土地について非堅固建物所有目的で借地契約を締結しました。Xの先代が昭和55年4月に死亡し、借地権を相続したXは、本件建物が老朽化したとしてこれを取り壊し、非堅固建物を新築するために増改築許可の申立てをしました。

　大阪地裁は、同申立てを認め、財産上の給付については更地価格の5％の支払いを命じましたが、敷金交付と存続期間の延長はこれを否定しました。

決定の要旨 　付随処分についての鑑定委員会の意見は、Xに対し本件土地の更地価格金532万7,000円の約13％に相当する金70万円を承諾料としてYに給付すること、金20万円を敷金としてYに交付することをそれぞれ命じ、賃料は月額1万円に、本件土地賃貸借契約の存続期間は本裁判の日から20年間に各変更するのが相当というのである。

　まず、一時金（承諾料）の給付につき検討するに、鑑定委員会の意見は、高きに失し採用できない。当裁判所は、従前の裁判例等を参酌し、通常の土地利用形態での全面改築の場合に給付を命ずべき一時金の額は、原則として、更地価格の3％ないし5％に相当する金額を以て相当とすると考えるものであるところ、本件については、前記認定の事実、とりわけ本件建物の現況および本件改築の内容ならびにその他本件の資料に現れた諸般の事情を考慮し、本件申立て許可の裁判に伴いXに対して給付を命ずべき一時金の額を、本件土地の更地価格と認められる金532万7,000円の約5％に相当する金26万6,000円と定めるのを相当と認める。

　次いで、賃料の変更につき検討するに、当裁判所は、前記認定の事実に、本件の資料により認められる従前の賃料額および本件土地賃貸借契約については、従前は地代家賃統制令の適用があった事実等を総合し、この点に関する鑑

定委員会の意見を相当と認める。

　敷金の交付については，前記認定の事実，とりわけＸおよびその被相続人である先代が約30年間にわたってＹから本件土地を賃借してきたものであることに，本件の全資料によっても，Ｘの今後の賃料支払能力について特段の疑いを抱かせるに足りる事実は何ら認められないことを併せ考えれば，当裁判所は，Ｘに対してこれを命ずべき必要性を認めないから，この点に関する鑑定委員会の意見は，これを採用しない。

　ところで，前記のとおり，鑑定委員会の意見は，さらに，本件土地賃貸借契約の存続期間を変更（延長）するのが相当であるというのであるが，増改築許可の裁判は，当事者間の合意に基づく増改築禁止特約の拘束の一部を解き，許可された改築内容に関する限り，土地賃借人に対して，右特約が存しない場合と同様の地位を付与するものであるに過ぎないから，付随裁判によって，右特約が存しない場合における土地賃借人と比較してより有利な地位を付与することは許されない。

　これを言い換えれば，土地賃貸人から借地法7条に基づく更新阻止の機会を奪うことは，この裁判の目的を超え，許されないと解すべきであるから，当裁判所は，右意見を採用せず，本件土地賃貸借の存続期間は，これを変更しないこととする。

> **コメント**
>
> 　本件では，いくつかの注目すべき論点があります。
> 　第1に，財産上の給付について，全面改築の場合，原則として更地価格の3％ないし5％を相当としつつ，当該事件では5％相当額の財産上の給付を命じた点です。
> 　【55】で述べた更地価格の3％前後という数字よりは大きい金額ですが，大阪という地域性を反映しているのかもしれません。
> 　第2に，鑑定委員会の意見が求めた敷金交付についてこれを否定した点ですが，借地権者に対する支払能力に疑問が特にない以上，当該判断は

妥当なものといえます。

　第3に、これが本件におけるポイントですが、存続期間の延長を認めなかった点です。

　存続期間の延長を認めれば借地法7条の借地権設定者の異議権を奪うことになるから許されないというのは同感であり、また現在の実務の大勢といえます。

　非堅固建物所有目的を堅固建物所有目的へと借地条件自体を変更するのと異なり、増改築制限の特約を一時的に解除して許可する場合には、存続期間の延長までを認めるわけにはいかないと思うからです。

　東京地裁昭和45年1月20日決定・判タ244号273頁も同趣旨の判断をしています。

　他方で、東京地裁昭和45年1月31日決定・判タ244号275頁は20年の期間延長を認めていますが、これは、借地非訟制度の初期の頃の決定で、その後は存続期間延長の決定はあまり見られません。

【59】 付随処分として危険物貯蔵のための使用禁止を条件とした。

(東京地裁昭和43年11月7日決定・判タ228号208頁)

事案の概要 Xは，東京都豊島区堀之内町所在の本件土地を賃借し，平家建ての本件建物を所有していますが，付近に迷惑を及ぼす工場棟の建物は建築しない特約がありました。

Xが，2階建ての倉庫兼居宅の建築を計画して増改築許可の申立てをしたところ，東京地裁は，借地条件を付してこれを認めました。

決定の要旨 本件改築が近隣に対して及ぼす影響について考えると，本件建物は本件土地の北東側のVら所有の土地との境界線から0.2m隔たった位置に建てられており，本件増改築の建物も右の位置に建てられる予定であること，Vら所有地にはやはり右境界線に近接して2階建ての居宅が建てられていることが認められるので，本件増改築が行われて，本件土地上の建物が2階建てになれば，前記V所有の居宅の南西方向からの日照，通風等が阻害されることが予想される。Vは，本件土地上の建物が平家建てであることを期待するのは無理もないけれども，本件土地付近の利用状況等からして，早晩本件土地にも2階建ての建物が建てられることになるかもしれないことは予測できたものと推認され，前記の日照，通風等の阻害は社会生活上受忍すべき限度を超えるものとまではいえないと解する。

なお，Yは，本件増改築の建物が危険物貯蔵の倉庫として使用されることの危険性を主張するが，Xは危険物の貯蔵はしない旨述べている。主文のとおり危険物貯蔵のために使用しないことという借地条件を付することでもあり，また，右の主張は本件増改築を不相当とする理由にはならない。

そこで，付随処分の要否等について検討する。

まず，財産上の給付については，Yは他に相当の土地を所有していることが認められるので，本件借地関係が現状のまま推移すれば，期間満了によって借

地権が消滅することはほとんどないものと予想されるが，本件増改築によって，後記のとおり借地契約の存続期間を延長するうえ，建物の朽廃の時期は非常に延びるのでYの借地上建物の朽廃による借地権消滅の期待的利益は失われ，また，Xが賃借権を譲渡せんとする場合の借地法9条の2第3項による買受価額としては現存の建物より高額の出捐を余儀なくされることも考えられ，一方，Xは本件改築によって，本件土地の有効利用を図ることができるとともに，借地権の永続化によって利益を得るので，この間の利害を調整するため，XにYに対する財産上の給付として金銭の支払いをさせるのが相当である。

そこで，右の利害を算定させるのは困難であるが，本件借地関係の従前の経過，残存期間等の事情を併せ考えると，本件土地の更地価格は鑑定委員会の意見のとおり，3.3㎡につき金27万円とするのを相当と認め，本件土地全体の価額の約5％に当たる金31万7,000円を財産上の給付として，XをしてYに対し支払わせるとするのが相当である。

次に，本件借地契約の存続期間については，本件増改築は全面的な改築であり，これについての許可の裁判が，借地法7条の土地所有者の異議権にいかなる影響を与えるかについて意見の相違が予想され，当事者間の存続期間についての紛争が惹起する可能性があるので，これを予防し，本件借地関係の安定を図るため，借地法2条等の趣旨に従い，今後なお借地権が20年間は存続するようにするため，期間を昭和63年12月末日まで延長する。

さらに，現在の賃料は低廉であるので，鑑定委員会の意見に従い，3.3㎡につき1か月金100円と定める。

なお，Yは，本件増改築後の建物が危険物貯蔵の倉庫として使用されると主張するところ，Xは本件増改築の許可に危険物を貯蔵しないことの条件を付されても差し支えない旨述べるので，Yの危惧を解消するため，本件増改築の建物のうち倉庫には危険物を貯蔵するために使用しないことを借地条件として付することにする。

> **コメント** ここでの主題は，増改築許可の裁判における付随処分として危険物貯蔵の倉庫としての使用禁止を借地条件に付したことです。
>
> 　付随処分には，財産上の給付以外に賃料の増額や建築確認の順守等がありますが，本件決定のような禁止条項は珍しいので取り上げました。
>
> 　それ以外にも，財産上の給付について更地価格の5％を命じたこと，そして借地の存続期間を20年間延長したことも注目に値します。
>
> 　もっとも，本件決定が借地非訟制度の創設後間もない時期であったことから，存続期間の延長に前向きでしたが，その後の決定例の大勢はむしろ後ろ向きとなっています。

【60】 借地権価格の1割に相当する立退料と引換えに期間満了による建物収去土地明渡請求を認容した。

(東京地裁令和4年3月17日判決・ウエストロー・ジャパン)

事案の概要　Yは，Xらとの土地賃貸借契約について，期間満了または債務不履行による解除により終了したとして建物収去土地明渡請求訴訟を提起しました。東京地裁は，債務不履行による解除は否定しましたが，期間満了によるYの正当事由を認め，Xらが600万円の支払いを受けるのと引換えに建物収去土地明渡しを命じました。

判決の要旨　X_1，X_2，X_3（以下，総称して「Xら」という）は，相続により本件土地の借地権を取得した。当初の借地人は，X_1の父で，X_2，X_3の祖父であるZで，昭和41年に本件土地上に本件建物を建築した。その後，更新が繰り返され，平成9年8月から20年の期間で更新料を250万円とする更新合意がされた。平成29年8月に更新後の期間が満了し，Yは，Xらに対し本件土地の使用継続について異議を述べた。XらとYは，その後協議を継続したが，合意に至らず，Yは，Xらを相手に本件土地の明渡しを求める調停を申し立て，Yらは，令和元年10月にXを相手方として本件建物を取り壊して木造瓦葺2階建ての居宅を建築することの許可を求める借地非訟の申立てをした。調停はその後不成立により終了し，Yは，本件訴訟を提起した。これにより，上記借地非訟の手続きは中止されている。

　本件土地の使用の必要性について，Xらは，本件建物が建築された当初は本件建物に居住していたが，平成2年に本件建物から現住居に転居した後は，本件土地を自ら使用していない。Xらは，平成4年4月から平成29年2月まで，本件建物をWに賃貸して賃料収入を得ていたが，通常の生活に要する費用については自己または家族の収入により賄うことができるため，本件建物からの収入はXらの生活にとって必要不可欠なものではない。実際，Xらは，平成29年3月以降本件建物からの賃料収入を得ていないが，Xらの生活に支障を

生じているような事情は窺われない。したがって，Xらが本件土地を使用する必要は低いというべきである。

　他方，Yは，借家住まいで自宅を所有しておらず，本件土地以外に自宅の建築に適した土地も所有していない。Yの年齢を考慮すると，近い将来，現住居である共同住宅3階の自室までの階段の昇降が困難になる可能性は十分あり，Yが長年居住している新宿区中落合の本件土地に自宅を建築したいと希望することが特に不自然，不合理であるとはいえない。Xらは，Yが本件訴訟前の調停に至って初めて自己使用の必要性を主張したとして，Yには本件建物の必要性はないと主張するが，Yは，平成29年8月の更新拒絶の通知において，本件土地を自ら使用する予定である旨告げているから，Xらの上記主張は採用することができない。

　もっとも，Yは，平成29年8月の期間満了前のXらとの協議において，本件建物に賃借人がいると認識していた段階では，本件賃貸借契約の更新に応じる意向を示しており，同期間満了後も，Xらとの間で同時売却に向けた協議を行っていた。そうすると，Yが本件土地を使用する必要性があるとしても，それが切実なものとまでは認められない。しかし，上記のとおり，Xらによる本件土地使用の必要性が低いことと比較すると，Yによる本件土地使用の必要性は高いというべきである。

　本件土地に関する従前の経緯および本件土地の利用状況等について，本件賃貸借契約は，当初，Xら家族の居住を目的として締結されたものであるが，平成2年にXらが自宅を取得して転居したことにより，本来の目的は失われている。また，本件建物を建築した昭和41年7月から平成29年8月の期間満了まで50年以上が経過しており，本件建物に関する投下資本の回収のために必要な期間はすでに経過したといえる。さらに，本件建物は築後50年以上が経過して老朽化し，リフォームまたは建替えを行わなければ，新たに賃貸するのは困難な状態になっている。

　上記のとおり，YとXらの本件土地使用の必要性を比較すると，Yによる使用の必要性が高いこと，本件建物建築時点から期間満了まで長期間経過し，

本件土地賃貸借契約の目的および投下資本の回収はすでに達成されていること、本件建物は老朽化して現状のままで賃貸に供するのは困難であること、他方、Yによる本件土地使用の必要性が切実なものとまでは認められないことを考慮すると、Yによる相応の立退料の提供によって、更新拒絶の正当事由が補完されると認めるのが相当である。

そこで、立退料の額について検討すると、本件土地の借地権価格は約5,500万円程度と認められるところ、当事者双方の本件土地使用の必要性等の諸事情を考慮すると、Yによる更新拒絶の正当事由を補完する立退料の額は、上記借地権価格の約1割に相当する600万円と認めるのが相当である。

> **コメント** 本件判決は、Xらが平成2年以降本件建物に居住していないことを重視して本件土地使用の必要性がYと比べて低いと判示していますが、約25年間も本件建物を賃貸して収益を上げていることは、それ自体として本件土地の使用の必要性があるともいえます。建物賃貸借であれば使用目的が自らの居住か第三者への転貸かで大きく異なるのは分かります。しかしながら、土地賃貸借の目的は建物所有にあり、その目的が居住用か店舗用か工場かの違いはあり得るにしても、同じ居住用の建物を自ら居住するか第三者へ賃貸するかによって、借地権設定者との関係で自己使用の必要性がそれほど変わるとは思えません。なぜなら、借地上の建物は借地権者の所有であり、本来自己使用するか、収益にあてるかは借地権者の自由だからです。
>
> もっとも、本件のXらは平成29年3月以降他に賃貸していないことから収益の面でも使用の必要性が少なくなったともいえる一方で、本件のXらが増改築許可の申立てをしているのもより高い収益を図るためと考えられ、本件判決はその点についてもう少し配慮してもよかったと思われます。
>
> そうすると、Yの正当事由が認められるとしても、立退料が借地権価格の1割というのは若干低いのではないかと思われます。

第4章　土地の賃借権譲渡・転貸許可の申立て

　【61】は，譲渡許可の申立てをしないで土地賃借権を譲渡した場合でも借地権設定者による解除が認められなかった事例です。

　【62】は，借地権者と転借地権者による共同申立てを認めました。

　【63】，【64】，【65】，【66】は，代位の申立て，賃借権譲渡後の申立て，借地の一部もしくは分割譲渡についての申立てについての可否をそれぞれ論じています。

　【67】，【68】，【69】は，遺贈の問題です。

　【67】は，遺贈を受けた場合の申立ての時期について判示しています。

　【68】は，建物収去土地明渡請求および譲渡承諾料相当額の請求をいずれも否定しました。

　【69】は，逆に建物収去土地明渡請求を認めたもので，【68】と何がどう違うのかをじっくりと見極めてください。

　【70】は，譲渡担保設定登記後の借地権者による申立ての可否，【71】は，借地権の存否に争いがある場合の申立ての可否です。

　【72】は，他の借地非訟事件との併合の可否です。

　【73】は，借地権設定者に不利となる虞を否定した事例です。

　【74】，【75】，【76】，【77】は，財産上の給付に関する事例です。

　【74】は，財産上の給付を認めなかった珍しい事例，【75】は，借地権価格の10％の支払いを命じた標準的な事例，【76】はそれより少額の事例，【77】はそれより多い額の事例です。

【78】は，若干疑問ですが，調停に代わる決定について借地借家法59条の適用を否定した事例，【79】は，土地賃借権譲渡許可無効確認請求の訴えの利益を否定した事例，【80】は，借地権設定者の承諾を停止条件として借地権付建物を買った者による建物の所有権移転登記手続請求を棄却した事例です。

【61】 借地権の無断譲渡による解除を否定した。

(大阪地裁昭和51年10月27日判決・判タ352号264頁)

事案の概要　本件建物の前所有者甲が，乙に対して賃借権譲渡の承諾を求めたところ，乙からは自ら譲渡を受けたいとの要望があったものの，価格の点で折り合いがつかない間に，Xに対し，本件建物と共に賃借権を譲渡してしまいました。そこで，乙が昭和47年5月に甲との間の借地契約を解除しました。Yは，同年8月に本件土地を乙から相続で取得し，Xを相手に本件建物収去土地明渡請求訴訟を提起しましたが，大阪地裁は同請求を棄却しました。

判決の要旨　Xは，本件土地賃借権の譲渡には，賃貸借の信頼関係を破壊するような背信性がなく，乙の前記承諾の拒否は，権利の濫用に当たると主張するので案ずるに，Xの夫が本件建物の東側の建物2戸および西側の建物1戸を順次買い受け，甲から各敷地部分を賃借し，同建物においてX夫婦がアイスキャンディの製造販売業を営んでいる事実は，当事者間に争いがないところ，前賃借人甲は，本件建物および敷地賃借権をXに譲渡するに先立ち，X主張のとおり電話あるいは口頭で数回にわたりY側に譲渡の承諾を求め，承諾料の支払，Y側への建物の譲渡も申し出たが，価額の点で遂に折り合いが付かなかったこと，X夫婦は，西側建物に冷蔵庫を設置し，これと東側建物間を甲の承諾を得て本件建物の軒下を通してパイプで連結して営業しているため，営業上かねてから本件建物の取得を希望しており，甲としてもXならその夫が乙から土地を賃借していて，これまで格別の問題を起こしたことがなく，賃料の支払いも確実で，Y側からも納得を得られるものと信じて本件建物をXに譲渡した事実が認められ，他に右認定を覆すような証拠はなく，右認定事実に徴すると，たといXの夫の建物取得につき以前，地主側が難色を示したことがあり，かつXに対する本件建物譲渡につき地主の承諾がなかったとしても，本件土地賃借権譲渡には賃貸借における相互の信頼関

係を破壊するような背信性があるとはいえないから，Yは，右賃借権譲渡の承諾を拒否することは許されないため賃借権の無断譲渡を理由としてYのなした譲渡人たる前賃借人に対する賃貸借契約解除の意思表示は無効で譲受人であるXは，適法に，本件建物の敷地の賃借権を承継取得したものと認めるのが相当である。

　もっとも，借地法9条の2第1項によれば，借地権者が賃借権の目的たる土地の上に存する建物を第三者に譲渡せんとする場合に，第三者の賃借権取得が賃貸人に不利となるおそれがないのに賃貸人が賃借権譲渡を承諾しないときは，借地権者は，裁判所に賃貸人の承諾に代わる許可の付与を申し立てて，賃借権の譲渡を条件とする借地条件の変更を命ずる裁判もしくは財産上の給付に係る許可を受けることができるのにかかわらず，賃借人において，右申立てをすることもなく土地賃借権を他に譲渡するときは，賃貸人の有する前記財産上の利益・給付の受給権ないし借地法9条の2第3項に定める優先買取権などの自益防御の権利を侵害するものといわなければならないから，特段の事情のない限り，原則として賃貸人は，賃借権の譲渡を承諾すべき義務を負わないものと解すべきところ，これを本件についてみるに，賃借人甲は歯科医であって，本件建物を歯科医院の分院として使用していたが，養子が昭和47年4月私立大阪医科大学に入学するにつき入学以前の段階で入学金1,000万円を要するので，その資金調達を急いでいた事実が認められ，弁論の全趣旨によれば，借地法9条の2第1項の申立てによっては，資金の調達が間に合わなかったことが推測されないではなく，一方Yとしても，本件建物の買受には僅かに代金30万円を提示したにとどまり，甲からたびたび再考を促されながら頑として応ずることなく，ついにそれ以上の金額を提示しなかった事実に徴すれば，Y側は理由はともあれ，この機会に，一般の経済上の常識に照らして到底承認されそうもない不当に安価な価額で建物および敷地賃借権を取得しようとしたものとみる外はなく，本件建物および敷地賃借権の取得について格別の熱意があったとも解し難く，弁論の全趣旨によりY主張の自己使用の必要性に関する事情が主としてYの遺産相続後の事情であると窺われる点よりすれば，本件は，

賃借人において，借地法9条の2第1項の申立てをしなくても，賃貸人において，賃借権譲渡の承諾を信義則上拒絶できない特段の事情の存する場合に該当するといわなければならない。

そうすると，Yに対し，本件土地上の賃借権の取得を主張するXの抗弁は理由があるから，Xに対し土地所有権に基づき本件建物の収去ならびに賃料相当損害金の支払いを求めるYの本訴請求を失当として棄却する。

> コメント　本件は，借地権の無断譲渡を理由とする借地権設定者からの建物収去土地明渡請求を棄却するために二段階の論理構成をしています。
> 　第1に，借地契約一般に適用される信頼関係破壊の理論で，本件では本件土地の両側を譲受人の夫が同じ借地権設定者から賃借し支払能力に問題がなく，かつ本件土地の利用を希望していたことなどから背信性を否定しました。
> 　第2に，借地法9条の2第1項の申立てをしない特段の事情の存在で，本件では，借地権者に緊急の資金調達の必要性があったことや，借地権設定者が不当に安価な価額で本件土地賃借権を取得しようとしたことなどを挙げています。
> 　結論としては同意見ですが，わざわざ二段階構成をしなくとも，双方の事情をまとめた上で，借地法9条の2第1項の申立てをしないで無断譲渡したことについて，信頼関係を破壊すると認められない特段の事情があるとしてもよかったのではないかと思われます。

【62】 借地権者と転借地権者である建物所有者との共同申立てによる借地権等の譲渡許可の申立てを適法とした。

(大阪高裁平成2年3月23日決定・判時1356号93頁)

事案の概要　　X_1 ほか10名（以下，「X_1 ら」という）は，Yから本件土地を賃借して，X_1 らの同族会社X社に転借し，X社は本件土地上に本件建物を所有しています。X_1 らとX社は，共同して，本件建物および本件借地権等をZに譲渡することについての許可申立てをしました。大阪地裁が X_1 らの申立てを認めたため，Yが抗告したところ，財産上の給付額について一部変更したものの，X_1 らの申立てを維持しました。

決定の要旨　　X_1 らおよびX社の申立人としての適格性の有無についてみるに，申立ての趣旨は，本件土地の転借人たるX社が右土地上の本件建物をZに譲渡するのに伴い，Zに対し，X_1 らが本件賃借権を譲渡し，X社が本件転借権を譲渡する許可を求めるというものであるが，本件記録によれば，X社は X_1 らの先代が設立して経営していた同族会社であって，X_1 らの一族が役員を占め現在も極めて密接な関係を有していること，X_1 らおよびX社はそれぞれ本件賃借権または本件建物をどちらかに帰属させることによって本件転貸借関係を終了させる用意がある旨陳述しており，本件転貸借関係の維持を望んでいないこと，およびZは X_1 らから本件賃借権を譲り受ける意向であることが認められるから，X_1 らおよびX社は，賃借人たる X_1 らが本件賃借権を，転借人たるX社が本件建物を，それぞれZに譲渡する趣旨で本件各申立てを行っているものと認められる。そして，このような申立ても，X_1 らとX社が共同して申立てをしている以上，Yに何ら不利益を与えるものではないから適法であり，X_1 らとX社は本件各申立ての適格を有するものというべきである。

そして，X_1 らおよびX社は，前認定のように，本件借地上の本件建物をZに譲渡するに際し，本件賃借権を譲渡しようとして賃貸人たるYに承諾を求

めたが，これが得られないため，本件各許可申立てを行ったものであるから，本件各申立ては形式的要件を具備しているものと認められる。

> **コメント**　借地権と転借地権そして借地上の建物の全てを取得したいという第三者がいて，借地権設定者の承諾が得られない場合には，本件のように借地権者と建物を所有する転借地権者が共同で譲渡許可の申立てをすることを認めたものです。
> 　転借地権者がまず申立てをして，次に借地権者が申立てをするというような迂遠な手続きをするよりも，借地権者と転借地権者が密接な関係を有する本件のような場合には，共同申立てを認めることで問題が一括解決するわけですから，特段の問題はないと思われます。
> 　財産上の給付額については，鑑定委員会の意見が，借地権価格の割合を6割としていることから，転借権価格の割合も借地権価格の6割として，Y_1には借地権価格の4割を，Y_2には借地権価格の6割と本件建物価格の支払いを明示しています。
> 　なお，本件とは反対に，転借地権者が借地権設定者と借地権者の双方を相手に転借地権譲渡許可の申立てをする場合もあり，東京地裁昭和43年11月13日決定・判タ229号286頁は，東京都大田区東矢口3丁目所在の転借地の件でしたが，借地権設定者には転借地権価格の約5％，借地権者には転借地権価格の約7％の各支払いを命じています。
> 　また，東京地裁昭和44年6月10日決定・判タ237号294頁は，上記の近隣地について，借地権設定者と借地権者に対し，各転借地権価格の7.5％の支払いを命じました。

【63】 借地上の建物譲受人による借地権譲渡許可の代位の申立てを否定した。

(東京地裁昭和 43 年 9 月 2 日決定・判タ 227 号 208 頁)

事案の概要 甲は，本件土地を含む土地を Y から賃借していましたが，甲が昭和 24 年 3 月に死亡したため，その子 X が承継して借地権者となりました。甲のもう一人の子 Z が，本件土地上に本件建物を建築して居住していましたが，昭和 35 年に本件建物について保存登記をしたところ，Y から借地の無断転貸があるとして異議が述べられました。そこで，X が Z を相手に調停の申立てをし，Z は X に対し本件建物を売り渡す旨の調停が成立しましたが，将来の法律改正により借地権譲渡が可能となったときには Z の買戻しが可能である旨の約定がありました。Z は，借地非訟制度の創設により Z への譲渡許可の申立てをすることができるようになったのに，X がこれをしないと主張し，X に代位して本申立てをしました。東京地裁は，Z の申立てを却下しました。

決定の要旨 土地賃借権の譲渡許可の申立てに関しては，借地法 9 条の 2 第 1 項の場合は賃借人を申立権者とし，9 条の 3 第 1 項の場合には譲受人が申立権者とされている。

これらの事件においては場合により財産上の給付が命ぜられ，また，賃貸人から建物および賃借権を自ら買い受ける旨の申立てがなされることもあり，単純に譲渡の許否のみが決せられるものではない。前記申立権者に関する規定は右の買受申立てのあった場合，その他事件処理の面での適否についても配慮の上定められたものと解され，相当の理由が存すると思われる。しかるに，借地法 9 条の 2 第 1 項の事件において，譲受人という地位に基づいて代位による申立てを許すべきものとすると，借地上の建物の譲渡契約の結ばれている場合（譲受人を特定して申立てをすることが多いとみられる），常に譲受人に申立資格を認める結果となり，前記認定の予定するところに沿わないことになると考え

られる。

　以上の理由から，当裁判所は申立人の代位による申立権を肯認できないので，本件申立てを不適法として却下することとし，主文のとおり決定する。

> **コメント**　借地権の譲渡の場合に譲受人に譲渡許可の申立てができるかどうかについては争いがありましたが，借地法9条の2第1項が賃借人とし，同法9条の3第1項が譲受人と明確に分けていることや，財産上の給付等の付随処分の可否およびその内容の問題もあり，裁判所は一貫して否定しており，やむを得ないと思われます。
> 　なお，東京高裁昭和42年9月11日決定・判時492号59頁も，建物の所有権移転登記を受けた第三者について，「建物譲渡を受けた第三者は建物譲渡人において同法上に基づく許可の裁判を求めることができない以上，譲渡人に代位して許可の裁判を求めることはできない」と判示しています。譲渡後は次の【64】でもあります。

【64】 借地権譲渡後の借地権譲渡許可の申立てを否定した。

(東京地裁昭和43年3月4日決定・判夕218号217頁)

事案の概要　　XらはYより本件土地を建物所有目的で賃借し、2棟の本件建物を共有していましたが、Zに対し本件建物とともに本件土地賃借権を売り渡す契約を結び、Yに賃借権譲渡についての承諾を求めましたが、得られませんでした。

Xらは、承諾に代わる許可の申立てをしましたが、東京地裁はこれを却下しました。

決定の要旨　　Xらは、承諾を得られないまま昭和42年8月、Zから代金全額の支払いを受け、前記各建物の所有権移転登記を経由したこと、右建物のうちの居宅の2階および工場(倉庫として使用)は従前からZにおいて賃借使用し、右居宅の階下はXの一人が居住しており、売買後その荷物を一部運び出した事実はあるが、いまだ明渡しは完了しておらず、その占有状態に変更があったとは言えないけれども、最近Zにおいて両建物の間に浴場および手洗いを増設してこれを使用していること、Yは、上記の事実に基づき賃借権の無断譲渡があったとして、その主張のとおり契約解除の意思表示をしたことをそれぞれ認めることができる。

Xらは、右売買において、地主の承諾があるまで建物の所有権の移転を留保したと主張し、証人甲もこれにそう供述をしているけれども、既に1,000万円を超える代金も完済され所有権移転登記がなされているなど、前判示のような客観的事情から判断してたやすく肯認し難い。

しかして、借地法9条の2第1項によれば、右規定に基づく申立ては建物の譲渡前になすべきものとされていると解されるところ、上述したところによると、本件においては、右にいう建物の譲渡はすでになされていると認めざるを得ないのであって、本件申立てはこの点において不適法として却下を免れない。

コメント 借地権譲渡の許可申立ては，譲渡人である借地権者しかできず，譲受人は代位によることもできないと【63】の裁判例でも紹介しています。

　では，どの段階であれば「譲渡した」ことになり，もはや借地権者も許可申立てができなくなるかという問題です。

　そもそも，借地権の譲渡許可の申立てをする以上，借地権者と譲受予定者との間で何らかの契約か合意を結んでいるはずです。そうでないと，借地権者としてもわざわざ非訟事件の申立てという裁判手続きをするような面倒なことまでしないからです。

　一般的には，「裁判所による借地権譲渡許可の裁判が確定することを停止条件として借地権付き建物を譲渡する」という条項を入れて，借地権者はそれまでは目立つ行為をしないはずです。

　特に，建物の所有権移転登記，代金の支払い，建物の引渡しのいずれかをすれば，借地権設定者にも知れる可能性があります。

　これらのいずれか，特に建物の移転登記は，登記の調査をすれば誰にでも分かることですから，借地権者が借地権譲渡許可の申立てをするのであれば，絶対に慎むべきと思われます。本件決定は，その教訓といえます。

　東京高裁昭和45年9月17日判決・判タ257号235頁も，建物の所有権移転登記を完了し，建物の修理に着手していることから，建物は譲渡済みとして，譲渡許可の申立てを否定しています。

【65】 借地の一部についての借地権譲渡許可の申立てを否定した。

(東京地裁昭和 45 年 9 月 11 日決定・判タ 257 号 267 頁)

事案の概要 Xは，昭和22年5月頃，Yから東京都豊島区池袋2丁目所在の土地約65坪を賃借し，同土地の東側の道路に面した本件土地約10坪上に本件建物，その西側に2棟の建物を所有していました。

Xは，借地全体のうちの本件土地の借地権と本件建物のみを譲渡しようとして借地権譲渡許可の申立てをしたところ，東京地裁はこれを棄却しました。

決定の要旨 Yは，本件譲渡は，賃借権の残存部分の利用価値を著しく減殺するもので許されないと主張する。賃借地の一部分の譲渡がすべて不適法とすべきではないが，右譲渡が，賃貸人に著しい不利益を与える場合には，借地法9条の2第2項によりその申立てを棄却すべきである。

しかして，本件譲渡を認めると，その余の賃借地は，間口1.8m，長さ4.40mの通路をもってのみ公道に接するに至り，残賃借地において建築基準法上適法に増改築が不可能になるほか，残賃借地の奥行きが深く，坪数も約55坪余に及ぶことを考えると，その部分土地の効用は著しく減殺され独立した交換価値を失い賃貸人に著しい不利益を与えるに至るのであるから，本件譲渡は借地法9条の2第2項により許されない。

コメント 本件決定も借地の一部譲渡をすべて不適法としているわけではありません。借地の一部譲渡によって借地権設定者に著しい不利益を与える場合には許されないとしているのです。

本件では，道路側に面した部分だけの借地の一部譲渡を認めると，他の部分がいわゆる袋地に近い状態になり，将来の増改築が不可能になるとしてこれを否定したもので，妥当な判断と考えます。

なお，東京地裁昭和 43 年 8 月 8 日決定・判タ 227 号 205 頁は一部譲渡を認め，東京地裁昭和 46 年 7 月 15 日決定・判時 648 号 86 頁は一部譲渡を否定しています。

　後者の決定が一部譲渡を否定したのは，本件とは逆に，譲渡部分だけでの増改築ができなくなることを理由としています。

　譲渡予定部分にせよ，残存部分にせよ，将来の増改築ができなくなるような借地権譲渡を裁判所が許可することは難しいといえます。

【66】 借地権の分割譲渡の申立てを認めた。

(東京地裁昭和 48 年 4 月 17 日決定・判時 720 号 70 頁)

事案の概要　Xは，Yより東京都目黒区目黒本町所在の約 57 坪の本件土地を昭和 41 年 8 月から 20 年の約定で賃借し，本件土地上に各 2 戸一の建物 A 棟，B 棟の 2 棟を所有しています。Xは，A 棟の南側を Z_1 に，北側を Z_2 に，B 棟の南側を Z_3 に，北側を Z_4 にそれぞれ賃貸していました。

Xは，A 棟および B 棟を Z_1 ら各借家人に本件借地権と共に各十数坪ずつ分割譲渡するため，本件譲渡許可申立てをしたところ，東京地裁はこれを認めました。

決定の要旨　本件の資料によれば，Xが Z_1 らに本件借地権を分割して譲渡しても，Yの不利益になるおそれはないと認められるので，本件借地権の譲渡は，これを許可するのが相当である。

コメント　借地権の分割譲渡は，同時に借地権の一部譲受人が複数いるということですから，【65】の事例の一部譲渡の変形ともいえるものです。

一部譲渡の場合には借地権設定者等の不利益も考えて，裁判所は否定的に考えることが多いようですが，本件決定は借地権の分割譲渡を認めました。

その理由として，借地権設定者に不利益になるおそれがないとだけしか述べていませんが，建物の各借家人 4 名にそれぞれ借地権を分割譲渡するというものであり，実質的な利用関係が変わるわけでもなく，裁判所として抵抗感がなかったものと思われます。

なお，本件決定は，財産上の給付額について，更地価格の 70％と評価

した借地権価格の 5％相当額の 70 万円としました。

　鑑定委員会の意見では，借地権価格の 10％としたのは過大であるとしたものですが，後で述べるように，裁判所および鑑定委員会の意見は，その後も一般的に借地権価格の 10％を基準と考えているようです。

　東京地裁昭和 46 年 6 月 16 日決定・判タ 267 号 352 頁も，借地権の分割譲渡を認めています。

【67】 遺贈の場合の譲渡許可の申立ては，引渡しまたは移転登記前であればよい。

(東京高裁昭和 55 年 2 月 13 日決定・判時 962 号 71 頁)

事案の概要　甲は，Ｙから本件土地を建物所有目的で賃借し，本件土地上に本件建物を所有していました。甲は，Ｚとの間で養子縁組をし，その後これを解消したものの，Ｚは事実上の養子として本件建物で同居を続けていました。甲は，昭和 39 年に本件建物と本件土地賃借権をＺに遺贈する旨の自筆証書遺言を作成しました。甲は昭和 45 年 10 月に死亡し，翌年 5 月に検認を経ています。Ｚは，昭和 51 年度分までの本件土地の地代をＹに支払い続けていましたが，昭和 52 年度の地代の受領を拒絶されました。そこで，Ｚは，横浜家裁川崎支部に遺言執行者の選任の申立てをして，Ｘが選任されました。Ｘが，Ｙに対し，借地権譲渡について承諾を求めましたが，これを拒絶されたため，横浜地裁川崎支部に同許可の申立てをしたところ，同裁判所はこれを認めました。Ｙが抗告したところ，東京高裁はこれを棄却しました。

決定の要旨　Ｘは，亡甲の遺言執行者として，右遺贈による賃借権譲渡につき，Ｙの承諾に代わる許可を求めるものであるところ，Ｙは，右申立ては甲からＺに対する遺贈の履行が完了した後にされたものであるから不適法である旨主張する。

　もとより，借地法 9 条の 2 第 1 項に基づく借地権譲渡許可の申立ては，同条項の文言および民法 612 条 1 項の趣旨に照らし，賃借権の譲渡または賃借物の転貸をするに先立ってなされなければならないと解すべきではあるが，借地人が賃借地上の所有建物を遺贈する場合についてまでそれに伴う土地賃借権譲渡につき遺贈の効力発生前に，賃貸人の承諾またはこれに代わる裁判所の許可を求めることを借地人に要求するのは，遺贈の性質上極めて不当というべきであり，この場合は，遺贈の効力が発生した後，その相続人または遺言執行者による目的物件の引渡しまたは所有権移転登記に先立って借地権譲渡についての賃

貸人の承諾またはこれに代わる裁判所の許可を求めれば足りると解するのが相当である。

　これを本件についてみるに，先に認定したとおり，Ｚは現に本件建物に居住して占有してはいるけれども，それは，本件建物に居住していた甲の意思に基づいて同人と同居していたＺが甲死亡後も事実上居住を続けているに過ぎず，甲の遺言執行者たるＸが遺贈目的物としてＺに引き渡したことに基づくものではなく，また，本件建物所有権の甲からＺへの移転についても，未だ登記を経由していないのであるから，Ｘの本件借地権譲渡許可の申立ては適法というべきである。

> **コメント**　通常の売買や贈与と異なり，遺贈の場合には，その効力が生ずるには遺贈をする人が亡くなった後です。したがって，遺贈する人があらかじめ借地権譲渡許可の申立てをすることはできません。そこで，遺贈については，遺言者の死亡後に相続人または遺言執行者が遺言者の代わりに本件許可の申立てをするしかありません。本件決定も，借地の引渡しまたは建物の所有権移転登記をする前に本件許可の申立てをすれば足りるとしたもので，合理的な判断と考えます。もっとも，本件のＺはその前から本件建物に遺言者と一緒に居住しているので引渡しは問題となりません。そこで，遺言執行者が移転登記をする前に本件許可の申立てをしている以上，Ｙの抗告が棄却されたのは当然といえるでしょう。

【68】 借地権者の姪が借地権の遺贈を受けたことに対する借地権設定者による建物収去土地明渡請求と譲渡承諾料相当の請求を否定した。

(東京地裁平成21年10月15日判決・ウェストロー・ジャパン)

事案の概要　乙は、甲に対し、昭和52年4月、従前の借地契約の更新として東京都江戸川区内の本件土地を昭和49年8月から20年で賃貸しました。乙は平成11年8月に死亡し、Yが本件土地を相続し、本件借地契約の借地権設定者としての地位を承継しました。甲は、平成14年10月に死亡し、Xが本件土地上の本件建物について遺贈により本件借地権の譲渡を受け、本件土地を占有しています。Yは、Xに対し、平成20年2月に借地権の無断譲渡を理由に本件借地契約を解除しました。Yは、主位的に本件解除に基づき本件建物を収去して本件土地を明け渡すこと、予備的に本件解除が認められない場合に、XがYの譲渡承諾料の支払いを受ける権利を違法に侵害し、または譲渡承諾料相当額の利得を不当に得たとして、譲渡承諾料相当額の支払いを求めて提訴しました。東京地裁は、Yの請求をいずれも棄却しました。

判決の要旨　甲は、死亡の3年ほど前に遺言書を作成し、本件建物における理髪店をXに引き継がせる前提で遺贈することに決めていた。遺言書は平成15年4月に検認を受けている。甲の家族は、甲の遺言書の内容に異論はなかったものの、不動産の経済的価値の問題もあって、話合いの末、Xにおいて遺留分相当額の支払いをする形で合意し、Xが本件建物を取得した。なお、本件土地に隣接する土地の上の建物についても甲の亡き母から昭和56年にXが遺贈を受けたとして所有権移転登記手続きがなされている。

Xは、平成16年7月に代理人弁護士を通じて、「Xは、本件土地上で甲と共に理髪店を営んできましたが、甲の死去後甲の遺言とそれに基づく相続人らの協議により、Xが借地権を承継することになりましたので、その旨通知します。」との通知書をYに送付した。Yは、甲の生前中から、本件借地契約の地

代の増額を求めて，折り合いがつかずにおり，Xは，平成16年3月以降，X名義で本件土地の地代を供託している。

　本件借地権の譲渡は，譲渡の当事者間に非常に近しい親族関係が存在し，その実質において相続による承継と同視することもできる状態であって，本件土地利用の状態に関しても，数十年に亘って変化がなく，一時期本件建物が第三者に賃貸されたことはあるものの，土地利用状態が変わったわけではない上に，この賃貸は短期間のことに過ぎない。

　このような経緯を前提にすると，本件借地権の譲渡は，当事者間に同一性が全く認められないような事案とは大きく異なっており，むしろ，背信行為に当たらない特段の事情があるものと解され，したがって，Xの側が譲渡承諾料の支払いを要しないものと判断し，本件訴訟提起以前にはYにその支払いの申出をせず，借地非訟手続きの申立てもしなかったことをもって不当とすることはできないというべきである（なお，本件訴訟提起後，XがYに対し，解決金名目の金員の支払いを申し出たが，話合いが成立するに至らなかったという経緯もある）。

　この点，Xは，本件建物の遺贈に関する甲の相続人らとの話し合いがまとまり，所有権移転登記を経由した後，ほどなくYに本件借地権の譲渡に関する連絡をしているところ，たしかにその文面は必ずしも明確でなく，甲の相続人でないXが本件建物の遺贈および本件借地権の譲渡を受けた旨が明記されているわけではないものの，その趣旨は現れており，同通知書の文面をもって，Xが，譲渡承諾料の支払いを要する事案であると認識した上で，その支払いを免れるために，あえて本件借地権の譲渡の事実関係を秘匿したかのように解するのは妥当でない。

　とすれば，本件借地権の譲渡は，これをもって背信行為に当たらない特段の事情があるものというのが相当であって，Xの主張には理由があるというべきである（なお，Yは複数の判決例を挙げて本件借地権の無断譲渡が背信行為に当たらない特段の事情がない旨を主張しているが，Yが指摘する判決例はいずれも本件とは事案の実質を異にしており，これらが本件事案に直接妥当するものとは認めら

れない)。したがって，Yの主位的請求（建物収去土地明渡請求等）は理由がない。

　そもそも，借地権の無断譲渡が背信行為に当たらない場合，賃貸人は借地権の譲受人に対し，その譲渡について承諾がないことを主張することができず，その結果として，譲受人は賃貸人の承諾があったのと同様に，借地権の譲渡をもって賃貸人に対抗できるのであって，この場合，譲渡許可の申立てや譲渡承諾料は問題にならないものと解するのが相当である（最高裁昭和39年6月30日判決・民集18巻5号991頁）。

　そうすると，本件借地権の譲渡について，これが背信行為に当たらない特段の事情が認められることは前記判示のとおりであるから，XがYに承諾を得ようと申し出ることをせず，借地非訟手続きの申立てもしなかったことがYの権利を侵害し，不法行為が成立するとは認められない。また，同様に，Yが損失を被り，Xが不当に利得したものとして，不当利得が成立するというYの主張も採用の限りではない。したがって，Yの予備的請求（損害賠償請求等）は理由がない。

> **コメント**　最後に引用されている昭和39年最高裁判決は，鮨屋を共同経営していた内縁の夫婦の夫が借地権者として建物を所有していたところ，夫の死後に建物とともに借地権の譲渡を受けた内縁の妻が引き続き鮨屋営業を継続しており，借地権設定者も内縁の夫婦が本件建物に事実上の夫婦として生活していたことを知っていた場合に，借地権の無断譲渡を理由とする借地契約の解除を否定し，その結果として借地権譲受人に対し譲受について承諾のないことを主張できないとしたものです。本件とよく似たケースといえます。
> 　本件に戻れば，元の借地権者と遺贈を受けた者とは叔父と姪という近い親族関係にあり相続による承継と同視できること（相続であれば包括承継として無断譲渡にならない），両者が理髪店を共同経営してきた実態がある

こと，土地利用状態に変化がないことなどから，背信行為に当たらない特段の事情があるとの認定は妥当なものといえます。

　そして，その結果として，借地権設定者が承諾がないことを主張できない以上，前記最高裁判決を引用して，譲渡許可の申立てや譲渡承諾料が問題にならないと判示したのも当然といえます。

第4章 土地の賃借権譲渡・転貸許可の申立て

【69】 遺贈を受けたことを理由とする借地権の確認請求を否定した。

(東京地裁平成25年4月18日判決・ウェストロー・ジャパン)

事案の概要　本件土地は、Cが所有していましたが、昭和46年にCが死亡し、Cの妻乙が3分の1を、Cの子であるY_1, Y_2, Y_3（以下、総称するときは「Yら」という）が各9分の2ずつ相続しました。その後、乙が平成10年1月に死亡したことにより、Yらは各3分の1ずつ共有しています。

乙は、昭和61年4月、本件土地について建物所有目的でDに賃貸しましたが、Dは平成3年6月に死亡し、Dの子である甲が相続しました。甲は、平成4年7月、本件土地上に本件建物を新築しました。甲は、平成11年にY_1から乙の遺産分割協議が終了していないので、地代を供託するようにとの書面を受領し、平成13年12月から平成20年5月分の地代を供託しましたが、同年6月分以降平成21年11月分までの地代は、Y_1が受領しています。甲は、平成20年12月に本件建物および本件賃借権等をBの親族Xに遺贈し、甲の実の子のJには何も相続させない旨の公正証書遺言を作成しました。

甲は、平成21年2月に死亡しました。Xは、同年11月にLに本件建物および本件賃借権を売却する契約を締結しました。Xは、Yらから、本件賃借権のLへの譲渡の承諾を得られなかったため、Lへの譲渡について平成22年3月、土地賃借権譲渡等許可の申立てをしましたが、担当裁判官から甲からXへの賃借権譲渡をYらに対抗できるか、またLの資力にも問題がある旨の指摘を受けて、本件借地非訟を取り下げました。XとLは、平成24年7月に売買契約を解除しました。Y_1とY_2は、平成24年9月、XとJに対し、本件遺贈が無断譲渡に当たるとして本件賃貸借契約を解除しました。

そこで、Xが本件賃借権の確認を求めて提訴しましたが、東京地裁は請求を棄却しました。以下の判決の要旨では、背信行為と認められない特段の事情の

有無についてのみ触れます。

判決の要旨 　民法612条は，賃借人の無断譲渡・無断転貸を禁止するとともに，賃借人がこれに違反したときには，賃貸人は賃貸借契約の解除をできると定めており，借地借家法19条は，借地権者が借地上の建物を第三者に譲渡しようとする場合において借地権設定者が賃借権の譲渡について承諾をしない場合の借地権設定者の承諾に代わる許可の制度を定めているのであるから，借地人が，このような裁判所の許可を申し立てることなく，借地上の建物を譲渡して賃借権を無断譲渡した場合には，当該無断譲渡が背信行為と認めるに足らない特段の事情が存在しない限りは，譲受人は，譲渡を受けた土地の賃借権を賃貸人に対抗できないものと解される。

　この点，Xは，甲と同居して介護をしていた親族であり，本件建物の利用状況に変化はないし，Y_1はこのような状況を認識しているから，本件遺贈は，Yらに対する背信行為と認められないような特段の事情があると主張し，Xは，陳述書において平成20年頃から妻や子供と一緒に本件建物に同居して甲の看病を始めたなどとXの主張に沿う記載をしている。

　しかしながら，X本人などによれば，Xは，平成21年1月，運送業者に依頼して，当時居住していた南浦和のマンションから本件建物に引っ越しをしたのであり，それまでは多くても週に半分くらい本件建物に泊まる程度であったこと，Xの妻子も生活の本拠は南浦和にあって本件建物に寝泊まりしたのは1，2回ではないがさほど多くはなかったこと，Xの妻は本件建物に来たときも自分の実家に子供を連れて遊びに行くことが度々あったことが認められるのであって，Xは平成20年初め頃から甲と同居していたとは評価できない上，Xは，甲の看病をしていたと述べるものの，甲がいつ頃からいつ頃まで東大病院などに入院し退院したのかもはっきりと供述することができないのであって，結局のところ，Xが甲と同居していたとしても，平成21年初め頃から甲が同年2月に亡くなるまでの2か月足らずに過ぎないことが認められる。

　そうすると，Xが，長年本件建物において賃借人である甲と同居し，甲とともに本件土地・建物を使用収益しており，賃貸人であるYらに特段の説明を

しなくとも甲生存中と同様の使用状況が続くことが当然予想されるとは言い難く，Ｘと甲の関係のみをもって，本件賃借権の無断譲渡がＹらに対する背信行為と認められない特段の事情に当たるとは認められない。

　また，Ｘは，本件建物をＬに売却しようとした際に，土地賃借権譲渡等許可申立ての借地非訟を申し立てていることからして，本件賃借権の譲渡には土地賃貸人の承諾を要することを認識していたというべきである。

　しかしながら，前記のとおり，Ｘらの供述を採用したとしても，甲死亡後，当時の賃貸人と認識していたY_1にさえ，Y_1の妻に対してＸが本件建物を相続したなどと述べるのみで，直接Y_1本人に対して，Ｘと甲との関係やＸの経済状態，利用態様等に関する情報を伝えて本件賃借権譲渡の許可を得ようとしていない。

　そして，Ｘは甲がなくなった数か月後である平成21年5月頃から，不動産業を営むＫに対して本件建物の売却を依頼し，Ｋは，売却先がＬに決まった同年10月頃になって，Y_1に対し，Ｘが甲から本件建物を相続したなどと事実と異なる説明をした上，ＸからＬに対する本件賃借権譲渡の承諾を求めたがY_1からこれを拒否されたことが認められる。

　以上のとおり，Ｘは，Y_1から本件賃借権譲渡の承諾を得たという的確な証拠も有していないにもかかわらず，自らに対する土地賃借権譲渡等許可の申立ての借地非訟を先に申し立てることもなく，Ｌへの譲渡に関する本件借地非訟のみを申し立てた行為は，賃貸人であるＹらとの関係において，適正な手続きを取らなかったという点において背信性が全くないとは言い難い。

　Y_2との関係においても，甲は，当初Y_2に対して地代全額を支払っていたが，本件土地に関する遺産分割協議が未了であるとのY_1の申出により長年にわたって地代を供託していたとの経過からすれば，仮に，Ｘが主張するように，Y_1から兄弟間の相続の問題が片付いて本件土地はY_1が取得したと言われた事実があったとしても，Ｘは，本人尋問において，平成21年1月頃までにはY_2が本件建物の近くに居住していることを知っていたと述べているのであるから，Y_2に対して，Y_1が本件土地を単独相続したのか全く確認することなくY_1

の言い分をそのまま信用することは軽率であったといわざるを得ない。

Xが本件土地の所有権に関する事実の確認を怠った結果として，Y_2に対しては，遺贈を受けた平成21年2月28日以降である同年3月分から平成23年3月分までの地代につき不払いの期間が生じることとなっている。

さらに，Y_3との関係においては，Y_3が日本国内に居住しておらず，連絡を取ることが困難であったという事情があるにしろ，Xは，Y_3に対し，平成21年3月分から平成24年2月分までの地代を支払ったのか不明である上，Y_1に対しても，毎月末日までに翌月分を支払うという通知をしておきながら，平成23年6月分から平成24年2月分までの地代を各支払期日までに支払わずに遅滞して支払っており，本件建物の敷地の一部として借りている借地料についても，平成22年1月分からは未納であることが認められることからすれば，Xの資力および本件建物・本件賃借権の管理能力に疑問がないとはいえず，本件賃借権の甲からXに対する無断譲渡が背信行為と認められない特段の事情があるとは認められず，Xは，本件賃借権の譲渡を受けたことをYらに対抗することはできないというべきである。

コメント　【68】の東京地裁平成21年判決と同じく遺贈の事例ですが，同判決とは異なり，本件判決は，借地非訟の申立てをしなかったことについて背信行為と認められない特段の事情があるとは認められないとしました。

本件で遺贈を受けたXも親族ではあるし，短期間とはいえ同居していたことも認定しながら「特段の事情」を否定したのは，元の借地権者が亡くなってすぐに賃借権の第三者への譲渡を図ったことが，裁判所の心証を悪くしたのかもしれません。

それにしても，「本件建物をLに売却しようとした際に，土地賃借権譲渡等許可の申立ての借地非訟を申し立てていることからして，本件賃借権の譲渡には土地賃貸人の承諾を要することを認識していたというべきであ

る」というのは決めつけ過ぎと思います。

　売買による譲渡と比べると，遺贈による譲渡は死亡を原因とする意味で相続に近いので，遺贈について借地非訟の申立てを不要と考えるのは一般人の感覚にむしろ合致していると思うからです。

　同居期間を含めＸの主張を排斥しているのは，Ｘの地代支払状況から資力に不信感を持ったからかもしれません。裁判所からどこまで信用されるかが，訴訟における勝ち負けの分岐点になることを思い知らされる事例ともいえます。

【70】 譲渡担保設定登記後の借地権者による譲渡許可の申立てを認めた。

(東京地裁昭和44年2月19日決定・判タ233号170頁)

事案の概要　Xは，Yらより東京都南多摩郡多摩町所在の本件土地を賃借し，本件建物を所有しているところ，本件建物についてZに対する債務のために譲渡担保権を設定し，Zへの売買を原因とする登記がされています。Xは，Zへの借地権譲渡許可の申立てをしたところ，東京地裁はこれを認めました。

ここでは，譲渡担保設定後の本件申立ての適否の点についてのみ触れます。

決定の要旨　XとZとの間においては，昭和41年9月に訴訟上の和解が成立した。

①XはZに対し金700万円の債務があることを認め，これを昭和42年7月末日までに支払うこと。②Xが右債務を期日に履行しないときは，Xは同日限り本件建物の所有権を喪失し，これをZに対し引き渡すこと。③右の場合，ZはXに対し，引渡しと同時に立退料として金200万円を支払うこと。④Xは昭和42年3月末日またはZの要求する日時にYに対し借地権譲渡につき承諾を求める手続きを行うこと。⑤Xは本件建物を明け渡すまで地代および公課を負担すること。

その後，XとZとの間で，前記①の期限を本件申立事件が確定するまで延期する旨の合意が成立し，本件建物は，引き続きXにおいて占有しているが，XとZとの間に本件建物の賃貸借契約等はなく，したがって賃料等も支払ってはいない。

そこで，借地上の建物に譲渡担保を設定した後における借地法9条の2第1項の申立てを建物の譲渡前の申立てとして，これをすべて適法とするのは疑問であるが，本件においては，前記の如き条項を含む訴訟上の和解が成立しているので，同条にいう建物の譲渡前の申立てであると認められるから，本件申立

ては適法である。

> **コメント**　登記上売買を原因とする所有権移転登記がなされているので，第三者からすると，それが譲渡担保なのか，売買なのかの区別は難しいと思われます。
>
> 　本件決定が，譲渡担保を設定した後における本件許可申立てをすべて適法とするか疑問と述べているのは，そうした背景があると思われます。本件においては，訴訟上の和解が成立しており，その点の疑問を払うことができたのでしょう。
>
> 　他方で，譲渡担保権者による許可申立てについては，大阪高裁昭和61年3月17日決定・判タ637号138頁がこれを否定しています。【63】でも述べた通り，譲受人の代位による許可申立てを否定する以上当然といえます。
>
> 　なお，仮登記担保を実行した債権者による許可申立てについても，東京高裁昭和56年8月26日決定・判時1016号70頁は，同様の趣旨で否定しています。

【71】 借地権譲渡について承諾の争いがある場合の許可申立てを認めた。

（東京高裁昭和53年9月5日決定・判時907号62頁）

事案の概要　XはYから本件土地を賃借し，本件建物を所有しているところ，本件建物とともに本件借地権をZに譲渡しようとしてYの承諾を求めました。Yはいったんはこれを承諾したものの，その後承諾を与えた事実を否定したため，Xが本件借地権の譲渡許可の申立てをしたところ，東京地裁はYが承諾した事実を踏まえ，Xの申立てを却下しました。Xが抗告したところ，東京高裁は原決定を取り消し，東京地裁に差し戻しました。

決定の要旨　Xにおいて既に借地権譲渡の承諾を得ているとして，その効果を楯に本件建物の譲渡・引渡しを強行するときは，Yが借地権の無断譲渡を主張して，XやZとの間に紛争を生ずべきことが当然予想されるので，Xはかかる紛争の生起を可及的に避けるため，借地法9条の2に定める譲渡許可の裁判を得ようとして本件申立てに及んだものと理解されるところ，賃貸借当事者間の利害を合理的に調整して借地権の譲渡の当否を巡る紛争の発生を事前に阻止しようとする同条立法趣旨からすれば，借地人においていったん譲渡の承諾を得たものと信ずる場合においても，承諾の有無につき現に賃貸人との間に争いが存し，協議による解決が得られないため，借地人が前叙のような観点から同条により承諾に代わる許可の裁判を求める途を選んだときは，借地人の申立ての利益は当然に肯定されてしかるべきものと考えられる。

Xは原審において，承諾の与えられた事実，そしてそれを撤回することが許されないことを極力主張しているけれども，Xが同条による申立てを提起・維持していること自体からみても，Xは，既に承諾により実体上の法律関係を変更する効果が生じたことを申立ての法律的前提としながら重ねて承諾に代わる

許可を求めるという矛盾した挙に出ているのではなく，承諾の不存在を理由とする争いの生ずるのを可及的に避けるために同条による許可の裁判を求めるうえで，自己に有利な事情として，いったん承諾を与えられた事実のあることを強調しているのであると解するに難くないところであって，これと異なる受取り方を相当とするような事情は見当たらない。

してみれば，仮に原審における釈明の過程においてXの主張に多少不適切な点があったとしても，裁判所としては，申立ての趣旨を前叙のとおり善解し，同条にいう「賃貸人がその賃借権の譲渡又は転貸を承諾せざるとき」に該るものと認めたうえで，爾余の点につき審理を進めるべきであったものというべく，この点において，原決定には，Xの主張の趣旨を誤解し，ひいて法律の適用を誤った違法があるものといわなければならない。

> コメント　原審は，Xが借地権の譲渡についてYの承諾があったことを強く主張しながら借地権譲渡許可の申立てをすることは矛盾した態度と受け取ったようです。
> 　しかしながら，現にYは承諾の事実を争っているのですから，借地権設定者と借地権者間の利害を合理的に調整して借地権の譲渡にかかる紛争の発生を事前に防止する立法趣旨を踏まえ，本件決定が，借地法9条の2第1項の「承諾せざるとき」（今の借地借家法19条1項の「承諾しないとき」）に該当するとして申立てを認めたのは当然といえます。

【72】 借地条件変更の申立てとの併合申立てを認めた。

（東京地裁昭和48年3月6日決定・判タ302号269頁）

事案の概要　Xは，Yから東京都北区赤羽所在の本件土地を賃借し，本件建物を所有して耳鼻咽喉科医院を開業していましたが，病に倒れ，その継続が不可能になったことから，本件土地の借地権をZに譲渡し，併せて堅固建物を所有とする借地条件変更の申立てをしたところ，東京地裁はこれを認めました。

決定の要旨　Yは，借地権譲渡を目的とする借地条件の変更は許されないと主張するので案ずるに，借地条件の変更の裁判は，付近の土地利用状況の変化等事情の変更により堅固建物所有の目的とすることが土地の利用上相当とするに至った場合に許可されるので，必ずしも借地人が堅固建物の建築を計画している必要はなく（したがって，賃貸人からも申立てができる），また，借地人が借地上の建物と借地権を譲渡しようとする場合に譲受予定者において借地条件の変更を希望しているときは，現借地人において譲渡許可および借地条件変更の各申立てを同時になし得，これを併合して審理，裁判できると解するのが相当である。

けだし，手続きの経済の上から合理的であるし，申立ての当否，財産上の給付等の付随処分について格別に判断，決定される以上，賃貸人に対し何ら不利益を与えないからである。

本件の資料によると，本件土地付近は，準防火地域，商業地域の指定を受け，建物の高層化が進められ，現に借地契約を締結する場合は堅固建物所有目的とするのが相当であること，および，Zが本件借地権を譲り受けても，Yに不利となるおそれがないことが認められるので，本件各申立ては，いずれも認容すべきである。

> **コメント**　借地権譲渡許可と借地条件変更を併合して申立てをすることを認めたものです。
>
> 　手続経済上の合理性と借地権設定者に不利益を与えるわけではないことを論理的に述べており，妥当な結論と言えます。
>
> 　東京地裁昭和45年8月17日決定・判タ256号258頁，東京地裁昭和44年12月11日決定・判タ242号287頁も借地条件変更の申立てとの併合について同様な判示をしています。
>
> 　【11】で紹介した東京地裁昭和45年6月15日決定・判タ253号318頁も借地権設定者の介入権がないことを前提にですが，同様な判断をしています。
>
> 　なお，【48】で紹介した東京地裁昭和48年3月12日決定・判タ302号271頁も増改築許可の申立てとの併合を認めています。

【73】「借地権設定者に不利となる虞」を認めた。

(東京高裁昭和52年10月27日決定・判タ366号218頁)

事案の概要　Yは、本件土地のうち②の土地を甲1に、③の土地を甲1が代表をしている甲2に、これに隣接する④の土地を甲3にそれぞれ賃貸し、本件土地に隣接した①の土地も所有しています。

甲1は、昭和48年4月に事業の失敗で逃亡した後、銀行であるXが本件土地上の建物について競売を申し立てて自己競落し、Yとの間で借地契約をしました。他方で、Yは、①の土地および④の土地について、Z代表者乙およびZを相手に不法占拠を理由に土地明渡請求訴訟を提起し、判決確定後強制執行までしました。

ところが、XはZに資力があることを知り、昭和50年7月にZに対し本件土地の賃借権の譲渡を売り渡す予約をして、承諾に代わる許可の申立てをしました。乙は昭和51年11月に死亡し、代表者が丙にかわりました。

東京地裁(東京地裁昭和51年9月24日決定・判時861号95頁)はXの申立てを棄却したため、Xが抗告しましたが、東京高裁はこれを棄却しました。

決定の要旨　借地法9条の2による賃貸人不承諾の場合における土地賃借権の譲渡の許可は、地上の建物譲渡に伴う土地賃借権の譲渡を許可しても、「賃貸人に不利となる虞なき」場合でなければ与えることができないのであり、右の「賃貸人に不利となる虞なき」場合とは経済的に賃貸人に不利となる虞がないばかりでなく、さらに賃貸人が譲受予定者との間の信頼関係を維持して行くことができない虞がないと客観的に認められる場合であると解するのが相当である。

これを本件についてみるのに、前叙認定の事実関係のもとにおいて、Yは、譲受予定者であるZの①の土地に対する不法占拠との虞、さらに④の土地に対する不法占拠により訴訟と強制執行を余儀なくされ、あるいは余儀なくされようとしており、YとZとの信頼関係は未だ獲得されていないのにもかかわ

らずZ元代表者はもとよりその死後もZ側から信頼関係獲得のために努力した形跡は全く窺えないこと，およびYがXに甲1の地代代払いをつとに認めていること，ならびに前叙認定の事情を考え合わせると客観的にみて，YがZとの間に信頼関係を本件土地につき維持して行くことのできない虞がないとはいえないことが明白である。

> **コメント** 旧借地法9条の2第1項は，「賃貸人に不利となる虞なき」場合（借地借家法20条1項は「借地権設定者に不利となる虞がない」場合）を借地権譲渡許可の実質的要件の一つとしています。
> 　一般的には，経済的資力や社会的信用がない場合がこれに当たるとしていますが，本件のように従前から借地権設定者と借地権譲受予定者との間に紛争が生じており，借地関係を維持するに足りる信頼関係が望めない場合についても，これに該当するとしたものです。
> 　本件の経緯をみると，借地権設定者が借地権譲受予定者に対し信頼関係を持てないのは当然であり，本件結論はやむを得ないでしょう。
> 　福岡地裁大牟田支部昭和43年9月26日決定・判タ228号145頁も，借地権譲受予定者が借地権設定者の姉が勤める警察署に借地権設定者を被告訴人とする告訴状を提出したなどの経緯があったことを踏まえ，借地権設定者やその姉の恥辱や不信感などの「感情への適切な配慮のなされることは，同法条の十分期待するところである」として，譲渡許可の申立てを棄却しています。

【74】 財産上の給付を条件としなかった。

（松山地裁昭和 43 年 3 月 13 日決定・判時 513 号 64 頁）

事案の概要　Yより松山市二番町 3 丁目所在の本件土地約 92 坪のうち北側の甲地を X_1 が，南側の乙地を X_2 がそれぞれ賃借し，各土地上に本件各建物を所有していますが，X_1，X_2（総称して，「Xら」という）は，それぞれ各建物とともに本件土地賃借権をZに譲渡する予定で本件譲渡許可の申立てをしました。

松山地裁は X_1，X_2 の申立てをいずれも認めましたが，財産上の給付についてその必要性を否定しました。

決定の要旨　付随処分については，鑑定委員会の意見に従い，当地方において，借地権譲渡に伴ういわゆる承認料の慣行がないこと，右各借地権の残存期間が約 8，9 年であること等を考慮して，Xらに財産上の給付をさせる必要はないものとし，ただ衡平上，譲渡後の地代を，甲地につき月額 1 万 3,946 円に，乙地につき月額 1 万 722 円にそれぞれ増額するのが相当であると判断する。

コメント　借地権の譲渡について財産上の給付，すなわち名義書換料を不要とした珍しい事例です。

松山市という地方都市で，借地権譲渡に伴う承認料の慣行がないとした鑑定委員会の意見に従った結果です。

本来，借地権設定者としては，借地権譲渡について承諾をするかどうかは自由なはずで，それを裁判所の許可によって承諾を強制される結果となるのですから，慣行がないという理由だけで財産上の給付を否定するのには若干の疑問があります。【75】などで示されている基準の半分程度の給付を認めてもよかったと思われます。

もっとも，地代について相当額の増額をしているのは，その埋め合わせの意味なのかもしれません。

　なお，東京地裁昭和43年12月18日決定・判タ230号282頁は，借地権設定者が多額の対価を得ていること，東京地裁昭和45年12月1日決定・判タ260号309頁は，借地権者の娘婿への譲渡で相当額の示談金の支払いをしていることなどから財産上の給付を否定しており，東京地裁の管轄内において必ずしも財産上の給付を常に認めているわけではありません。

【75】 借地権価格の10％の財産上の給付を命じた。
（東京地裁昭和60年5月30日決定・ウェストロー・ジャパン）

事案の概要　Xらは，東京都中央区日本橋2丁目所在の本件1土地をY_1から，本件2土地をY_2から共同で賃借し，本件1土地および本件2土地にまたがる区分所有建物イをX_1が，同建物ロをXらがそれぞれ区分所有しています。

　Xらが，本件建物イおよび本件建物ロをいずれもZに譲渡するに伴い，本件1土地および本件2土地の各賃借権の譲渡許可の申立てをしたところ，東京地裁は，本件1土地および本件2土地の各借地権価格の10％に相当する財産上の給付を命じました。

決定の要旨　鑑定委員会の意見によれば，Xらの申立てを認容する場合，XらからYらに対し財産上の給付として，本件1土地につき5,409万円，本件2土地につき1,409万1,000円を支払わせるのが相当であり，また1か月賃料を本件1土地につき28万2,404円，本件2土地につき9万1,419円に改定すべきであるという。

　右財産上の給付額は，更地価格を本件1土地について6億7,613万2,000円，本件2の土地について1億7,614万5,000円と，借地権価格を各更地価格の80％すなわち本件1土地につき5億4,090万5,600円，本件2土地につき1億4,091万6,000円と評価した上，右借地権価格の10％として算出したものである。

　鑑定委員会は，取引事例比較法により更地価格を評価査定したものであるが，その際，本件土地に近在する標準地の公示価格として，中央区日本橋3丁目1番1宅地の昭和59年度の価格1㎡あたり878万円を選択し，これに評価時点までの上昇率による時点修正として100分の116.5を乗じた額を以て規準額としている。

　しかし，同標準地の昭和60年度の価格は1㎡当たり1,150万円であって，前年度の価格に対して31％の上昇率を示しているから，鑑定委員会の採用し

た公示価格の時点修正率は低きに過ぎると評価せざるを得ない（もっとも，鑑定委員会の評価は，委員会が現地を見分した昭和59年8月頃を評価時点としたものであることが意見書の記載から推察されるところ，資料によれば，昭和59年度における本件土地近辺の地価は年度後半期において急騰したものであることが窺われるから，鑑定委員会の採用した時点修正率は，その評価時点においては適正な数値であったものと認められる）。

　そこで，鑑定委員会の評価に係る更地価格を公示価格の上昇率に準じて再度時点修正（昭和59年1月現在額から31％増額修正）をすると，本件1土地については7億6,028万5,000円，本件2土地については1億9,806万8,000円（いずれも鑑定委員会の評価額に116.5分の131を乗じて得た数値の額。ただし1,000円未満切り捨て。以下同じ），借地権価格は右更地価格の80％に当たる本件1土地について6億822万8,000円，本件2土地について1億5,845万4,000円となる。

　右再評価額を基礎とし，鑑定委員会の意見に従い給付額を借地権価格の10％として求めると，本件1土地については6,082万2,000円，本件2土地については1,980万6,000円となる。

　当裁判所は，財産上の給付に関する鑑定委員会の意見を右のように修正した上で，相当と認めてこれを採用し，賃借権譲渡の許可を右給付金の支払いにかからせることとする。

> **コメント**　ややこしい数字の計算がありますが，借地権譲渡許可の条件として借地権価格の10％の財産上の給付を命じたものです。
> 　もっとも，その前提としての更地価格については，鑑定委員会の意見をそのまま採用せずに，時点修正をしており，その結果として金額は相当に高くなっています。バブル経済に向かっていく時代の地価の高騰が窺われます。
> 　本件以外にも，借地権譲渡に伴う財産上の給付額を，当然のようにある

いは東京都内の慣行であるなどとして，借地権価格の10％とした例は以下のとおり数多くあります。

　東京地裁昭和43年11月1日決定・判タ228号205頁，東京地裁昭和44年3月14日決定・判タ234号220頁，東京地裁昭和48年1月30日決定・判タ302号264頁，東京地裁昭和63年1月7日決定・ウェストロー・ジャパンなどです。

　ところで，第1編のQ-69でも述べていますが，借地権価格に対する一定割合を財産上の給付額とすること自体はよいとしても，問題はその借地権価格の出し方です。他の各裁判例を見ても，そのほとんどが，更地価格に対する70％ないし80％を借地権割合としてこれを掛けて借地権価格を出しています。つまり，更地価格が100万円/㎡で，100㎡の土地について，相続税の路線価表に当該地域の借地権割合が70％と記載されていると，100万円×100×0.7＝7,000万円として，借地権価格は7,000万円だから借地権譲渡許可の条件として，その10％の700万円の支払いを命じているのです。

　ところが，大阪で仕事をしている私の事務所に来る案件は，このような机上の数字での借地権売買の事案は皆無です。特に住居系で相続が起きて建物が空家になった場合には，いわば空地代を支払い続けなければならず，それで何とか借地権付建物をいくらでもよいから譲渡したいという相談が多いのです。上記の例でいえば，500万円でも売れればありがたいのです。ところが，その額を上回る財産上の給付額が予想されるのであれば，借地非訟手続きをする気にはなれません。

　私としては，ここで改めて提案します。借地権価格は更地価格に一定の割合を掛けて出すのではなく，それはあくまで参考数字であり，できるだけ生の数字，つまりは具体的な借地権の売買価格を重視して決められるべきである，と。そうでなければ，少なくとも，東京以外での借地権譲渡許可の申立てはほぼなくなると予想せざるを得ません。それでは，借地非訟の制度が意味を失うことになりかねず，そのことを大変憂慮しています。

【76】 借地権価格の8％の財産上の給付を命じた。

（東京地裁昭和46年3月9日決定・判タ263号323頁）

事案の概要　Xは、Yより東京都中央区銀座5丁目所在の本件土地を賃借し、本件土地上に地下1階地上5階建ての鉄筋コンクリート造の本件建物を所有しています。

Xが本件建物とともに本件土地の借地権についてZへの譲渡許可の申立てをしたところ、東京地裁は譲渡を許可する条件として借地権価格の8％の支払いを命じました。

決定の要旨　本件申立ての許可に伴い、Xに財産上の給付を命ずるのが相当であり、鑑定委員会は、本件土地の更地価格を1㎡当たり76万6,300円、借地権価格を1㎡当たり66万5,000円と評価し、給付額を借地権価格の8％をもって相当とする意見を提出した。右意見を採用し、給付額を1,840万円とする。その余の付随処分は必要ないものと認める。

コメント　東京の銀座という超一等地の借地権価格の高さに驚かされます。更地価格の約87％です。その率の高さが影響したのか、財産上の給付については、【75】で述べたとおり、東京都内の慣行などを理由に借地権価格の10％を一般的基準としているにもかかわらず、本件決定では借地権価格の8％とした鑑定委員会の意見をそのまま採用しています。

東京地裁昭和45年9月3日決定・判タ257号267頁（千代田区神田錦町3丁目）および東京地裁昭和46年6月25日決定・判タ267号353頁（墨田区立花4丁目）も、借地権譲渡許可の条件としての財産上の給付について借地権価格の8％と判示していますが、これらの借地権価格もいずれも更地価格の80％という高い割合である点で共通しているといえま

す。
　なお,【66】で紹介した東京地裁昭和48年4月17日決定・判時720号70頁が借地権価格の10％基準を批判して,同価格の5％の財産上の給付を命じていますが,独自の理論展開をしているものの,一つの参考として紹介しておきます。

【77】 借地権価格の15％の財産上の給付を命じた。

（東京地裁昭和45年3月12日決定・判タ247号302頁）

事案の概要　Xは，昭和16年3月に乙から東京都大田区石川町1丁目所在の本件土地を賃借し，本件土地上に木造平屋建ての本件建物を所有しており，乙が死亡した後，Yが家督相続で本件土地を取得しました。

XがZへの本件建物付き借地権の譲渡許可を申し立てたところ，東京地裁はこれを認める条件として借地権価格の15％相当額の財産上の給付を命じました。

決定の要旨　鑑定委員会は，本件土地の更地価格を1,207万2,000円，借地権価格をその70％にあたる845万400円と評価し，本件土地付近における名義書換料の慣行は更地価格の10％ないし15％であるとしている。

しかし，当裁判所が扱ったこれまでの事件によると，東京都内における名義書換料は，借地権価格の10％ないし15％とするものが大部分であり，本件のように自然発生的借地権価格の場合には名義書換料の額も右の範囲において高額とするようである。

よって，財産上の給付は，鑑定委員会の評価による借地権価格の約15％にあたる127万円を相当とし，鑑定委員会の意見に従い賃料を坪当たり1か月65円に改定することとし，主文のとおり決定する。

コメント　本件では，昭和45年当時の東京都内における借地権譲渡に伴う名義書換料について，借地権価格の10％ないし15％とする慣行があり，裁判所の借地非訟事件においても同様である旨述べています。

確かに，借地権譲渡に伴う財産上の給付について，借地権価格に対する割合は，東京地裁昭和45年12月7日決定・判タ260号311頁，同地裁昭和46年6月16日決定・判タ267号352頁，同地裁昭和47年7月14日決定・判タ267号285号302頁はいずれも12％，同地裁昭和47年12月11日決定・判タ298号425頁は本件と同様に15％と，上記の10％ないし15％の範囲内にあります。

　また，東京地裁管内ではありませんが，大阪地裁昭和44年12月27日決定・判タ247号305頁も14.8％となっています。

　なお，名古屋地裁昭和45年5月8日決定・判タ252号270頁は，借地権価格の約25％の支払いを命じていますが，これは特殊な例と思われます。

　ところで，借地権価格の10％を超えた例は，上記のとおり昭和44年から昭和47年に集中しており，その後については，【75】で述べているように借地権価格の10％でほぼ固まってきていると思われます。

第4章 土地の賃借権譲渡・転貸許可の申立て

【78】 調停に代わる決定について借地借家法59条の適用を否定した。

（東京地裁令和3年10月28日判決・ウェストロー・ジャパン）

事案の概要

　　　　　Xは，Yとの間で借地契約を締結して本件土地を賃借し，その上に本件建物を所有して居住していました。Xは，平成30年4月頃，Zとの間で本件建物および本件借地権を2,300万円で売却する旨の売買契約を締結しました。

　売買契約の特約において，①Xは本件借地権をZに譲渡することについてYの譲渡承諾書を取得することとし，その承諾料はXの負担とすること，承諾書を乙に交付できないときは，Xは，同年12月までであれば，書面による通知のうえ，本件売買契約を解除することができること，②Zは本件土地上において堅固建物を所有することを目的として本件建物を買い受けるため，Yとの間で借地権の目的および借地契約期間の変更を伴った新規土地賃貸借契約を締結できなかった場合，本件売買契約を解除することができることなどが定められていました。

　Xは，平成30年5月，①本件借地権を堅固な建物の所有を目的とするものに変更すること，および②XがZに対して本件借地権を譲渡することを許可することを求めて，Yを相手方として，借地契約の条件変更および賃借権譲渡許可を求める申立てを行いました。同事件にはZも利害関係人として参加していました。

　同事件の裁判所は，調停に付したうえ，令和2年2月に調停に代わる下記内容の本件決定をし，その後確定しました。ここでは，借地借家法59条の適用の有無についてのみ触れます。

　(ｱ)　Yは，本件借地契約を堅固な建物の所有を目的とするものに変更することを認める。
　(ｲ)　Yは，XがZに対して本件借地権を譲渡することを認める。

(ウ) Xは，Yに対し，上記(ア)の借地条件変更および上記(イ)の借地権譲渡の本件承諾料として944万円の支払義務があることを認める。

(エ) Xは，Yに対し，本件承諾料とは別途，解決金として200万円の支払義務があることを認める。

(オ) Xは，Yに対し，本件承諾料および本件解決金を，同年3月末日限り支払う。

(カ) YとZは，同月末日限り，本件土地について本件決定の土地賃貸借契約を締結する。

(キ) X，YおよびZは，XとYとの間，およびYとZとの間には，本件に関し，本件決定に定めるもののほか，何らの債権債務のないことを相互に確認する。

(ク) 調停費用および借地非訟手続費用は各自の負担とする。

　その後，YとZは，面談し，本件土地の新たな賃貸借契約の契約書への調印を試みましたが，Zが本件土地上に新築する建物に対する抵当権設定についてYが事前に承諾するか否かをめぐって合意に至らず，契約書への調印には至りませんでした。

　これを受けて，XとZは，①本件売買契約特約2項に基づいて，令和2年3月付で本件売買契約を白紙解除すること，②XはZに対し，本件売買契約に基づいて受領済みだった100万円を無利息で返還すること，③XとZは他に債権債務がないことを相互に確認し，他方に対して何ら異議を申し立てないものとすることを内容とする契約解除に関する合意書を締結しました。

　Yは，令和2年9月，XおよびZに対し，本件建物を収去して本件土地を明け渡すことなどを求める建物収去土地明渡請求訴訟を提起しました。Yは，本件決定に基づき，本件承諾料および本件解決金を請求債権として強制執行を申し立て，当庁は令和3年3月，Xの所有する建物への強制競売開始決定を発令しました。

　Xは，同年3月，本件請求異議訴訟を提起するとともに，本件訴訟提起を理由として本件強制執行の停止を求め，東京地裁は，同申立てを理由があるもの

と認め，Xに300万円の担保を立てさせたうえ，本件強制執行を民事執行法31条の裁判があるまで停止するとの決定をしました。

しかし，東京地裁は，本件請求異議訴訟については，Xの請求を棄却し，先の強制執行停止決定を取り消しました。

判決の要旨 借地借家法59条の類推適用により本件承諾料および本件解決金の支払義務を定めた本件決定が失効しているか否かについて，Xは，本件決定の実質は借地借家法19条1項の借地権の譲渡許可であることから，同法59条の類推の基礎があるとした上，本件決定が存在しても，実際に借地人と譲受人との間で借地権の譲渡がなされなければ賃借人の地位の移転の効果は生じず，XとYの間の賃貸借契約が存続しているのであるから，本件承諾料および本件解決金の支払義務等を定めた部分は借地借家法59条の類推適用により失効している旨主張する。

確かに，「YとZは，令和2年3月末日限り，本件土地について，土地賃貸借契約を締結することを約束する」との本件決定の文言からすれば，YとZは同日限りで土地賃貸借契約を締結する義務を負うものとは解されるものの，本件決定によって当然に賃貸借契約が締結されるものとまで解することができるかには疑問があり，本件決定によって当然に本件借地契約の賃借人の地位がZに移転していると解することができるかには疑問がある。そして，YとZが現実に本件決定に従って本件土地の新たな賃貸借契約の締結に至ったと認めるに足りる証拠はない以上，本件借地契約の賃借人の地位は依然としてXにとどまっている可能性はある。しかし，賃借権の譲渡承諾は，これによって賃借人が適法に賃借権を譲渡することができるようになるものであるから，それ自体に財産的価値があるものであり，実際に賃借権が譲渡されなかったとしても，それによって譲渡承諾料の請求の根拠を欠くことになるとはいえない。

また，借地借家法59条は，借地権設定者の意思に反して同法19条1項の承諾に代わる許可の裁判がなされたことを前提に，許可の裁判がなされたにもかかわらず借地権者がいつまでも建物の譲渡をせずに放置することで借地関係が不安定になるという事態を防ぎ，借地権設定者の利益を保護する趣旨の規定で

あると解されるところ，本件においては，Yは本件借地権の譲渡自体は承諾した上で，譲渡承諾料を得ることを希望しているのであるから，Xが本件借地権を譲渡せずに6か月を経過したことを理由に本件決定が失効するものと解するのは借地権設定者の利益保護を図る同法59条の趣旨に添わないものというべきであり，本件においては，同条を類推する基礎はないというべきである。

　以上のとおり，仮に本件借地契約の賃借人の地位の移転の効力は生じておらず，XとYとの間で本件借地契約が存続しているとしても，それによって直ちに本件承諾料および本件解決金の支払義務を定めた本件決定の主文が失効するものとはいえない。したがって，Xの主張は採用することができない。

コメント　本件判決には反対です。

　借地非訟事件が調停に付されることは，民事調停法20条4項で明記されており，現実にもしばしばみられるところです。そして，同法17条は，裁判所は，調停の成立の見込みがない場合に相当であると認めるときは職権で調停に代わる，いわゆる17条決定をすることができます。その意味では，調停が当事者の合意に基づくものとは異なり，あくまで裁判所が下す17条決定は借地非訟手続きにおける決定に近いものといえます。そうであれば，本件判決とは逆に借地借家法59条の類推適用を認めてもよかったと思うのです。

　実質的にみても，借地権者の関与が難しい借地権設定者と譲受人との合意が成立しない結果として借地権譲渡が止まっている状況の中で譲渡承諾料等の義務をいつまでも負わせられるのは，借地権者にとってあまりに酷であると思われ，その点からも本件判決に疑問を持たざるを得ません。

【79】 土地賃借権譲渡許可無効確認請求の訴えの利益を否定し，同許可を求めないことの合意は無効とした。

（東京地裁令和3年9月28日判決・ウェストロー・ジャパン）

事案の概要　Yの夫であるAが昭和25年頃にXとの間で建物所有目的で本件土地を賃貸し，その頃にXは本件土地上に本件建物を建築しました。本件土地賃貸借契約は昭和45年頃，平成2年10月に更新されました。AとXは，平成22年10月に公正証書を作成して本件更新契約を結びました。

　公正証書には，「(ア)Xが賃借権を他に譲渡し，又は担保に供しようとするときは，Yの書面による承諾を得なければならない。(イ)Xが賃借権を無断で譲渡し，又は他に転貸したときは，Yは，何らの通知催告を要しないで，本件賃貸借契約を解除することができる。(ウ)Xの推定相続人であるBは，Yに対し，賃貸借期間存続中にXが死亡した場合は，賃借権を無償でYに返還することを約し，また，その場合におけるX所有の建物の処分等に関しては，責任をもって建物を取り壊し，滅失登記をすることを約した。」等の記載がありました。

　Bは，本件建物と本件借地権について，権利者の死亡による相続については一切の相続権と居住権を放棄することを確約し，自らの責任により本件建物を取り壊し滅失登記を行い借地権を返す旨の確約書を作成し，その写しは上記公正証書に添付されました。

　Aは，平成25年12月に死亡し，妻のYが相続により本件土地の所有権を取得し，本件賃貸借契約の賃貸人の地位を承継しました。Xは，Yに対し，令和元年9月頃に第三者に対する本件借地権の譲渡の承諾を求めましたが，同年12月に拒絶されました。Xは，東京地裁に対し，令和2年1月にYを相手方として，本件賃貸借契約に係る土地賃貸借の譲渡につきYの承諾に代わる許可の申立てをし，現在も係属中です。

これに対して，Yは，Xによる本件許可申立てが本件賃貸借契約の信頼関係を破壊するものであるとして本件賃貸借契約を解除し，建物収去土地明渡請求および本件許可申立ての無効確認を求める訴訟を提起しました。

東京地裁は，無効確認請求については却下し，その余の請求は棄却しました。

判決の要旨 本件許可申立ての無効確認請求は，裁判所に対する申立ての法的効力を確認の対象とするものであって，現在の法律関係を対象とするものでないから，原則として，その確認の利益を欠くものといえる。そして，本件許可申立てに係る手続きが係属中であり，仮に申立ての効力が問題となるのであれば，当該手続きにおいて判断され得るから，当該手続き外においてその有効性を確認する必要性はないというべきであり，他に無効を確認する必要性を認めるに足りる事情は見当たらない。

Yは，本件更新契約において，①更新料を取らない代わりにXが亡くなったときは本件建物を取り壊して本件土地を賃貸人に返還すること，②借地権を第三者に譲渡しない上，借地権譲渡の承諾や許可を求めないこと，③地代を増額するものの周辺相場より低い額とすることを合意したことを前提に，Xが本件許可申立てをしたことが，解除原因としての背信行為に当たる旨主張する。

そこで，検討すると，Yは，上記①および②の合意をした旨を記載するCの陳述書を提出する。しかし，その作成者であるCは，YおよびAの子であるとのことであるが，本件更新契約の内容が記載された公正証書の作成に立ち会っておらず，上記の合意を現認していない上，次の事情に照らすと上記陳述書の記載はたやすく信用することができず，他にこれらの合意を認めるに足りる証拠はない。

まず，①についてみると，本件賃貸借契約の平成2年の更新合意の際にも，更新料の約定も，Xが死亡したときに本件土地を返還する約定もないことが認められるのであって，更新料の負担と本件土地の返還の均衡をいうYの主張はその前提を欠いている。また，本件更新契約に，Bが，Yに対し，Xが死亡した場合に賃借権をYに返還し，建物を取り壊して滅失登記をすることを約

したことをいう定めがあるにとどまっていて，賃借人であるXが死亡とともに本件賃貸借契約を終了させることを約していたとは直ちに解し難い。

　次いで，上記②についてみると，本件更新契約には，賃借権を譲渡するときに書面による承諾を要すること，賃借権を無断で譲渡した，または本件土地を無断で他に転貸したときは，無催告解除が可能であること，以上の定めがあるが，その趣旨は，承諾に書面を要求し，解除のための催告を要しない点を除いて，民法612条1項および2項の定めるところと同じである。そうすると，上記各項の趣旨である借地権を第三者に無断で譲渡しない旨をいうものと理解することができ，その限度で②と整合する一方，書面による承諾があれば譲渡が可能な旨をいうとも理解することができ，承諾や許可を求めないとXが約した旨を読み取ることはできない。

　上記③についてみると，この点は本件更新契約に係る公正証書に何らの記載はなく，また，平成2年の更新の際に定められた賃料は1万7,360円，本件更新契約で定められた賃料は2万1,390円であり，賃料は増額されているところ，現行賃料が近隣と比べて低額であることをうかがわせる証拠はない。

　こうしてみると，Yが主張する上記合意が本件更新契約に含まれるとみることは困難であって，本件許可申立てが本件賃貸借契約の解除原因としての背信行為に当たるというYの主張は前提を欠いている。

　仮にYが主張する上記合意がされたとしても，本件賃貸借契約は，建物の所有を目的とする土地の賃借権を設定するものとして昭和25年に締結されたものであって，借地借家法の施行後も更新により存続しているから，借地借家法19条および21条が適用される。上記の合意は，少なくとも，同法19条の許可を求めない趣旨が含まれる点において，同条に反するものといえる。そして，こうした許可を求め得ないことは，借地権者が，土地の賃貸人にとって不利な事情があるか否かにかかわらず，その承諾なく所有物である建物を処分する余地がなくなり，建物の所有権および借地権に係る経済的な利益を得る見込みが減少する点で，借地権者に不利なものと評価できる。

　加えて，借地借家法19条1項は，第三者が賃借権を取得しても借地権設定

者に不利となるおそれがないことを要件とし，また，当事者間の利益の衡平を図るため必要があることを要件として借地条件の変更や財産上の給付を求めることを裁判所に許容している。このことに照らすと，Yの主張する上記の事情は，同項の各要件の審理において考慮されるべきものといえるのであって，こうした事情があるから同項の許可の判断を求め得ないことが直ちに正当化されるとはいえ，XやBにとって不利でないと評価することは困難である。

したがって，上記の合意は，借地借家法19条に反し，借地権者であるXに不利なものといえるから，同法21条により無効とされ，その結果，本件許可申立ては，上記の合意に反するとは評価し得ず，本件賃貸借契約の解除原因としての背信行為に当たらない。

> **コメント** 本件判決には異存ありません。
>
> 　まず，借地権譲渡許可の申立ての無効確認請求については，本件判決が指摘する通り，裁判所に対する申立ての法的効力を確認の対象とするものであって，現在の法律関係を対象とするものでないので，確認の利益を欠くものといえます。
>
> 　実際にも，申立ての効力が問題となるのであれば，当該手続きにおいて判断され得るから，当該手続き外においてその有効性を確認する必要性はないといえます。
>
> 　次に，借地権譲渡許可を申し立てないことの合意は，借地借家法19条1項の規定に反するもので，借地権者に不利益な特約ですから，同法21条の強行規定違反として無効であることは明らかといえます。

【80】 借地権設定者の承諾を停止条件として借地権付建物を買った者による建物の所有権移転登記手続請求を否定した。

(東京地裁平成20年1月11日判決・ウェストロー・ジャパン)

事案の概要　XとZは，平成18年6月に本件土地の借地権付本件建物について6,500万円での売買契約を締結しましたが，本件土地所有者Yの本件売買についての承諾を停止条件としました。Xは，同年8月東京地裁に対し，Yを相手方として賃借権譲渡許可の申立てを行い，Yは同年10月頃，介入権の行使を行いました。Zは，Xに対し，平成19年3月，上記裁判の経過を踏まえ，本件売買の代金を1億3,700万円に変更することを確認するとの書面を交付しました。借地非訟裁判所は，同年4月，XからYに対し，本件土地についての賃借権および本件建物を代金1億910万円で譲渡することを命じました。

　Zは，Xを相手に，①Yの承諾を得られたから停止条件が成就した，②Xが故意に条件譲受を妨げたので条件が成就したとみなされるとして，売買契約に基づき本件建物の所有権移転登記手続請求をしたところ，東京地裁はこれを棄却しました。

判決の要旨　争点①について，Xは，Zの求めに応じ，平成19年3月に本件売買の代金を1億3,700万円に増額することを確認する書面を交付したこと，本件借地非訟事件においてYが介入権の行使を行い，その結果，本件借地非訟裁判所は，平成19年4月，XからYに対し，本件土地についての賃借権および本件建物を代金1億910万円で譲渡することを命ずる旨の決定をしたこと，この決定は確定したことが認められる。

　以上の事実によれば，ZがXに対し売買代金の増額変更を確認する書面を交付した後も，Yは，本件土地の賃借権の譲渡の承諾を与えず，介入権の行使の申立てを維持し，そのまま，本件土地の賃借権および本件建物のXからY

への譲渡を命ずる決定がされ，確定したものであることが認められるのであって，YがXからZへの本件土地の賃借権の譲渡につき承諾を与えなかったことは明らかであり，Zの主張は理由がない。

　争点②について，本件売買の契約書8条は，XとZが協力して本件土地の賃借権の譲渡につきYの承諾を取得するものとし，話合い等で円滑に承諾が取得できないときは，Xは，非訟事件等法的手続きを行うが，法的手続きの結果によっても最終的にYの承諾が得られなかったときは本件売買は不成立と定めている。これは，第1次的には，Yから話し合いによって，本件土地の賃借権の譲渡の承諾を得ることを目的とするが，それができない場合には，借地非訟により，賃借権譲渡の承諾に代わる許可を得る手続きをとることが予定されているといえる。そして，その借地非訟手続きによっても許可が得られない場合には，本件売買は不成立とすることを約したものと解すべきである。

　ここに，許可が得られない場合としては，承諾に代わる許可の申立てが却下された場合のほか，賃借権設定者である土地所有者が介入権の行使を行い，裁判所がこれに基づき，土地所有者へ土地賃借権および建物を譲渡する旨を命ずる決定があった場合も含まれると解される。なぜなら，当該決定があり，それが確定すると，賃貸借関係が終了する効果が生じ，もはや賃借権譲渡についての承諾が取得できないことが確定するからである。

　Zは，Yから介入権の行使があった場合には，XはZにその旨報告すべきであったし，Xは，賃借権譲渡の承諾に代わる許可の申立てを取り下げるべきであったと主張する。しかしながら，仮にYからの介入権行使があった段階で承諾に代わる許可の申立てを取り下げたとしても，Yの承諾を得られるものではなく，Xは，その後，Yの方針が変わって，承諾を得ることができるようになるまで，本件売買に拘束されるという不安定な地位を強いられることになり，契約の解釈としては著しく不合理である。Zは，Xは手付金を受領している以上，当然甘受すべき拘束であると主張するが，手付金の授受がかような不安定な地位を甘受させることまで予定しているものとは解されない。

　以上を前提として，Xが条件の成就を妨げたといえるかにつき判断する。前

示のとおり，Zは，Yから介入権の行使があった際に，賃借権譲渡の承諾に代わる許可の申立てを取り下げるべきであり，取り下げなかったことが，条件成就を妨げた行為になると主張する。Zの主張は，取り下げなかったという不作為が条件成就を妨げたというものであるから，Xに取り下げるべき作為義務があるということが必要である。しかしながら，前示のとおり，介入権行使があった際に賃借権譲渡の承諾に代わる許可の申立てを取り下げるべき義務があったという解釈は本件売買契約の解釈として不合理であり，Xにはかような作為義務は存しないというべきである。また，Zは，Yから介入権の行使があった際には，Zにその旨を報告すべきであったのにそれを怠ったと主張する。しかしながら，平成18年10月にYから本件介入権の行使があった際，X代理人は，Z側のCに対し電話でその旨を伝え，介入権行使の取下げがない限り，Zへの本件建物および本件土地の賃借権の売却は不可能になったことを話したこと，それに対し，Cは，本件借地非訟事件が最終的な結論が出るまで本件売買の契約を維持する旨の申出を行ったことが認められるのであり，Xは，Zに本件介入権の行使に対する対応をどのようにするかの意見を聞く機会を与えたものといえるから，Zの当該主張は理由がない。したがって，Xには，条件成就を妨げたという行為が存しないというべきである。

> **コメント** 本件の経緯からすると，Zが主張する借地権譲渡の承諾という条件成就も，Xが故意に条件成就を妨げたことも，事実としてあり得ないことは明らかと思われます。それにもかかわらず，本件訴訟が提起されたということは，借地権売買を含めた不動産売買が他の売買と比べてけた違いに大きいことから，何としても売買の履行を迫りたいという思いが強かったからかもしれません。しかしながら，相談を受けた弁護士としては，事実経過から判断して，請求が認められない可能性が高い訴訟を提起することには慎重であるべきかと思います。

第5章 競売または公売に伴う土地賃借権譲受許可の申立て

　【81】と【82】は、申立ての要件を欠く却下事例です。

　【83】は、借地権者による借地権確認訴訟の訴えの利益を認めたものです。

　【84】は、借地借家法20条3項が定める期間内に借地非訟の申立てをしなかった借地権者による借地権確認の訴えの利益を認めたものです。

　【85】は、借地非訟事件申立後その裁判確定までの間の建物競落人の敷地の占有権限をどう見るのかという問題です。

　【86】と【87】は、いずれも申立てが棄却された事例ですが、【86】は借地権設定者に不利となるおそれで、【87】は一時使用目的を理由に、それぞれ棄却されています。

　【88】は、競落の場合の財産上の給付について、借地権譲渡の場合と同様に借地権価格の10％としています。

　【89】と【90】は、特殊な借地条件の付随条項の事例です。【89】は解除条項を付し、【90】は敷金交付を命じました。

【81】 競売に伴う借地権譲受許可の申立てについて借地権不存在を理由に却下した。

(東京地裁昭和44年9月5日決定・判タ241号220頁)

事案の概要　Xは、Yから東京都足立区千住仲町所在の本件土地を賃借し、本件建物を所有していましたが、Zが本件建物を競落し、昭和43年11月、競落代金を支払いました。

そこで、乙が賃借権譲受についてYの承諾に代わる許可の申立てをしましたが、東京地裁はこれを却下しました。

決定の要旨　Yは、Xに対し、東京高裁の和解調書による建物収去土地明渡しの債務名義を有し、かつこれに基づき昭和43年7月、右建物の収去命令を取得していることが認められ、Xは本件土地につきZの競落の時すでに賃借権を有しなかったことが明らかである。

よって、本件申立ては前提要件を欠き、不適法として却下すべきである。

コメント　本件では、Zが建物を競落したものの、その建物の敷地の借地権が競落前に消滅していることが和解調書や収去命令などの裁判所の手続きによって明らかであることから、賃借権譲受許可の申立てを不適法としたものです。

競売の記録には借地権の存否について何らかの記載がなされていると思われるものの、本件決定からは判然としません。とはいえ、借地権不存在が明らかである以上、本件決定の結論はやむを得ないといえます。

東京地裁昭和42年11月17日決定・判タ216号249頁も、競落人が競落した建物所有者がその敷地の土地について元々賃借権を有せず、しかも土地所有者による建物収去土地明渡訴訟の判決が確定済みであったことを理由に、競落人の賃借権の譲渡許可の申立てを却下しています。

【82】 競売で借地権付建物を取得した者が共有持分を一部譲渡した後の共有者全員または当初取得者の単独による借地権譲受許可の申立てをいずれも却下した。

(東京高裁平成12年10月27日決定・判時1733号35頁)

事案の概要 X_1 は，平成9年10月に競売による売却により借地権付き建物である本件建物の所有権を取得して所有権移転登記を経由し，同年11月に本件建物について真正な登記名義の回復を原因として X_2, X_3 に各持分3分の1ずつ所有権一部移転登記を経由しました。

そして，X_1, X_2, X_3（以下，総称して「Xら」という）は，本件借地の所有者であるYらを相手に同年12月に借地借家法20条1項に基づき借地権譲受許可の申立てをし，これを受けてYらが当該借地権および建物の譲受申立てをしました。

東京地裁は X_2, X_3 の申立てを不適法として却下する一方，X_1 の申立てを適法としたものの，Yらの申立てを認めました。

これに対し，Xらが即時抗告を申し立て，Yらも X_1 の申立ても不適法であるとして附帯抗告をしたところ，東京高裁は，Yらの附帯抗告を認め，Xら全員の本件申立てを却下しました。

決定の要旨 借地借家法20条1項により土地賃借権譲受許可の申立てをすることができるのは，競売等により借地権付建物を取得した者，すなわち代金を納付した買受人であり，買受人からさらに当該建物を譲り受けた転得者は右申立てをすることができないと解すべきである。

右の場合において，買受人から当該建物を第三者に借地権付きで譲渡しようとする場合には，買受人から同条項による土地賃借権譲受許可の申立てをし，その後または同時に，右買受人から右建物譲渡前に（右許可がされる前は，右許可を条件として）同法19条1項による土地賃借権譲渡の許可の申立てをすべきであり，買受人から第三者への建物譲渡後に，同条項による土地賃借権譲渡許

可の申立てをすることは許されないと解さざるを得ない。

　また，競売手続きにおいて数人が共同して借地権付建物の買受人となったり，一人の買受人が死亡して共同相続が生じたりした結果，当該建物が共有となった場合には，共有者の一部の者だけで借地借家法20条1項の土地賃貸借譲受許可の申立てをすることは許されないと解される。

　なぜならば，右申立ての手続きにおいて，裁判所は，申立てを認容するに当たり必要があるときは借地条件の変更等を命ずることができ，また，借地権設定者が自ら建物および借地権を譲り受ける旨の申立てをしたときは，相当の対価を定めて建物および借地権の譲受けを命ずることができるものとされているところ，このように借地条件の変更等賃貸借契約の内容に変更が生ずる場合には，契約当事者全員が当事者として借地非訟手続きに関与する必要があるし，借地権設定者の右建物および借地権の譲受けの申立てを認容する裁判は，共有物の処分を命じるものであるので，共有者全員が当事者となっていることを要するからである。

　買受人が買受建物を他に全部譲渡後に借地借家法20条1項（これと同法19条1項との併用を含む）による土地賃借権譲渡許可の申立てをすることが許されないことは，右に説示したところから明らかであるが，買受人が買受建物の一部持分を他に譲渡し共有状態になった後においては，買受人を除く共有持分者（持分転得者）は，右借地非訟手続きにおいて本来的に当事者適格（申立人適格）を有せず，かつ，買受人だけでは，共有者全員が当事者とならないことから，同様に当事者適格を有しないといわざるを得ず，右土地賃借権譲受許可の申立ては，買受人を含む共有者全員からでも，買受人単独でも，不適法といわざるを得ない。

　Xらは，本件建物についてX_1が単独で買受人となって所有権を取得した後，その持分の一部譲渡・譲受けをして，Xらの共有とした後に，借地借家法20条1項により土地賃借権譲受許可を求める申立てをしたのであるから，買受人であるX_1からの転得者であるX_2およびX_3の申立てが不適法であるにとどまらず，X_1の右申立ても不適法なものといわざるを得ない。

このような事態が生じたのは，Ｘらにおいて借地借家法に定める手続きを履践せずに建物所有権の一部移転をしてしまったことによるものであり，これによりＸらが不利益を受けるとしてもやむを得ないところである。

以上によれば，本件抗告は理由がないからこれを棄却し，本件申立ては不適法であるからこれを却下すべきであるので，本件附帯抗告に基づきこれを一部結論を異にする原決定を変更することとし，主文のとおり決定する。

コメント　借地借家法20条1項に基づく土地賃借権譲受許可の申立てができるのは，「第三者が賃借権の目的である土地の上の建物を競売又は公売により取得した場合……その第三者の申立てにより」と同条項で明記されている通り，競売等の買受人に限定されているのは明らかです。

したがって，本件でいうX_2とX_3の申立てが許されないのは当然です。

では，買受人そのものであるX_1だけによる申立てが許されるかというと，本件決定が指摘する通り，共有者全員が当事者でなければ裁判所としても付随処分をしたり介入権行使に対応できないことから，これも認められないことになります。

そもそもが，買受人が共有持分譲渡の前に借地借家法20条1項の申立てをしなかったことによるものですから，本件決定の結論はやむを得ないと思われます。

【83】 借地権譲受の承諾に代わる許可を求めている建物競落人による借地権者と借地権設定者間の借地権確認の訴えの利益を認めた。

(大阪高裁昭和 45 年 3 月 18 日判決・判時 603 号 58 頁)

事案の概要　Xは，昭和33年1月にYより本件土地を賃借し，本件建物を所有していたが，昭和39年7月に本件建物について甲のために根抵当権を設定しました。甲が昭和42年10月に根抵当権に基づいて競売を申し立て，Zが同年7月に本件建物を競落し，同年10月に所有権移転登記をしました。他方で，Yは昭和40年3月にXとの間の合意解約により本件土地賃貸借契約は終了したとして，昭和42年8月に建物収去土地明渡請求訴訟を提起しました。そこで，Zは，和歌山地裁に対し，土地賃借権譲渡の承諾に代わる許可申立てをするとともに，この訴訟に参加しましたが，和歌山地裁は，Yの建物収去土地明渡請求を認めました。Zは，控訴する際に，新たにXのYに対する土地賃借権確認訴訟を提起しました。大阪高裁は，Xの控訴を棄却するとともに，新たな訴訟について確認の利益は認めたものの，その請求は棄却しました。

　本訴訟は，訴訟参加の問題などいくつかの論点がありますが，ここでは土地賃借権確認訴訟の訴えの利益の点についてのみ述べます。

判決の要旨　ZのYに対する訴えの利益について考察するに，およそ確認の訴えは，単に当該訴訟の当事者間における権利ないし法律関係にとどまらず，当事者の一方と第三者との間，または第三者間における権利ないし法律関係についても，訴訟当事者間において確認の利益がある限りは，これを提起しうるものと解すべきところ，本件の場合，Zが和歌山地裁に対し，Yを相手に，本件宅地について借地法9条の3の承諾に代わる許可の裁判を求める申立てをなし，現に係属中であることは，当事者間に争いがない。

　ところで，右法条の裁判は，いうまでもなく，特定の借地権の存在を前提と

しており，その申立てを受けた裁判所は，当該借地権の存否についても自ら審理判断し，これに基づいて申立ての許否を決しうべきものと解すべきではあるが，他方，右借地権の存否に関して，当事者間に争いが存する限りは，通常の民事訴訟による裁判によってこれを確定した上で，借地非訟の裁判をなすよりほか，裁判による終局的な解決の途はないうえ，もしZの前記許可裁判の申立てが認容され，それが確定すれば，Zは，本件宅地の適法な賃借権者として，右宅地を正当に占有しうる立場にあることを考えれば，前記認定のように競売によって本件建物とともに本件宅地の賃借権を取得し，前記のように借地非訟の申立てをしているZは，Yを相手に，前記請求の趣旨の如き賃借権の存在確認を求める法律上の利益を有するものと解するのが相当である。

コメント　本件訴訟は，借地権設定者が借地権者を相手に建物収去土地明渡請求訴訟を提起したところ，借地上の建物を競落した第三者が借地権の譲受許可の申立てをする一方で，当該訴訟に参加するとともに，控訴審で借地権者の借地権の確認訴訟を新たに提起したというものです。

　競落した第三者の参加の手続き自体も大きな論点なのですが，本書はあくまで借地非訟の問題を取り上げているので，ここでは参加の問題などには触れません。

　借地権者が借地非訟の申立てをして当該手続きが係属中に，借地権設定者が借地権者を相手に建物収去土地明渡請求訴訟を提起する事例はこれまでにも数件紹介しています。

　これらと異なるのは，本件は借地権設定者が借地権者を相手に建物収去土地明渡請求訴訟を提起しているところに，建物を競落したいわば第三者が借地非訟の申立てをしてその手続きが係属している中で，当該第三者が借地権設定者を相手に「借地権者の借地権の確認」を求めたもので，そのような確認の利益があるかという問題です。

　当該第三者としては，借地権者の借地権があることを前提に本件建物を

競落したものですから，確認の利益があるはずだということで，大阪高裁もこれを認めました。

　もっとも，借地権設定者による建物収去土地明渡請求訴訟の中においても，借地権者の借地権が消滅したか否かが論点になるので，このような確認の利益を認める実益がどれほどあるのか若干の疑問があります。

　なお，本件では，借地権設定者と賃料不払いをしていた借地権者による土地賃貸借契約の合意解約後に競売開始決定がなされたことや，抵当権者に対して合意解約の消滅を通知して当該第三者もこれを知って競落したと窺われることなどから借地権確認請求を棄却しています。

【84】 借地借家法 20 条 3 項で定める期間内に同条の借地権譲受許可の申立てをしなかった競売の買受人に対する建物収去土地明渡請求を認容した。

（東京高裁平成 17 年 4 月 27 日判決・判タ 1210 号 173 頁）

事案の概要　平成 14 年 6 月に東京都台東区下谷所在の本件各建物に強制競売開始決定がなされました。Y は，平成 15 年に本件各建物の敷地である本件各土地を順次売買で取得しました。Y は，同年に東京地裁に上申書を提出し，本件各建物が競落された場合には，借地権の譲渡承諾を拒否し，競落人が借地非訟手続きを申し立てた場合には介入権を行使する旨表明しました。Z が，同年 10 月，本件各建物の買受人となり所有権を取得しましたが，代金納付から 2 か月が経過しても借地権譲受許可の申立てをしませんでした。そこで，Y が Z を相手に建物収去土地明渡請求訴訟を提起したところ，東京地裁は Y の請求を認めました。Z が控訴しましたが，東京高裁は控訴を棄却しました。

判決の要旨　民法 612 条 2 項の解除に関して，Y は，借地権付き建物が競売により譲渡された場合には，賃貸人と競落人との間に人的関係がないため，背信行為と認めるに足らない特段の事情の有無を考慮すべきでないと原審以来主張する。他方，Z は，特段の事情の有無は，純経済的，即物的な事情によってのみ判断されるべきであると当審において主張する。

そこで，検討するに，一般に，借地関係は，信頼関係を基礎とするので，無断譲渡があっても，基礎にある信頼関係を破壊するものでなければ，民法 612 条 2 項の解除権は発生しないというのが判例法理であり，そして，信頼関係の破壊の有無は，通常，賃借人の行為態様，任意譲渡の場合の賃貸人と賃借人との交渉経緯を主な判断資料とするが，借地権付建物が競売により譲渡された場合には賃借人が競落人を選択できないし，賃貸人と賃借人の事前交渉もあり得ないので，賃借人の行為態様，賃貸人と賃借人の交渉経緯を判断資料とするこ

とは通常考えられない。

　しかし，賃借人と競落人との間に直接の契約は締結されず，法による擬制として賃借人から競落人への賃借権の譲渡がされたことになるとはいえ，賃貸借契約が継続的関係であることに変わりはなく，たとえば競落人が暴力団とか風紀上好ましくない営業を予定する者であるなどの人的な関係は，判断資料となり得るのであり，これからみても，借地権付建物が競売により譲渡された場合においても，上記判例法理を排除する理由は見出し難い。

　そうすると，競売の場合には背信行為と認めるに足りない特段の事情の有無を考慮すべきでないとするYの主張および背信行為と認めるに足りない特段の事情の有無を純経済的，即物的な事情によってのみ判断すべきであるとするZの主張は，いずれも失当である。

　進んで，本件において背信行為と認めるに足りない特段の事情があるか否かを以下検討する。

　借地借家法20条1項は，「第三者が賃借権の目的である土地の上の建物を競売又は公売により取得した場合において，その第三者が賃借権を取得しても借地権設定者に不利となるおそれがないにもかかわらず，借地権設定者がその賃借権の譲渡を承諾しないときは，裁判所は，その第三者の申立てにより，借地権設定者の承諾に代わる許可を与えることができる。この場合において，当事者間の利益の衡平を図るため必要があるときは，借地条件を変更し，又は財産上の給付を命ずることができる。」と定め，賃借権の譲渡を受けた競落人の利益を保護すると同時に，賃貸人に財産上の給付の受給権を認め，また，同条2項が準用する同法19条3項は，「裁判所が定める期間内に借地権設定者が自ら建物の譲渡及び賃借権の譲渡又は転貸を受ける旨の申立てをしたときは，裁判所は，同条1項の規定にかかわらず，相当の対価及び転貸の条件を定めて，これを命ずることができる。」と定め，賃貸人に先買権（介入権）を認め，さらに，いつまでも承諾に代わる許可の裁判の申立てができるのでは賃貸人の地位を不安定にするので，同法20条3項は，「第1項の申立ては，建物の代金を支払った後2月以内に限り，することができる。」として申立期間（不変期間）

を定め，賃貸人の利益を保護し，これら各規定が相俟って，競落人と賃貸人の利害の調整を図っているのである。

そこで，競落人が上記申立てをせず，申立期間を徒過したときには，賃貸人の解除が当然許されるわけではないものの，Zのように不動産の売買，仲介業等を目的とする会社など不動産取引やこれに関連する法制度に精通している者が上記期間を徒過するときには，承諾を得られると信じ，それに合理的理由があるなど相当な理由が存する場合でない限り，申立期間の徒過は，解除を許す有力な判断資料になるといわざるを得ない。

これを本件についてみるに，Z担当者とY担当者は二度話し合ったが物別れに終わり，次回の話し合いの予約もされなかったこと，ならびに二度の話し合いにおけるYの態度およびYの執行裁判所に提出した上申書の内容からみて，Yに承諾の意思が全く認められないことに照らせば，Yが承諾するとは到底考えられないので，上記相当な理由が存する場合であったとは認められない。したがって，Zに背信行為と認めるに足りない特段の事情があると認めることはできない。

コメント　まず，借地権付建物が競売により譲渡された場合に，借地契約の解除で一般的に用いられる「信頼関係破壊の法理」，すなわち，借地契約を解除するために背信行為と認めるに足りない特段の事情の有無を考慮すべきであるという考え方の適用について，借地権設定者はこれを否定し，借地権者は純経済的，即物的な事情によってのみ判断されるべきと，それぞれ主張していましたが，本件判決はそのいずれも排斥しました。

借地契約が長期間にわたる継続的関係を予定していることからすると，妥当な判断と思われます。

そのうえで，本件に当てはめると，Zが不動産業者として不動産取引やこれに関連する法制度に精通している者が借地借家法20条3項の申立期

間を徒過したことは解除を許す有力な判断資料になり，Yの承諾を得られると信じる合理的理由が存するとは認められないとして本件解除を認めたのはやむを得ないところと思われます。

なお，Zは別途，Zの申立期間の徒過を奇貨としてYが本請求をしたことは「権利濫用」であると主張していますが，申立期間の徒過はZ自身が招いた結果であるなどとしてこれを一蹴しています。

そもそも，信頼関係を破壊する特段の事情が認められなかったZに，権利濫用の法理を主張する資格はないと思われます。

ところで，東京地裁平成10年10月19日判決・判タ1010号267頁は，借地借家法20条3項の2か月の申立期間について，これを当事者が任意に伸長したり猶予を与えることはできないと判示しています。

【85】 競落人の許可申立後確定までの敷地占有権限を認めた。

(東京高裁昭和59年12月27日判決・判時1158号203頁)

事案の概要　Yは本件土地をXに対し昭和50年6月以来賃貸し，Xは本件土地上に本件建物を所有してきましたが，YはXに対する昭和57年10月4日に送達の訴状において賃料不払いを理由に本件土地賃貸借契約を解除し，建物収去土地明渡請求訴訟を提起しました。

他方で，本件建物を目的とする競売事件において，Zは昭和57年10月8日に売却許可決定を受け，同月10日に代金を納付して本件建物の所有権を取得し，翌年1月7日にÝを相手に借地権の譲受の承諾に代わる許可の申立てをして係属中です。

浦和地裁は，YのXに対する請求を認めましたが，Zが本訴に参加の申立てをするとともに控訴をしました。

東京高裁はZの控訴を認め，YのXに対する請求を棄却するとともに，ZのYに対する許可申立事件で申立ての認容が確定したときは借地権を有することを確認すると判示しました。

ここでは，競落人の許可申立後裁判確定までの間の敷地占有権限に焦点をあてます。

判決の要旨　Zは前記借地非訟事件において賃借権の譲渡の承諾に代わる許可の申立てを認容する裁判が確定することにより，はじめてYに対抗することができる借地権を取得することになるが，一般に借地法9条の3による申立てがされたとき，その裁判確定までの間，建物買受人の敷地占有を無権原なものとして，直ちに土地所有者（賃貸人）への明渡しおよび損害金の支払いを実行させるならば，買受人が後に譲渡許可の裁判を得ても占有の回復等に困難を来たすことは必定であるし，また同条の立法趣旨が建物買受人の敷地利用権の安定を図ることにあることは疑いのないところであるから，同条の裁判手続進行中は，建物買受人の敷地占有をもって確定的に無権原

なものとすることは相当でなく，土地所有者（賃貸人）が明渡請求権およびこれに付随する損害賠償請求権を行使することは許されないと解される。

　したがって，Zは，Yに対し，右譲渡許可の申立てを棄却もしくは却下する裁判が確定し，または，許可の申立ての取下げによって事件が終了したときにおいてのみ，本件土地の明渡義務および不法占有を理由とする損害賠償義務を負うものというべきである。

　そして，本件土地の賃料が月額金3万5,000円であることは当事者間に争いがないから，YのZに対する建物収去土地明渡請求および建物所有権取得の日の翌日より損害金の支払いを求める請求は，前記裁判の確定または取下げによる事件の終了により，Yの承諾に代わる許可の裁判を得られないことに確定したことを前提としてのみ認容されるべきものといわなければならない。

コメント　建物競落人が借地権譲受許可の申立てをした後に，その裁判確定までの間における敷地の占有権原について，これを無権原とみなされると，借地権設定者は，建物収去土地明渡請求および損害金の請求を受けるリスクを負うことになります。これでは，建物競落人としては，安心して借地権譲受許可の申立てをすることができません。

　そこで，本件判決は，借地権譲受許可の裁判手続進行中は，建物競落人の敷地占有をもって確定的に無権原なものとすることは相当ではなく，借地権設定者による建物収去土地明渡請求権などの行使は許されないとしました。

　本許可の制度の立法趣旨を踏まえた妥当な判示と考えます。

【86】 借地権設定者に不利となる虞があるとして競売に伴う借地権譲受許可の申立てを否定した。

（名古屋地裁昭和43年11月28日決定・判夕228号144頁）

事案の概要　本件土地は Y_1 の所有で，Y_1 は Y_2 らにこれを賃貸していたところ，Y_2 は自ら建築した本件建物を昭和32年に甲に譲渡し，本件土地を転貸しますが，昭和38年7月に甲の死亡によりXが本件土地の転借人となりました。

Zは，昭和42年12月に名古屋地裁の競落許可決定により本件建物を競落し，借地権譲受許可の申立てをしましたが，名古屋地裁はこれを棄却しました。

決定の要旨　Zの夫乙は暴力団の大幹部で不動産侵奪罪の疑いで逮捕されたことが新聞紙に大きく報道されたことが認められる。このような事情の下においては，一般人は生計を共にするその妻であるZとの間に仮令Zに資力があっても土地賃貸借関係のような相互信頼を主軸とする契約関係に入ることを嫌うのは当然のことといえる。そして，そのような場合に本件申立てをいれてYら特に Y_1 に強制的にZとの契約関係に入らしめることの不当なることはいうまでもない。借地法9条の2第1項（9条の3第1項）にいわゆる「賃貸人に不利となる虞」とは，かような場合を含むものと解するのが相当である。

コメント　建物を競売により取得した者による建物敷地の借地権譲受許可の申立てについては，支払能力があれば原則としてこれを認めています。

しかし，例外がないわけではありません。本件は，それに該当するとされた事例です。競落した者の夫が暴力団員で，しかも不動産侵奪罪の疑いで逮捕されたことが報道されたというのです。

本来であれば，夫婦とはいえ別人格ですから，仮に夫の職業が風俗営業であるとしても直ちに「借地権設定者に不利となる虞」があることにはならないと思われます。

　しかしながら，夫が暴力団員であることに加えて，不動産を奪われたという犯罪の嫌疑をかけられており，借地権設定者が土地を乗っ取られるという不安感を持つことも十分あり得るところです。結論としてはやむを得ないと思われます。

　なお，福岡地裁昭和43年3月30日決定・判時520号73頁は，競落した会社は同族会社であり，代表者の夫が宅建業法違反で服役中であり社会的信用は必ずしも十分ではないとしつつ，経済的信用に欠けるところがあるとは思えないとして，許可の申立てを認めており，「借地権設定者に不利となる虞」があるか否かの判断は微妙なところがあります。

【87】 一時使用目的を理由に競売に伴う借地権譲受許可の申立てを否定した。

（東京地裁昭和48年1月31日決定・判タ302号265頁）

事案の概要　Yは，東京都豊島区高田1丁目所在の本件土地を所有していますが，Xに対し昭和40年11月に本件土地を含む土地材料置場ならびに加工作業用下小屋として使用する目的で1年と定めて賃貸しました。その後，契約は更新されてきて，Xはその間に本件土地上にプレハブ製の本件建物数棟を建築し，事務所，宿泊所に使用してきました。その後，豊島区から児童公園として利用したい旨の申入れがあり，Yは昭和45年頃，Xに対し本件土地を含む全体の土地の明渡しを求めましたが，Xがこれに応じないためやむを得ず本件土地を除く部分についてだけ明渡しを受け，昭和46年3月にこれを豊島区に売却しました。その後も本件土地の明渡し交渉は続いていましたが，他方で，本件建物に対する競売が開始されました。Zが昭和46年1月にこれを競落し，借地権譲受許可の申立てをしたところ，東京地裁はこれを棄却しました。

決定の要旨　YとXの本件土地賃貸借契約は業務用材料置場として使用することを主目的とする臨時設備その他一時使用のため借地権設定と認めるのが相当であり，また本件全資料によっても，Zが主張する右契約の目的がその後建物所有の目的に変更されたことは認め難い。

　本件申立ての適否について案ずるに，本件土地の賃貸借契約が一時使用のものであり，Yは昭和45年以来現在まで右契約の解約を希望しXと協議を続けていること等前記認定の事情のもとにおいて，賃借人の交替はYにとって財産上の給付によっては償えない不利益を受けることになると認められ，結局，本件申立ては借地法9条の3第1項に照らし理由なきものといわざるを得ず，その余の点に立ち入るまでもなく棄却を免れない。

コメント 本件決定は，本件土地賃貸借契約が一時使用目的であることを理由に借地権設定者にとって財産上の給付によっては償えない不利益を受けることになるとして，競落人による借地権譲受許可の申立てを否定したものです。

　ちなみに，借地法においても，借地借家法においても，一時使用目的の借地について，建物競売を含めた借地権譲受許可の申立ては「適用しない」とはされておらず，申立て自体は認められているものの，やはりハードルは高いものと思われます。

【88】 建物競落人に対し財産上の給付として借地権価格の10％の支払いを命じた。

(東京地裁昭和46年11月19日決定・判タ274号307頁)

事案の概要　　Yは，東京都目黒区中根1丁目所在の本件土地523.64㎡をXらに賃貸し，Xらは本件建物を所有していましたが，本件建物が競売に付され，Zが昭和44年4月に706万3,000円で競落しました。

Zは，土地賃借権の譲渡許可の申立てをしたところ，東京地裁は，借地権価格の10％に当たる229万円の支払いを条件にし，地代を1か月1万2,409円に改定するとしてこれを認めました。

決定の要旨　　本件申立ての認容にともない，当事者間の利益の衡平を図るためZに財産上の給付を命ずるのが相当であり，鑑定委員会の意見によれば，土地賃借権を譲渡する場合，本件土地の属する地域においては譲渡承諾料として賃貸人に借地権価格の10％を支払う慣行があることが認められるので，財産上の給付は同委員会の評価による競落当時の本件借地権価格2,290万7,000円の10％にあたる229万円（万円未満切捨）と定める（鑑定委員会の意見によれば，競落当時の本件建物の価格は34万9,000円であることが認められるので，Zは，競落代金706万3,000円から右建物価格を差し引いた671万4,000円で本件借地権を取得したことになるので，前記財産上の給付は一見低額に過ぎるように見えるが，競売代金は，執行費用を差し引いた分から債権者に配当され，残余があれば抵当権設定者に交付されることになり，抵当建物の敷地を賃貸している賃貸人としては，競売代金の配当にあずかる権利はなく，競落人の利得の一部を賃貸人に配分せしむべき根拠もないのであるから，通常の譲渡承諾料以上の財産上の給付を命ずべきではない）。

コメント 裁判所が建物競落人に対して，賃借権の譲渡許可をする代わりに，借地権設定者に対する財産上の給付を命ずるのが一般的ですが，東京都内では借地権価格の10％を譲渡承諾料として支払う慣行があることを踏まえ，本件決定においても競落人に対し借地権価格の10％の支払いを命じています。

　東京地裁昭和46年4月27日決定・判タ264号378頁も同様に借地権価格の10％の支払いを競落人に命じており，任意の借地権譲渡の場合と同様に，借地権価格の10％の支払いを条件とするのが原則といえます。

　もっとも，東京地裁昭和45年9月22日決定・判タ257号269頁は，東京都大田区久が原5丁目の借地について借地権価格の約20％の支払いを命じ，大阪地裁昭和45年6月1日決定・判タ254号289頁は，大阪市東住吉区平野政所町1丁目の借地について更地価格の12％（借地権割合を4割としているので，借地権価格の30％）と判示した例もあります。

　ところで，本件決定で競落代金との比較が明らかにされていますが，競落代金から建物代金を除いた金額が671万4,000円，これに対して鑑定委員会の意見による借地権価格は2,290万7,000円であることから，その差額1,619万3,000円を利得したかのような記述があります。

　なるほど，競売代金は通常の売買と比べて一定額低いことは認めますが，隣地との境界は確定していないことが多く，建物や敷地内に立ち入ることもできず，相当のリスクを覚悟する必要があり，その分割安となるのは当然ともいえます。

　本件決定では，この差額を根拠に「財産上の給付は一見低額に過ぎるように見える」と述べていますが，私はむしろ逆に感じました。つまり，鑑定委員会の意見に基づく借地権価格が反対に高すぎるのではないかということです。現実に競売で落とした金額そのままとまでは言いませんが，せいぜい1,000万円程度の借地権価格ではないかと推測します。したがって，借地権設定者に支払うべき財産上の給付も，その10％の100万円でよかったのではないかと考える次第です。皆さんはどう思われますか。

【89】 付随条件として解除条項を付した。

(東京地裁昭和46年1月29日決定・判タ261号341頁)

事案の概要 Yは，東京都世田谷区経堂5丁目所在の126坪の本件土地を含む土地を所有しており，昭和35年8月にXに対し本件土地を建物所有目的で賃貸しました。Xは本件土地上に3棟の建物を所有し，うち2棟は鉄筋コンクリート造りの共同住宅です。本件土地賃貸借契約には，賃料を3回以上支払わないときは催告を要せず解除できる旨の無催告解除約款が存在しています。

Zは，昭和43年5月に2棟を1,020万円で，昭和45年7月に1棟を94万円でそれぞれ競落し，借地権譲受許可の申立てをしました。

Yは，無催告解除約款により契約を解除したと争いました。

東京地裁は，Zに対し，250万円の財産上の給付を条件に譲渡許可をしましたが，加えて，賃料を3か月分以上怠った場合は，Yは催告を要せず本件賃貸借契約を解除することができ，この場合は，Zは本件建物を収去して本件土地を明け渡さなければならないことなども付随条件としました。

決定の要旨 本件賃貸借契約には，「賃料を3回以上支払わないときは催告を要せず解除できる」旨の無催告解除約款が存し，解除の意思表示は右特約に基づきなされたものであり，右特約自体は有効であるが，その行使は継続的な信頼関係を旨とする賃貸借の性質上からの制限を受けるものと解すべく，YがXに対しいったん賃料の支払いを猶予し，その猶予期間を特に明示しなかった以上，Yの意思に関わりなく，Xとしては，相当期間の猶予を期待しうるべきものであって，前記約款が存するからといって催告なく解除することは許されず，さらに期間を定めて支払いを催告した上で右期間の経過を待って契約を解除すべき旨と解することが信義則に合する。

したがって，右催告なくして契約の解除をした前記意思表示は無効であって，Xは適法な賃借権を有していたと言いうる。

しかして，Ｚが適法に競売により本件3棟の建物の所有権を取得したことは前示のとおりであるので，本件土地賃借権を譲り受けることがＹに不利となるおそれがあるか否かを判断する。

前記資料によれば，Ｚは，父の経営する甲商店に勤務し，不動産競売を業としているものであり，その具体的収入資産は不明であるが，本件各建物からの収入をもってしても本件賃料の支払能力はあり，また，その支払意思を確保するため，解除条項の借地条件を付すことにより，その経済的信用に欠けるところはない。

さらに，Ｚが，今後争いを起こし誠実な賃借人たることを期待し得ない事情を認めるに足る具体的資料のない本件において，Ｚが不動産競売を業としている事実のみでは賃借人としての社会的信用を欠くとはいえず，本件譲受がＹに不利となるおそれがあるとはいえないので，本件申立ては，後記の条件の下に，これを認容すべきである。

鑑定委員会の意見の要旨は，「Ｚに金250万円の給付をさせ，かつ地代を1か月金1万5,750円（3.3㎡当たり金125円）に増額するのが相当である。すなわち，本件土地の更地価格を3.3㎡当たり金25万円，借地権割合をその80％と評価する。しかし，借地権譲渡の場合，譲渡人が地主に対し名義書換料を支払う慣行は熟成しており，競売による場合は，競落人がこれを負担すべく，その割合は，借地権価格の10％を給付額とする。

25万円 × 0.8 × 0.1 × 126坪 ＝ 252万円 ≒ 250万円

地代は，昭和39年1月に1か月3.3㎡当たり金50円に増額されたものであるが，右合意時点から現在までの更地価格の変動率に従い現地代を定めると上記のとおりとなる。」というにある。

ところで，本件申立ては，競落手続きが2回にわたって行われたため2個の事件になっているが，もともと1個の借地契約に基づくものであるから，併合後は一括して1個の附随処分をなすべきである。

しかして，Ｚに命ずべき財産上の給付額，賃料の増額につき，本件賃貸借の経緯，特に目的変更に際し，Ｙに金20万円の金員の支払いがなされたことを

考慮し，なお昭和44年8月付の鑑定委員会の意見をも参考にし，鑑定委員会の前記意見を相当と認める。

右意見の賃料は，近隣に比し，やや高額であるが，本件土地が堅固建物所有かつ共同住宅として最有効に使用されていることを考慮すると，相当たるを失わないものというべく，許可の効力発生後右金額に増額することとし，なお本件申立後も低額な賃料に甘んじてきたYとこれによって利益を得ているZの利害を考え，Zが本件土地全部の使用を開始した後であることが明らかな建物の競落の日の翌月から右効力発生の月まで，旧賃料との差額相当金をZに支払わせることとする。

さらに，ZはXの賃貸借契約上の義務を承継するものであるが，Zの賃料の支払いを確実にさせ，かつその支払方法を明確にするため，借地条件の一部を変更し，主文の特約を付する。

> **コメント**　付随処分のうち，まず，財産上の給付については，標準的な借地権価格の10％の支払いだけでなく，増額した改定賃料との差額の支払いまで条件としている点に特色があります。
> 　そして，より特徴的なのは，「賃料の支払いを3か月分以上怠った場合は，Yは催告を要せず本件賃貸借を解除することができ，この場合はZは本件建物を収去して，Yに対し，本件土地を明け渡さなければならない」という特約を付した点です。
> 　元々の特約に基づきYが無催告解除したものの，信義則の観点から解除を無効としたことについて，裁判所としてもぎりぎりの判断をしたために，次は許さないぞという警告の意味を込めたものと思われます。
> 　しかしながら，建物賃貸借契約であればともかく，財産的価値が格段に大きい土地賃貸借契約について，わずか3か月分の賃料滞納を理由に無催告解除を認め，かつ強制執行力まで付与するのは付随条件としては行き過ぎではないかと思われます。

【90】 借地借家法 20 条 1 項の付随的裁判として敷金交付を命ずることを認めた。

(最高裁平成 13 年 11 月 21 日決定・民集 55 巻 6 号 1014 頁)

事案の概要

YがAに対して、昭和57年10月、44年間の期間で堅固な建物の所有を目的として本件土地を賃貸し、Aは本件土地上に5階建ての本件建物を建築しました。

本件建物に対し競売がなされ、Xが本件建物を競落し、本件建物とともに本件土地の賃借権も取得しました。

Yが本件賃借権の譲渡について承諾しなかったため、Xが借地借家法20条に基づき賃貸人の承諾に代わる許可の申立てをしました。

大阪地裁の鑑定委員会は、AがYに対して敷金1,000万円を交付していたことから、Xに対し譲渡承諾料を給付させるだけでなく、敷金として1,000万円を交付させるのが相当である旨の意見を出しました。

大阪地裁および大阪高裁は、いずれも賃借権譲渡は認めたものの、付随的裁判としては、譲渡承諾料の給付だけを認め、付随的裁判として敷金交付を命ずることはできないとしました。

そこで、Yが抗告許可の申立てをしたところ、最高裁は現決定を破棄し大阪高裁に差し戻しました。

決定の要旨

原審は、賃借権の譲受けを許可するとともに、付随的裁判につき、借地権価格の10％に相当する額の支払いを命ずることが賃借権の譲受けを許可する場合の財産上の給付の一般的な基準であるとの理由から、Yに491万円の支払いを命ずべきものとしたが、地代はこれを据え置くのが相当であり、敷金については、借地借家法20条1項後段に定める付随的裁判としてその交付を命ずることはできないと判示した。

しかしながら、原審の付随的裁判に関する上記判断は是認することができない。その理由は、次のとおりである。

土地の賃貸借における敷金は，賃料債務，賃貸借終了後土地明渡義務履行までに生ずる賃料相当の損害金債務，その他賃貸借契約により賃借人が賃貸人に対して負担することとなる一切の債務を担保することを目的とするものである。しかし，土地の賃借人が賃貸人に敷金を交付していた場合に，賃借権が賃貸人の承諾を得て旧賃借人から新賃借人に移転しても，敷金に関する旧賃借人の権利義務関係は，特段の事情のない限り，新賃借人に承継されるものではない（最高裁昭和53年12月22日判決・民集32巻9号1768頁）。

　したがって，この場合に，賃借権の目的である土地の上の建物を競売によって取得した第三者が土地の賃借権を取得すると，特段の事情のない限り，賃貸人は敷金による担保を失うことになる。

　そこで，裁判所は，上記第三者に対して借地借家法20条に基づく賃借権の譲受けの承諾に代わる許可の裁判をする場合には，賃貸人が上記の担保を失うことになることをも考慮して，同法20条1項後段の付随的裁判の内容を検討する必要がある。

　その場合，付随的裁判が当事者間の利益の衡平を図るものであることや，紛争の防止という賃借権の譲渡の許可の制度の目的からすると，裁判所は，旧賃借人が交付していた敷金の額，第三者の経済的信用，敷金に関する地域的な相場等の一切の事情を考慮した上で，借地借家法20条1項後段の付随的裁判の一つとして，当該事案に応じた相当な額の敷金を差し入れるべき旨を定め，第三者に対してその交付を命ずることができるものと解するのが相当である。

　これを本件についてみると，原審は，付随的裁判をするに当たり，借地借家法20条1項後段に定める付随的裁判として第三者に敷金の交付を命ずることは許されないとの誤った解釈の下に，付随的裁判の内容を判断したものであって，この判断には，裁判に影響を及ぼすことが明らかな法令の違反があるというべきである。この趣旨をいう論旨には理由があり，現決定は破棄を免れない。

> コメント

　一審の大阪地裁，原審の大阪高裁が否定した敷金の交付について，最高裁が一転してこれを認めたもので，大変意義のある決定といえます。

　賃貸借における敷金については，所有権の移転に伴う賃貸人の地位に承継があった場合と，賃借権の移転があった場合とでは，最高裁は正反対の結論を出しています。

　まず，賃貸人の地位の移転があった場合について，賃貸建物のケースですが（土地賃貸借にも当てはまると思われます），最高裁昭和44年7月17日判決・民集23巻8号1610頁は，旧賃貸人に差し入れられた敷金について，未払賃料債務があればこれに当然充当され，残額についてはその権利義務関係が新賃貸人に承継されるとしたのに対して，最高裁昭和53年12月22日判決・民集32巻9号1768頁は，土地賃借権の移転があった場合，敷金交付者の権利義務関係は新賃借人に承継されるものではないとしています。

　本件判決は，後者の昭和53年最高裁判決を引用して，「賃借権の目的である土地の上の建物を競売によって取得した第三者が土地の賃借権を取得すると，特段の事情のない限り，賃貸人は敷金による担保を失うことになる」ことを理由に，「裁判所は，賃貸人が上記の担保を失うことになることをも考慮して，借地借家法20条1項後段の付随的裁判の内容を検討する必要がある」として，「付随的裁判が当事者間の利益の衡平を図るものであることや，紛争の防止という賃借権の譲渡の許可の制度の目的からすると，裁判所は，旧賃借人が交付していた敷金の額，第三者の経済的信用，敷金に関する地域的な相場等の一切の事情を考慮した上で，借地借家法20条1項後段の付随的裁判の一つとして，当該事案に応じた相当な額の敷金を差し入れるべき旨を定め，第三者に対してその交付を命ずることができるものと解するのが相当である」と結論付けており，妥当な判断と思われます。

　なお，本件は競売による賃借権移転の場合ですが，賃借権譲渡の承諾に

代わる許可の申立ての場合には，現賃借人と賃借権の譲受人との間で敷金返還請求権の譲渡についても予め合意がなされていることが多いと思われるので，競売のように後で紛争になることは少ないかもしれません。

　非訟事件の裁判所としては，付随処分を決めるに当たって，そのような合意がなされているかを確認する必要があると思われます。

第6章 借地権設定者の建物の譲受および土地賃借権の譲受または転借の申立て（介入権行使）

　借地権設定者による介入権行使がなされた場合の決定例をあげています。

　【91】と【92】は，介入権行使を否定した事例です。

　特に，【92】の最高裁決定は，長年にわたり続いていた「またがり建物」に関する論争に終止符を打ったもので，大変意義のある決定です。

　【93】は，介入権行使がなされた場合にはこれを認めるのを原則とし，【94】は，その例外事例をあげています。

　【95】は，介入権行使がなされた場合の譲渡価格について，一般的に借地権価格から譲渡承諾料10％を控除していると述べています。

　【96】は，譲渡代金について，通常使用されている借地権価格を基準とするのではなく，譲渡予定価格を参考にしている珍しい事例を紹介しています。

　【97】と【98】は，借家人がいる場合の借家権価格の控除の問題と借家人の退去を条件にした事例です。

　【99】は，抵当権等の登記がある場合の命令主文の例をあげています。

　【100】は，介入権行使がなされた場合の建物所有権の移転時期との関係で，賃料等の収益がどちらに帰属するのかという問題です。

【91】 土地の共有者の一部の者による介入権行使を否定した。
（東京地裁昭和58年4月13日決定・ウェストロー・ジャパン）

事案の概要　Xの先代Vは、昭和37年、W_2より東京都世田谷区豪徳寺1丁目所在の約57㎡の本件建物を譲り受け、その際にW_2の父W_1が所有している本件土地について土地賃貸借契約を結びました。Xは、昭和54年9月にVから相続で本件建物と本件借地権を承継しました。W_1は昭和44年8月に死亡し、W_2とY_1ないしY_3が相続し、W_2も昭和49年4月に死亡し、Y_4ないしY_8が相続しました。

Xが健康上などの理由から本件借地権をZに譲渡するために許可申立てをしたところ（甲事件）、Yら8名のうちのY_2、Y_3の2名が介入権を行使しました（乙事件）。

ここでは、介入権行使をした乙事件についてのみ触れます。

決定の要旨　乙事件申立ての適否につき検討するに、乙事件は土地を共有する複数の賃貸人のうちの一部の者からの申立てであるところ、このような申立ては、申立てに加わっていない他の賃貸人がこれを承諾している場合は別として、これを認めると申立てに加わっていない者の意思を無視した形で土地賃借権の譲渡がなされることになり、土地賃借権の譲渡につき当事者間の利害調整を目的とする制度の趣旨に反する結果となるので不適法といわざるを得ず、他の賃貸人において乙事件申立てを承諾しているとは認められない本件申立ても不適法として却下を免れない。

コメント　借地権が設定された共有の土地について、借地権の譲渡の承諾に代わる許可の申立てがなされたことに対する介入権の行使は、土地の利用形態を借地から自己使用に回復するという大きな変更行為、すなわち処分行為といえます。

したがって，他の共有者の同意を得なければ行うことができません（民法251条）。
　本件決定が，共有者8名のうちの2名だけという，ごく一部の者による介入権の行使について不適法却下したのは当然と思われます。

【92】 またがり建物の介入権行使を否定した。

(最高裁平成19年12月4日決定・民集61巻9号3245頁)

事案の概要　Xが，Y所有の本件土地とこれに隣接する甲所有の土地をそれぞれ賃借し，両方の土地にまたがって本件建物を建築し所有していました。本件建物が競売となり，Zが本件建物を競売で取得しました。

Zは，Yおよび甲に対して借地権譲受の承諾を求めたところ，甲はこれを承諾しましたが，Yはこれを拒絶しました。そこで，Zが，借地借家法20条1項に基づき承諾に代わる許可の申立てをしたところ，Yが，同条2項，同法19条3項に基づき，自ら本件建物の譲渡および本件借地権の譲受の申立て，すなわち介入権の行使をしてきました。

東京地裁は，Zが借地権譲渡を受けることを許可しましたが，Yの申立てを却下しました。Yは，抗告した上，本件土地のみならず，隣接土地の借地権譲受の許可を求める申立てをしました。

東京高裁は，Yが譲渡を受けることができるのは本件土地に限られており，隣接土地についてまでYが譲渡を受けることは，借地借家法が予定していないなどとして，Yの抗告を棄却しました。

Yが許可抗告の申立てをしたところ，最高裁は，これを棄却しました。

決定の要旨　賃借権の目的である土地と他の土地とにまたがって建築されている建物を競売により取得した第三者が，借地借家法20条1項に基づき，賃借権の譲渡の承諾に代わる許可を求める旨の申立てをした場合において，借地権設定者が，同条2項，同法19条3項に基づき，自ら当該建物および賃借権の譲渡を受ける旨の申立てをすることは許されないものと解するのが相当である。

なぜなら，裁判所は，法律上，賃借権およびその目的である土地上の建物を借地権設定者へ譲渡することを命ずる権限を付与されているが（同法20条2項，

19条3項），賃借権の目的外の土地上の建物部分やその敷地の利用権を譲渡することを命ずる権限など，それ以外の権限は付与されていないので，借地権設定者の上記申立ては，裁判所に権限のない事項を命ずることを求めるものといわざるを得ないからである。

　Yは，Yの設定した賃借権の目的である土地とこれに隣接する甲の所有する土地とにまたがって建築されている建物および上記賃借権の譲渡を受ける旨の申立てをするとともに，上記甲の所有する土地に設定された賃借権の譲渡を受ける旨の申立てをするものであるから，その申立てが不適法であることは明らかであり，これを却下すべきものとした原審の判断は，結論において是認することができる。論旨は採用することができない。

コメント　同じ日に同趣旨の決定がもう一つ出されています。最高裁平成19年12月4日決定・集民226号387頁です。

　同決定は，借地権者Xが借地権設定者Yから借地した土地とこれに隣接するX自身が所有する土地にまたがって建てられた建物を第三者に譲渡しようとした事例ですが，「借地権者が，賃借権の目的である土地と他の土地にまたがって建築されている建物を第三者に譲渡するために，借地借家法19条1項に基づき，賃借権の譲渡の承諾に代わる許可を求める旨の申立てをした場合において，借地権設定者が，同条3項に基づき，自ら当該建物および賃借権の譲渡を受ける旨の申立てをすることは許されないものと解するのが相当である。なぜなら，裁判所は，法律上，賃借権およびその目的である土地上の建物を借地権設定者へ譲渡することを命ずる権限を付与されているが（同項），賃借権の目的外の土地上の建物部分やその敷地の利用権を譲渡することを命ずる権限など，それ以外の権限は付与されていないので，借地権設定者の上記申立ては，裁判所に権限のない事項を命ずることを求めるものといわざるを得ないからである。」と判示しています。「なぜなら」以下はほぼ同文と言えます。

この二つの最高裁決定の論旨は明快であり適正な判旨であることに異論ありません。これによって，長らく借地非訟事件において裁判所を含む実務家を悩ませてきた「またがり建物」の問題が決着したといえます。

【93】 介入権の行使の申立てがあった場合には原則として認められる。

(東京高裁昭和52年6月9日決定・判時862号31頁)

事案の概要　Xは、Yより昭和20年8月に横浜市神奈川区白幡仲町所在の約33坪の本件土地を賃借し、本件建物を所有していましたが、Zに対し本件建物を譲渡するために本件借地権譲渡許可の申立てをしたところ、Yが介入権の行使をしました。横浜地裁がYの申立てを認めたため、Xが抗告しましたが、東京高裁はこれを棄却しました。

決定の要旨　本件は、Xが本件建物をZに譲渡する必要上、借地法9条の2第1項の規定に基づいて、本件建物の敷地である本件土地の賃借権をZに対し譲渡することを許可する旨の裁判を求めたところ、本件土地の賃貸人であるYにおいて、同条3項の規定に基づき、Y自ら本件建物および本件土地の賃借権の譲渡を受けるべき旨の申立てをしたものである。

このような場合、裁判所は相当の対価を定めて建物および土地賃借権の譲渡を「命ずることを得」と規定されており、その文言上では、あたかも裁判所の裁量によって賃貸人への譲渡を命ずべきかどうかを決することができるもののごとくである。

しかし、右3項の規定する賃貸人の譲受申立制度は、一般に賃貸人は賃貸により他人に与えた土地使用権を自己に回復することにつき利益を有すると考えられるところから、賃貸人が借地権の譲渡の意思を示す前記1項所定の申立てをした機会に、賃貸人に右期待利益の実現をはかる機会を与えるのを妥当とするとの法意に出たものと解されるから、前記3項の規定は、裁判所がその裁量によって譲渡を命ずる裁判をするかどうかを決定しうるとする趣旨ではなく、同項の申立てがあったときは、裁判所は、原則として譲渡を命ずる裁判をしなければならないものと解するのが相当である。

ところで、Xが、本件抗告において、原決定を取り消したうえ、Zに対する

本件土地の賃借権の譲渡を許可する旨の裁判を求める趣旨は，原決定がYの借地権譲受けの申立てを認容したことを不当とし，右申立てを棄却してXの申立てを認容する裁判を求める趣旨であると解されるところ，本件においてXは，Yに対し借地権の譲渡を命ずべきでないとする特段の理由につきなんらの主張をせず，またこれを肯認すべき資料も存しないから，この点に関するXの本件抗告は理由がないと言わなければならない。

> **コメント** 旧借地法9条の2第3項では「命ずることを得」，借地借家法19条3項では「命ずることができる」と規定されていることから，素直に読めば，借地権設定者の介入権の行使に対し，裁判所は認めるかどうかの裁量があるようにみえます。
> 　しかしながら，本件決定が述べているとおり，土地使用権を回復する利益を有することから，原則として，言い換えれば特段の理由がない限り，借地権設定者への譲渡を命じなければならないと思います。
> 　では，どういう場合に特段の理由が認められるかですが，【67】で紹介した東京高裁昭和55年2月13日決定・判時962号71頁が以下のように判示しています。
> 　同居している事実上の養子への遺贈について，「投下資本の回収を主たる目的とする通常の取引の場合とは事情を異にするものというべく，このような事情のもとに近親者その他の縁故者に対し借地権を譲渡する場合においても，賃貸人に優先買受権を認めることは，借地人の意思を全く無視し，かえって前示した借地法9条の2第3項の趣旨を失わせる結果となるというべきである。それゆえこのような場合には，賃貸人に優先買受権はないと解するのが相当である。」と述べて，借地権設定者の介入権を否定しました。
> 　要するに，遺贈は通常の借地権の譲渡にはあたらず，「特段の理由が認められる」ということでしょうか。

【94】 無条件承諾特約が付された場合の介入権行使を否定した。

(東京高裁平成 30 年 10 月 24 日決定・判タ 1464 号 40 頁)

事案の概要　XとYは、昭和39年5月、本件土地につき堅固建物所有目的で賃貸借契約書を作成しましたが、権利金600万円の支払いと、Xの都合により本件土地を転貸または賃借人名義を変更する場合、Yは新たな条件を付さないでこれを承認するものとする旨の本件無条件承諾特約が付されていました。

Xが、本件土地上に建築した本件建物と借地権を譲渡しようとしましたが、Yがこれを認めないために、借地権の譲渡許可の申立てをしたところ、Yが介入権行使の申立てをしました。

東京地裁がXの申立ては認めたものの、Yの申立てを棄却したため、Yが抗告したところ、東京高裁はYの抗告を棄却しました。

決定の要旨　そもそも賃貸人の承諾がある場合は、借地借家法19条1項の「借地権設定者がその借地権の譲渡又は転貸を承諾しないときは」との要件を欠くのであるから、同項の申立ての利益がなく、同項の申立てを却下すべき（その場合、当然同条3項の申立ても申立ての利益を失うから却下することになる）ともいえるが、承諾の存在に争いがあるなどの理由で賃借人が同条1項の申立てをする場合には、権利関係を明確にし紛争を防止するために申立ては適法と解されているにすぎないことからすれば、賃貸人の承諾が認められる場合は、同条3項の申立てを認める余地はないというべきである。

これを本件についてみると、本件借地権には本件無条件承諾特約が付され、Yは、Xに対し、あらかじめ本件借地権の譲渡または本件土地の転貸につき無条件の承諾をしているのであって、本件賃借権の譲渡は民法612条によって制限されず、本件賃貸借契約の解除原因にならないから、同条3項に基づくYの申立ては棄却されることになる。

> **コメント** 借地権の譲渡や借地の転貸については，民法612条により借地権設定者の承諾が必要で，承諾を得ずに行った場合には解除事由となります。
>
> ところが，本件のように無条件承諾特約が付されている場合には，承諾が不要で，承諾なしに行っても契約を解除されることはありません。
>
> そこで，本来であれば，借地権者としては借地権譲渡許可の申立て自体不要ともいえますが，借地権設定者がこの特約の効力を争っているので，両者間の調整を図る趣旨で定められた本件申立ては認めるものの，裁判所としてこの特約の存在を認定する以上，借地権設定者からの介入権行使を否定するのは当然といえます。

第6章 借地権設定者の建物の譲受および土地賃借権の譲受または転借の申立て（介入権行使）

【95】 借地権価格から承諾料相当額約10％を控除した。
（東京地裁平成3年12月20日決定・ウェストロー・ジャパン）

事案の概要　Yは、Xに対し、東京都中央区京橋1丁目所在の土地912.56㎡のうちの77.85㎡を非堅固建物所有目的で賃貸し、Xは本件土地上に木造瓦葺2階建て建物を所有しています。XがZに対し、本件建物とともに本件借地権を譲渡するために借地権の譲渡許可の申立てをしたところ、Yが介入権行使の申立てをしました。

東京地裁は、XからYに対し、本件土地の借地権および本件建物を9億7,282万1,000円で譲渡することを命じました。

Yは、Zへの譲渡がすでになされておりYの契約解除により賃借権が消滅した旨の主張もしていますが、ここでは、譲渡価格の点に絞ります。

決定の要旨　当裁判所は、鑑定委員会の意見（平成3年7月24日付）のとおり、本件土地の更地価格を14億4,022万5,000円（1㎡当たり1,850万円）、借地権はその約75％に当たる10億8,016万9,000円と評価し、右借地権価格から譲渡承諾料相当額1億801万7,000円（借地権価格の10％）を控除し、建物価格66万9,000円を加算した9億7,282万1,000円を、申立てを認容する場合における対価とするのが相当であると認める。

コメント　本件決定は、借地権価格を更地価格の75％とし、そこから譲渡承諾料に相当する借地権価格の10％を控除した金額をもって、借地権設定者が支払うべき借地権の譲渡対価としたものです。

東京地裁で最もよく使われている介入権行使の場合の借地権譲渡価格の決め方と思われます。

【96】 建物および借地権の譲渡代金について第三者への譲渡予定価格を基準に算定した。

（東京地裁昭和 47 年 6 月 13 日決定・判タ 282 号 387 頁）

事案の概要　X は，Y から東京都葛飾区新小岩 3 丁目所在の約 30 坪（私道別途 12.7 坪）の土地を非堅固建物所有目的で賃借し，本件土地上に木造平屋建てを所有していますが，Z に対し本件建物を譲渡しようとして借地権の譲渡許可の申立てをしたところ，Y が介入権行使の申立てをしました。

東京地裁は Y の申立てを認めましたが，譲渡代金については Z への譲渡予定価格を参考にしています。

決定の要旨　鑑定委員会の意見の要旨は，「地主が買い受ける場合の本件土地の借地権の対価は金 327 万 1,000 円，建物の対価は金 25 万円，合計金 352 万 1,000 円とするのが相当である。すなわち，本件土地の更地価格は 3.3 ㎡ 当たり金 24 万 3,000 円で，借地権割合はその 65％，借地権価格は 3.3 ㎡ 当たり金 15 万 7,950 円で，合計金 479 万円（1,000 円未満切すて）となる。本件建物の価格は，原価法により再調達原価を推定し経過年数に応じた減価修正および観察減価修正をなすと金 25 万円（1,000 円未満切すて）となる。

ところで，本件資料によると，X は本件土地の賃借権および本件建物を第三者に金 400 万円で譲渡を予定しているというのであり，仮に右譲渡がなされた場合には，X は Y に対し，いわゆる譲渡承諾料として前記借地権価格の 10％ に当たる金 47 万 9,000 円を右譲渡代金から支払うべきであり，そうすると X の手取額は金 352 万 1,000 円となる。そこで鑑定委員会としては，X および Y の利害を調整勘案して，地主が買い受ける場合の借地権相当額を右金 352 万 1,000 円から前記建物価格金 25 万円を差し引いた金 327 万 1,000 円と決定した」というにある。

鑑定委員会の借地権価格についての意見は，地価公示価格を規準とし取引事

例比較法，近隣の標準的借地権割合等により客観的に算定された借地権価格を下回り，現実の申立人の譲渡予定価格を基準として算定されたものであるが，X代理人が右意見書につき特に意見はない旨述べていること等の事情も勘案し，当裁判所も鑑定委員会の算定した借地権および建物の対価を相当と認め，YがXに対し支払うべき譲渡代金を352万1,000円と定める。

コメント 借地権の譲渡代金については，【95】でも述べたとおり，更地価格に一定の借地権割合を積算して借地権価格を算出し，そこから譲渡承諾料10％を控除した金額とするのが一般的です。

これに対し，本件決定は，第三者への建物代金を含む譲渡予定価格を基準としつつ，そこから上記の一般的な算出方法による借地権価格の10％に当たる譲渡承諾料および建物代金を控除したものを借地権相当額としています。

本件でも，第三者への譲渡予定価格は，更地価格に一定の借地権割合を積算した価格よりも低い数字であり，その限りでは私が本書において実際の取引価格（ここでは譲渡予定価格）を重視すべきであると繰り返し述べていることに沿うものとは言えます。

しかしながら，他方で，控除されるべき譲渡承諾料については，譲渡予定価格の10％ではなく，いつもの更地価格に借地権割合を積算した借地権価格の10％としたことについては，一貫性に欠けるもので，借地権者には不利益であると思われます。

私の試算では，譲渡予定価格400万円から建物価格25万円を控除した375万円を借地権価格として，その10％に当たる37万5,000円を譲渡承諾料として控除した337万5,000円に建物代金25万円を足した362万5,000円を譲渡代金とすべきであると考えます。

この結果，本件決定の譲渡代金よりも10万4,000円増額すべきと思われます。

なお，神戸地裁昭和56年10月29日決定・判時1050号115頁は，

譲渡代金について，一般的な借地権価格を基準とした方法による鑑定委員会の意見を排斥して，所得税法の規定による方法を採用しており，その結果，約4分の1の価格となり，興味深い事例といえます。

【97】 借地権価格および建物価格から借家権価格を控除した。

(東京地裁昭和58年3月25日決定・判時1086号118頁)

事案の概要　Xは、Yより東京都豊島区西池袋5丁目所在の767.64㎡の本件土地を昭和66年8月までの期間で普通木造建物所有目的にて賃借し、本件土地上に3棟の木造建物を所有し、いずれも第三者に賃貸しています。Xは、1棟の建物賃借人Zに対し、本件建物および本件借地権を譲渡するため借地権譲渡許可の申立てをしたところ、Yが介入権行使の申立てをしました。東京地裁はYの申立てを認めましたが、相続税財産評価基準通達の評価方法による借家権価格の減額をしました。

決定の要旨　本件建物は、前記のとおりいずれも第三者に賃貸中の物件であり、本件建物をYに譲渡する場合には、Yが右の借家関係を承継すべきであるから、本件建物および借地権の対価を定めるに当たっては右の事情を考慮しなければならない。

けだし、本件建物および借地権は前記借家人居着きのままYに譲渡を命ずることになるところ、取引物件に借家法によって保護される借家人の権利が付着している事情は、市場性において相当な価格減殺要因となるからである。

ところで、右の点に関する参考として、相続税財産評価に関する基本通達28項および93項によると、貸家の目的に供されている借地権(通達にいう「貸家建付借地権」)および借家権の目的となっている家屋の価額は、借地権およびその家屋の価額から各価額にその貸家に係る「借家権割合」を乗じて計算した価額を控除した価額によって評価するものとされ、東京国税局の昭和57年分相続税財産評価基準評価倍率表によれば、右の「借家権割合」は100分の30としている。そこで、本件建物および借地権の対価の決定に当たり、右評価基準に準じて前記のような借家人居着きの事情を価格に反映させることとする。

借地権　5億3,734万8,000円 × (1 − 0.3) = 3億7,614万3,600円

建　物　(123万円 + 62万円 + 635万円) × (1 − 0.3) = 574万円

合　計　3億8,188万3,600円

　右は，本件借地関係の従前の経緯，残存期間など，本件借地契約当事者間の個別的な事情を反映していない価額であり，賃貸人であるYが買い受ける場合には，さらに，借地権の交換価値の実現に当たり公平の見地から地主に配分を相当とする分の減価を考慮すべきである。そして，鑑定委員会の意見は，本件の場合5,400万円（前記名義書換料相当額）を控除すべきものとしており，右意見は妥当なものと考えられるので，これを採用する。

3億8,188万3,600円 − 5,400万円 = 3億2,788万3,600円

　次に，本件建物譲渡により，各借家人に対する敷金返還債務がYに承継されることになるので，前記敷金合計1,219万7,000円を控除する。

3億2,788万3,600円 − 1,219万7,000円 = 3億1,568万6,600円

　そこで，3億1,600万円を本件における対価と定める。

コメント　借地権者が建物とともに借地権を譲渡する場合に，その建物に借家人がいると，一般的に空家と比べて売買代金が下がる傾向にあります。そこで，本件のように借地権設定者が介入権行使をした場合にも，借家権割合などを考慮して減価するのが一般的です。

　ただし，本件のように相続税財産評価基準に基づく減価をするとは限りません。千葉地裁昭和47年3月2日決定・判時685号123頁は，借地権価格の10％と建物価格の40％を合計して借家権価格を算出しています。

　また，上記のような借家権割合による算定方式ではなく，東京地裁昭和43年11月22日決定・判タ229号289頁や，東京地裁昭和43年12月10日決定・判タ229号293頁のように借家人の差額家賃や引越費用などの移転補償費を控除する方法もあります。

　他方で，賃貸不動産でまだまだ収益が見込まれる建物については，むしろ借家人がいる方が収益が上がるので，上記の減価を必ずするとも限らないので要注意です。

【98】 借地権者が借家人を退去させることを条件に介入権行使を認めた。

（東京地裁昭和 57 年 3 月 5 日決定・ウェストロー・ジャパン）

事案の概要　Xは，Yより東京都豊島区北大塚 3 丁目所在の 64.74 ㎡の本件土地を賃借して，木造 2 階建て建物を所有していますが，Zに譲渡するために土地賃借権譲渡許可の申立てをしたところ，Yが介入権を行使しました。

東京地裁はXがYに本件建物および土地賃借権を売り渡すことを命じましたが，Xが建物の所有権移転登記手続きとともに建物占有者を退去させて明け渡すことと引き換えに譲渡代金の支払いを受けることとしました。

決定の要旨　鑑定委員会は，本件土地の更地価格を 2,848 万 6,000 円（1 ㎡当たり 44 万円），借地権価格を 1,954 万 1,000 円，本件建物価格を 214 万 2,000 円とみたうえ，本件建物には賃借人があるが昭和 57 年 5 月退去予定であるからその借家権を考慮しないとして，Yが本件建物および土地賃借権を譲り受ける場合の対価を 1,972 万 9,000 円（本件建物価格に本件借地権価格の 90％を加えた額）とするのを相当とする旨の意見を提出している。

Xは，第 3 回審問期日において，乙事件の申立てが認容されたときには，本件建物の占有者をXにおいて退去させたうえ，同建物をYに引き渡す旨申し述べた。当裁判所は，本件記録に現れた諸事情，従来の裁判例および当事者双方の意見に照らし，右鑑定委員会の意見は相当であると認めるので，これを採用することとする。

本件において，譲渡対価の支払義務と，建物所有権移転登記手続義務および建物の占有者を退去させてこれを明け渡す義務とを同時履行の関係とするのが相当である。

> **コメント**　本件決定は，建物に借家人がいるにもかかわらず，それによる譲渡代金の減額をしませんでした。
>
> 【97】で述べているとおり，賃貸マンションで今後の収益が望める場合ではないのに減額をしなかった理由として2か月後に退去予定であることを挙げていますが，借家人の立退きはそう簡単ではありません。
>
> 立退きを確約する書面があったとしても，それを実行するかは分からないからです。
>
> もっとも，本件決定は，減額をしない代わりに，借地権者に借家人を退去させることを条件としました。
>
> 実際に履行されたのかは不明ですが，珍しい事案として紹介しました。

【99】 根抵当権設定仮登記がある場合に根抵当権を考慮しない譲渡価格の供託を条件とした。

(東京高裁昭和 45 年 11 月 27 日決定・判時 614 号 57 頁)

事案の概要　X₁, X₂（以下，「X ら」という）は，Y より埼玉県鳩ケ谷市南 2 丁目所在の 20.5 坪の本件土地を賃借し，2 階建て木造共同住宅の本件建物を所有しています。

本件建物には，X₁ の甲に対する債務の担保のため債権元本極度額を 100 万円とする根抵当権設定仮登記がなされていました。

X らは，Z に本件建物および本件借地権を譲渡するために借地権譲渡許可の申立てをしたところ，Y が介入権行使の申立てをしました。

浦和地裁は，Y の申立てを認め，借地権価格 72 万 4,400 円と本件建物価格 30 万 3,600 円との合計額 102 万 8,000 円から極度額 100 万円を控除した 2 万 8,000 円での売渡しを命じました。

これに対し，X らが抗告したところ，東京高裁は，原判決を変更し，X らが Y に対し，本件建物を 30 万 3,600 円で，本件借地権を 72 万 4,400 円でそれぞれ譲渡することを命ずるとともに，X らが Y に対し，Y が 102 万 8,000 円を供託するのと引き換えに本件建物を引き渡し，譲渡命令による所有権移転登記手続きをせよ，との判決をしました。

決定の要旨　記録によると，右根抵当権については債権元本極度額のほかに日歩金 4 銭の遅延損害金の登記を経由しているのであるから，抵当権の実行を阻止するには Y は民法 374 条 2 項の適用上損害金も負担しなければならない場合があるのみならず，X₁ の前記債務は抵当権の実行によってのみ消滅させられるものではなく，仮に，X₁ が任意に債務の弁済をした場合には X₁ と Y との間で本件外で解決しなければならない複雑な法律関係を生じることは明らかである。

建物および賃借権の譲渡を命じる裁判がたとえ非訟事件として行われるとし

ても，当該裁判を基礎に新たな法律上の紛争を生じさせることはできる限り避けるべきであり，非訟事件の裁判であっても，その裁判内容は一義的，明白であるべきであるから，当事者による任意の履行を求めるような手段を用いるべきではない。

　Yは，Xらが前記根抵当権の抹消登記を経由した上で，本件建物所有権および本件土地に対する賃借権を譲渡すべきことを求めているが，Xらにおいて前記根抵当権の抹消登記手続きをすることは記録上ほとんど期待できないから，右のような方法を命じることは本件建物をめぐって当事者間に新たな紛争を生じさせるにすぎない。

　そこで，当裁判所はXらに対し，Yに前記価格合計金102万8,000円をもって，根抵当権の負担のある本件建物所有権および本件土地に対する賃借権を譲渡することを命じ，民法577条によれば抵当権等の負担のある不動産の買主は滌除の手続きを終えるまではその代金の支払いを拒むことができるとされる一方，同法578条において，右の場合，売主が買主に対して代金の供託を請求することができる旨規定されている趣旨を勘案し，Yが右金額を供託するのと引き換えにXらに本件建物の引渡しおよび譲渡命令による所有権移転登記手続きをすることを命じ，原決定を右のとおり変更し主文のとおり決定する。

コメント　借地権設定者が介入権を行使して，裁判所がこれを認めるに当たり，借地上の建物に抵当権等の本登記あるいは仮登記がされていると，裁判所はその取扱いに悩んでいるようです。

　決定例としては，①借地権者に対し抵当権等の登記の抹消ならびに建物所有権移転登記と引渡しを命じ，借地権設定者に対してはこれらと引き換えに代金の支払いを命じる方法，②借地権設定者に建物に対する抵当権等の負担を任せ，負担を超える部分の対価の支払いをさせるのと引き換えに借地権者に建物所有権移転登記と引渡しを命じる方法，③建物の抵当権等を考慮しない譲渡価格を定め，借地権設定者が譲渡価格相当額を供託する

のと引き換えに，借地権者に建物所有権移転登記と引渡しを命じる方法，があります。

東京地裁昭和43年5月22日決定・判時522号74頁が①の方法によっています。しかしながら，建物および賃借権の譲渡をしようとする借地権者に抵当権の抹消を期待することは実際上難しいのではないかという批判があります。

本件の一審の浦和地裁決定は②ですが，これに対する本件決定の批判，とりわけ法律関係が複雑になるというのはもっともで，命令を出す裁判所としては一般的に躊躇すると思われます。

本件決定は③を採用しています。①，②と比べてなるほどバランスの取れた方法と思われますが，借地権者がこれに容易に応じるかという実務上の問題があります。

本件決定では「滌除」の手続きが述べられていますが，その後の民法改正で今は「抵当権消滅請求」の制度に変わりました。もっとも，実質的な内容はさほど変更がないので，本件決定に影響を与えるものではありません。

なお，札幌地裁昭和43年9月2日決定・判時544号80頁が，これまでに述べた三つの方法を網羅したかのような主文を挙げていますが，私には複雑すぎて理解しがたいものです。

【100】 介入権行使による借地上の建物の所有権移転時期は非訟事件の決定確定時である。

（東京地裁平成28年3月17日判決・ウェストロー・ジャパン）

事案の概要　Yは，東京都目黒区所在の本件土地を所有し，Xに対し賃貸しており，Xは本件土地上に本件建物を建築して所有していました。Xは，平成23年に本件建物につき強制競売開始決定による差押えを受け，平成24年11月，Zが本件建物を競落しました。ZがYに対し，借地権の名義変更につき承諾を求めましたが，Yがこれを承諾しなかったため，ZはYを相手方として，同年12月，競公売に伴う借地権譲受許可の申立てをしました。Zは，平成25年3月，Xに対し本件建物を，賃料月額55万円，敷金55万円で賃貸しました。YがXに対し，平成26年2月，上記借地非訟の申立てに対し，介入権の行使を申し立てたところ，平成27年1月20日に決定が出され，Yの介入権の申立てが認められ，同決定は同年2月に確定しました。

その後，Y代理人から同年2月に本件決定に従った決済条件等を提示しましたが，Zが本件決定には本件建物に対する消費税額が加算されていないとして消費税額約223万円を加算した精算書を送付しました。

Yは，同年3月，東京法務局において本件決定に基づく譲受代金5,858万円を供託し，その供託書をもって本件決定について執行文を取得し本件建物につき所有権移転登記手続きを経ました。

そこで，YがZを相手に，Zが本件非訟事件の決定確定後も本件建物の賃料を取得し敷金を保持していることが不当利得であるとして約160万円の支払いを求めて提訴したところ，東京地裁はこれを認めました。

判決の要旨　本件決定は，平成27年2月をもって確定しているから，これによって本件賃貸部分の賃借権および本件建物につき譲渡の効力が生じ，Yはこれらの権利を取得する。そして，本件建物所有権の移転に伴い，本件借家契約上の賃貸人たる地位もYに移転するから，Zは，同契

約に基づき賃料を取得する法律上の原因を失い，また，敷金関係をYに承継する義務を負う。そうすると，本件決定の確定日以降にZがXから賃料を取得すること，およびXから交付されていた敷金を保持することは，いずれもYとの関係で法律上の原因がないから，不当利得となる。そして，ZがXから，平成27年2月分および3月分の賃料を受け取ったこと，敷金55万円の交付を受けてこれを保持していることが認められる。したがって，Yの請求には理由がある。

これに対し，Zは，本件供託は受領拒絶の要件を満たしておらず無効であり，その結果，本件借家契約に基づく賃料の取得や敷金の保持は不当利得にならない旨主張する。しかしながら，仮に本件供託が無効であり，Yの本件建物に係る所有権移転登記が無効であったとしても，本件決定の確定による本件建物譲渡の効力には影響を及ぼさず，Zは，Yとの関係では，本件建物の所有権移転とそれに伴う本件借家契約上の賃貸人たる地位の移転を争い得ない。したがって，その場合でも，本件決定確定後の本件借家契約に基づく賃料はYに帰属するのであるから，Zの主張は失当である。

なお，念のため，本件供託の有効性について検討するに，Yは，本件決定確定後，本件建物について早期の所有権移転登記手続きを望み，Zに対して同決定の内容を実現する準備を促していたところ，Zは，決済日や決済場所については Yの提案に同意しながら，本件精算書を送付し，本件建物の譲渡に伴う消費税が約222万円であるとの計算結果を基に，本件決定で定められた金額にこれを加算した約6,080万円の支払いを求めたものである。この点，Zは，こうした申し出について，Yが納得しなければ，さらに協議を続けてもよいし，Yが態度を硬化するようであれば，ひとまず本件決定に記載された金額と引き換えに本件建物の所有権移転登記手続きに協力することもやむを得ないと考えていたと弁明する。

しかしながら，本件決定の確定により，Yは，本件決定で定められた金額さえ支払えば，本件建物の所有権移転登記を受けることのできる地位を確定的に取得し，逆にZは，Yから当該金額の提供がされれば，所有権移転登記手続

きに応じざるを得ない地位に立ったのであるから，どのような名目にせよ，本件決定で定められた代金額を増額する内容の申し入れについて，YがZとの間で協議する義務を負うことはないし，上記のような地位にあるZから，そうした申し入れがされれば，少なくとも協議をしないうちは本件決定に基づく代金額のみの提供では受領を拒絶するとの意思が表されたものと解されてもやむを得ないというべきである。

したがって，ZがYに対し本件精算書を送付し，本件決定で定められた金額に消費税を加算した金額をもって，本件建物譲渡に伴う精算金額として提示したことは，受領拒絶に当たると解するのが相当である。

なお，Yは，Zとの間で合意していた決済期日の翌日である平成27年3月3日に本件供託を行っているから，上記決済期日には5,858万円を用意していたことが推認され，弁済の提供があったものと認められる。よって，Yによる本件供託は，民法494条の定める要件を満たしており，有効である。

> **コメント** 本件判決のうちの前段については，若干疑問があります。
> 「本件供託が無効であり，Yの本件建物に係る所有権移転登記が無効であったとしても，本件決定の確定による本件建物譲渡の効力には影響を及ぼさず，Zは，Yとの関係では，本件建物の所有権移転とそれに伴う本件借家契約上の賃貸人たる地位の移転を争い得ない。したがって，その場合でも，本件決定確定後の本件借家契約に基づく賃料はYに帰属するのであるから，Zの主張は失当である。」という点です。
> 確かに，「物権の設定及び移転は，当事者の意思表示のみによって効力を生ずる。」(民法176条)として，最高裁昭和33年6月20日判決・民集12巻10号1585頁も，「特定物を目的とする売買においては買主に対し直ちに所有権移転の効力を生ずる」と判示しています。
> しかしながら，民法改正で危険負担が債務者負担の原則に変更されたこと(民法536条)や，売買契約の実務における所有権移転時期がむしろ決

済時，つまり代金支払いおよび所有権移転登記手続きの時期とするのが原則であることを踏まえると，時期の点はともかくとして，後段の「なお，念のため」として付言扱いしているところは本論ととらえるべきだと思います。

そこで，後段の「供託の有効性」に入りますが，借地非訟の決定後のYのZとのやりとりなどをみると，Yは一貫して早期に代金の支払いの準備と所有権移転登記手続きに向けて動いており，反面で，Zの主張する建物消費税の上乗せについては，裁判所の確定した決定を覆そうとするものといわざるを得ず，供託の有効性は認められてしかるべきと思います。したがって，有効な供託に基づく所有権移転登記手続きも有効であり，本件判決の結論としては問題ないと考えます。

なお，Yとしては，建物消費税の処理については，別途国税当局と相談することになるでしょう。

終わりにかえてのお願い

　首都圏とそれ以外の大阪を含む地域では，土地の価格が大きく違います。特に，東京都心の23区内の土地は極めて高く，一般人にはとても買えるものではなく，そのために借地でもよいからその上に自分の建物を建てたいと思う人が多いと思われます。これに対して，首都圏以外の大部分の地域の人は，建物を建てるのであれば素朴に土地も自分の所有地にと思い，しかも手の届く範囲で土地も買えます。つまり，土地の圧倒的な価格差から，首都圏における借地への需要が大きいので，その結果として，首都圏の借地非訟事件の割合が高くなっています。

　借地上の建物の増改築や借地権売買が現実的な問題となるのは，借地上の建物が老朽化して，借地権者が選択を迫られた場合です。借地権を保持して建物を増改築するか，借地権を売却するか，借地を借地権設定者に返還するかです。増改築するには増改築費用の他に借地権設定者に承諾料を支払わなければならず，相当高額になります。自己資金が足りず借り入れをしようとすると，金融機関から担保を要求されます。借地上の建物の差し入れに対しては，競売などで借地権が移転された場合に予め無条件で承諾する旨の借地権設定者の承諾書を要求されることがあります。また，借地権の売買でも買主が借入金で購入する場合に同じような承諾書を求められます。

　借地権設定者にしてみれば将来の承諾料を放棄するに等しいので，承諾書への署名を拒絶するのはやむを得ません。このために，借地権者は増改築や売買を断念し，借地を返還する選択しかなくなることが多いのです。つまり，借地権者は，借地非訟事件の土俵に乗ることさえできないわけです。これに対して，首都圏では借地への需要が多いので，金融機関もそこまでの承諾書を求め

なくても融資する場合があると聞きます。金融機関に対しては，借地権設定者が了解し難い承諾書を求められないようにお願いする次第です。

　また，全国の地裁では，借地権価格について，更地価格×借地権割合（主に相続税路線価表に記載されている数字に依拠しています）を当然の前提とし，借地権譲渡承諾料については，その借地権割合の10％を標準としています。しかしながら，首都圏以外の地域では，上記で述べたとおり借地権取引が思うようにいかないこともあり，現実の借地権の譲渡代金は，上記の借地権価格には遠く及ばず，低額にとどまらざるを得ません。このために上記の標準的譲渡承諾料であれば，借地権の譲渡代金を上回ることにもなりかねず，その結果として，ますます借地権取引が低迷することになります。

　本書において繰り返し述べてきましたが，各地裁および鑑定委員会の主要メンバーである不動産鑑定士の先生方におかれては，借地非訟事件における借地権価格および譲渡承諾料等の評価について，実情に合わせた再検討を是非ともお願いいたします。

　以上，金融機関ならびに裁判所および不動産鑑定士の先生方への私からの切なるお願いをして，本書を終えさせていただきます。最後までお付き合いして頂き，ありがとうございました。

　　令和6年　初秋

　　　　　　　　　　　　　　　　　　　　　　　　　　宮崎　裕二

《用語索引》

【ア・カ行】

移送　21
改築　83
介入権の行使　148
確定　50
鑑定委員会　26
鑑定委員規則　17
鑑定意見書　131
既判力　37
朽廃　72
強制参加　30
形成力　50
競売または公売に伴う土地賃借権譲受
　許可の申立て　14
堅固でない建物　58
堅固な建物　58
建築基準法　97
建蔽率　97
公開の法廷　3
交換的変更　44
更新拒絶の正当事由　108
更新後の建物再築許可の申立て　14
高等弁論主義　40

【サ　行】

債権者代位　115
裁判管轄　20

参加　30
事情変更　70
執行力　50
司法統計年報　6
借地権価格　136
借地権者　2
借地権設定者に不利となるおそれがな
　い　129, 133
借地権設定者の建物および賃借権譲受
　申立て　14
借地借家法　12
借地条件変更申立て　14
借地非訟事件手続規則　3
借地法　12
借家法　12
譲渡担保　125
職権主義　40
職権探知主義　18
処分権主義　18
書面主義　19
審問期日　40
信頼関係破壊理論　63
接道義務　97
増改築　83
増改築許可申立て　14
増改築禁止特約　14
増築　83
争点の整理　41
即時抗告　54

441

【タ 行】

第10民事部　34
大改修　83
脱退　31
建物保護に関する法律　12
地上権　113
地代増減額請求　100
地代家賃統制令　4
中止　37
陳述書　40
追加的変更　44
付鑑定　42
付調停　52
当事者対立主義　18
土地の賃借権譲渡・転貸許可申立て　14
土地の通常の利用上相当とすべき増改築　97

【ナ・ハ行】

任意参加　30
任意代理人　32
日影規制　97
非公開　3
非公開主義　18
非訟　2
非訟事件手続法　3
付随処分　76
弁護士代理の原則　32
法定代理人　32

【マ・ヤ行】

民事第22部　34
名義書換料　112
やむを得ない事情　106
容積率　97
予定借地権価格　136

《判例・決定例索引》

【最高裁判所】

最高裁昭和 41 年 4 月 21 日判決 ……… 255
最高裁昭和 45 年 5 月 19 日決定 ……… 164
最高裁昭和 48 年 10 月 5 日判決 ……… 180
最高裁平成 13 年 11 月 21 日決定 …… 409
最高裁平成 19 年 12 月 4 日決定 ……… 416

【高等裁判所】

東京高裁昭和 43 年 7 月 19 日決定 …· 259
大阪高裁昭和 45 年 3 月 18 日判決 …· 391
東京高裁昭和 45 年 6 月 10 日決定 …· 287
東京高裁昭和 45 年 6 月 17 日決定 …· 182
東京高裁昭和 45 年 11 月 27 日決定 ·· 431
東京高裁昭和 47 年 12 月 21 日決定 ·· 280
東京高裁昭和 48 年 2 月 14 日決定 …· 169
東京高裁昭和 50 年 10 月 13 日決定 ·· 321
東京高裁昭和 51 年 3 月 12 日決定
　……………………………………… 285, 318
東京高裁昭和 51 年 9 月 17 日決定 …· 202
東京高裁昭和 52 年 5 月 31 日決定 …· 304
東京高裁昭和 52 年 6 月 9 日決定 …… 419
東京高裁昭和 52 年 10 月 27 日決定 · 364
東京高裁昭和 52 年 11 月 9 日決定 …· 198
東京高裁昭和 53 年 7 月 4 日決定 …… 290
東京高裁昭和 53 年 9 月 5 日決定 …… 360
東京高裁昭和 54 年 7 月 11 日判決 …· 257
東京高裁昭和 54 年 7 月 30 日判決 …· 186
東京高裁昭和 55 年 2 月 13 日決定 …· 347
名古屋高裁金沢支部昭和 59 年 10 月
　3 日決定 ……………………………… 184
東京高裁昭和 59 年 12 月 27 日判決 ·· 398
東京高裁昭和 60 年 11 月 14 日決定 ·· 239
東京高裁昭和 62 年 6 月 30 日判決 …· 166
高松高裁昭和 63 年 11 月 9 日決定 …· 204
東京高裁平成元年 11 月 10 日決定 …· 206
大阪高裁平成 2 年 3 月 23 日決定 …… 337
大阪高裁平成 3 年 12 月 18 日決定 …· 209
東京高裁平成 5 年 5 月 14 日決定 …… 212
東京高裁平成 12 年 10 月 27 日決定 ·· 388
東京高裁平成 17 年 4 月 27 日判決 …· 394
東京高裁平成 30 年 10 月 24 日決定 ·· 421

【地方裁判所】

東京地裁昭和 42 年 12 月 22 日決定 ·· 312
東京地裁昭和 43 年 3 月 4 日決定 …… 341
松山地裁昭和 43 年 3 月 13 日決定 …· 366
東京地裁昭和 43 年 7 月 10 日決定 …· 293
新潟地裁長岡支部昭和 43 年 7 月 19 日
　判決 …………………………………… 177
東京地裁昭和 43 年 9 月 2 日決定 …… 339
東京地裁昭和 43 年 11 月 7 日決定 …· 326
名古屋地裁昭和 43 年 11 月 28 日決定
　………………………………………… 400
東京地裁昭和 43 年 11 月 29 日決定 ·· 275
東京地裁昭和 43 年 12 月 16 日決定 ·· 301
福島地裁いわき支部昭和 43 年 12 月
　23 日決定 …………………………… 283
東京地裁昭和 44 年 2 月 19 日決定 …· 358
東京地裁昭和 44 年 9 月 5 日決定 …… 387
東京地裁昭和 44 年 12 月 11 日決定 ·· 271
東京地裁昭和 45 年 3 月 12 日決定 …· 373
東京地裁昭和 45 年 6 月 11 日決定 …· 278

東京地裁昭和 45 年 6 月 15 日決定 …… 189
東京地裁昭和 45 年 9 月 11 日決定 …… 343
東京地裁昭和 45 年 11 月 25 日決定 ‥ 307
東京地裁昭和 46 年 1 月 29 日決定 …… 406
東京地裁昭和 46 年 3 月 9 日決定 …… 371
東京地裁昭和 46 年 10 月 1 日決定 …… 273
東京地裁昭和 46 年 10 月 14 日決定 ‥ 191
東京地裁昭和 46 年 11 月 19 日決定 … 404
東京地裁昭和 46 年 12 月 21 日決定 ‥ 295
東京地裁昭和 47 年 6 月 6 日決定 …… 225
東京地裁昭和 47 年 6 月 13 日決定 …… 424
東京地裁昭和 47 年 9 月 7 日決定 …… 299
東京地裁昭和 47 年 10 月 13 日決定 ‥ 314
東京地裁昭和 48 年 1 月 31 日決定 …… 402
東京地裁昭和 48 年 3 月 6 日決定 …… 362
東京地裁昭和 48 年 3 月 12 日決定 …… 297
東京地裁昭和 48 年 4 月 17 日決定 …… 345
東京地裁昭和 48 年 6 月 29 日決定 …… 227
東京地裁昭和 51 年 4 月 27 日決定 …… 230
大阪地裁昭和 51 年 10 月 27 日判決 ‥ 334
東京地裁昭和 52 年 6 月 30 日決定 …… 193
東京地裁昭和 53 年 8 月 31 日決定 …… 219
大阪地裁昭和 55 年 8 月 7 日決定 …… 323
東京地裁昭和 55 年 12 月 7 日決定 …… 266

東京地裁昭和 56 年 3 月 20 日決定 …… 232
東京地裁昭和 56 年 5 月 13 日決定 …… 236
大阪地裁昭和 56 年 12 月 23 日決定 222
東京地裁昭和 57 年 3 月 5 日決定 …… 429
東京地裁昭和 58 年 3 月 25 日決定 …… 427
東京地裁昭和 58 年 4 月 13 日決定 …… 414
東京地裁昭和 58 年 10 月 19 日決定 ‥ 289
東京地裁昭和 60 年 5 月 30 日決定 …… 368
東京地裁平成 2 年 6 月 28 日決定 …… 310
東京地裁八王子支部平成 3 年 10 月
　22 日決定 ……………………………… 174
千葉地裁平成 3 年 11 月 20 日決定 … 243
東京地裁平成 3 年 12 月 20 日決定 … 423
東京地裁平成 5 年 1 月 25 日決定 …… 262
東京地裁平成 6 年 5 月 30 日決定 …… 215
東京地裁平成 20 年 1 月 11 日判決 … 383
東京地裁平成 21 年 10 月 15 日判決 349
東京地裁平成 25 年 4 月 18 日判決 … 353
東京地裁平成 28 年 3 月 17 日判決 … 434
大阪地裁平成 30 年 1 月 12 日決定 … 248
東京地裁令和 3 年 3 月 25 日判決 …… 171
東京地裁令和 3 年 9 月 28 日判決 …… 379
東京地裁令和 3 年 10 月 28 日判決 … 375
東京地裁令和 4 年 3 月 17 日判決 …… 329

《著者紹介》

宮崎　裕二（みやざき　ゆうじ）

1979年3月，東京大学法学部卒業。同年10月，司法試験合格。1982年4月，弁護士登録。1986年4月，宮崎法律事務所開設。2008年度に大阪弁護士会副会長。2009年から現在に至るまで大阪地方裁判所調停委員，および2016年から2022年2月まで大阪府労働委員会公益委員（最後の2年間は同委員会会長）をそれぞれ務める。専門は，不動産，倒産・再生，相続，企業法務。

［主要著書］（共著を含む）

『不当労働行為に関する救済命令等と裁判例―労働委員会は，何をするところか？』
『不動産取引における心理的瑕疵の裁判例と評価―自殺・孤独死等によって，不動産の価値はどれだけ下がるか？』
『土壌汚染をめぐる重要裁判例と実務対策―土壌汚染地の売買契約条文と調査・処理の実際』
『Q&A 重要裁判例にみる私道と通行権の法律トラブル解決法』
『ザ・信託―信託のプロをめざす人のための㊿のキホンと関係図で読み解く66の重要裁判例』
『固定資産税の38のキホンと88の重要裁判例―多発する固定資産税の課税ミスにいかに対処するか！』
『共有不動産の33のキホンと77の重要裁判例―ヤッカイな共有不動産をめぐる法律トラブル解決法』
『借家をめぐる66のキホンと100の重要裁判例―家主と借家人とのヤッカイな法律トラブル解決法』
『借地をめぐる66のキホンと100の重要裁判例―地主と借地人とのヤッカイな法律トラブル解決法』
『借地借家法の適用の有無と土地・建物の明渡しをめぐる100の重要裁判例―駐車場・ゴルフ場・高架下・資材置場・ケース貸し・経営委託・使用貸借などをめぐるヤッカイな法律トラブル解決法』
（以上，プログレス）

『わかりやすい借地借家法のポイント』（三菱UFJリサーチ＆コンサルティング）
『これならわかる！Q&A55　定期借地権なるほどガイド』（PHP研究所）
『賃貸住宅経営トラブル解決法（改訂）』（清文社）
『道路・通路の裁判例（第2版）』（有斐閣）
『改訂・相続の法律知識』（三菱UFJリサーチ＆コンサルティング）
『非常勤社外監査役の理論と実務』（大阪弁護士会・日本公認会計士協会近畿会編）（商事法務）
『借家の立退きQ&A74』（住宅新報社）

宮崎法律事務所　〒530-0047　大阪市北区西天満2丁目6番8号　堂ビル211号室

借地上の建物の建替えと借地権の売買をめぐる法律トラブル解決法
──借地非訟をめぐる80のQ&Aと100の重要裁判例

2024年10月20日 印刷
2024年10月30日 発行

著　者　宮崎　裕二 ©

発行者　野々内邦夫

発行所　**株式会社プログレス**
〒160-0004　東京都新宿区四谷4-30-23-9F
電話03(6457)8617　FAX03(6457)8627
http://www.progres-net.co.jp　E-mail: info@progres-net.co.jp

＊落丁本・乱丁本はお取り替えいたします。
モリモト印刷株式会社

本書のコピー，スキャン，デジタル化等の無断複製は著作権法上での例外を除き禁じられています。本書を代行業者等の第三者に依頼してスキャンやデジタル化することは，たとえ個人や会社内での利用でも著作権法違反です。

ISBN978-4-910288-49-9　C2034

*各図書の詳細な目次は，http://www.progres-net.co.jp よりご覧いただけます。

増補版
共有不動産の33のキホンと77の重要裁判例
●共有不動産をめぐる
　ヤッカイな法律トラブル解決法
宮崎裕二(弁護士)

固定資産税の38のキホンと88の重要裁判例
●多発する固定資産税の課税ミスに
　いかに対応するか！
宮崎裕二(弁護士)

借地借家法の適用の有無と土地・建物の明渡しをめぐる100の重要裁判例
●駐車場・ゴルフ場・高架下・資材置場・
　ケース貸し・経営委託・使用貸借などを
　めぐるヤッカイな法律トラブル解決法
宮崎裕二(弁護士)

借地をめぐる66のキホンと100の重要裁判例
●地主と借地人との
　ヤッカイな法律トラブル解決法
宮崎裕二(弁護士)

借家をめぐる66のキホンと100の重要裁判例
●家主と借家人との
　ヤッカイな法律トラブル解決法
宮崎裕二(弁護士)

新版　▶不動産取引における◀
心理的瑕疵の裁判例と評価
●自殺・孤独死等によって，
　不動産の価値はどれだけ下がるか？
宮崎裕二(弁護士)／仲嶋　保(不動産鑑定士)
難波里美(不動産鑑定士)／髙島　博(不動産鑑定士)

改訂増補
賃料[地代・家賃]評価の実際
田原拓治(不動産鑑定士)

新版
定期借地権活用のすすめ
●契約書の作り方・税金対策から
　事業プランニングまで
大木祐悟(定期借地権推進協議会運営委員長)

新版　Q&A 不動産の有効活用のための
等価交換マンション事業のすすめ方
大木祐悟(旭化成不動産レジデンス エキスパート)
重水丈人(旭化成不動産レジデンス マンション建替え研究所所長)

所有者不明土地の法律実務
●民法，不動産登記法等の大改正による
　土地所有法制の実務対応
吉田修平(弁護士)

震災市街地の復興と土地収用手続の実際
●震災市街地の復興事業で，わたしたちのまちづくりはどうあるべきか
平松弘光(島根県立大学名誉教授)

詳解
競売不動産評価の実務
●不動産競売市場の有効利用をめざして
曽我一郎(不動産鑑定士)

新版　起業者と地権者のための
用地買収と損失補償の実務
●土地・建物等および営業その他の補償実務のポイント132
廣瀬千晃(不動産鑑定士)

底地の鑑定評価と税務評価
黒沢　泰(不動産鑑定士)

新版
雑種地の評価
●裁決事例・裁判例から読み取る
　雑種地評価の留意点
黒沢　泰(不動産鑑定士)

相続財産の　税務評価と鑑定評価
●土地・建物の評価において《特別の事情》の
　認否が争点となった重要裁決例・裁判例
黒沢　泰(不動産鑑定士)

新版　《すぐに使える》
不動産契約書式例60選
●契約実務に必ず役立つチェック・ポイントを[注書]
黒沢　泰(不動産鑑定士)

改訂増補
私道の調査・評価と法律・税務
黒沢　泰(不動産鑑定士)

新版
逐条詳解　不動産鑑定評価基準
黒沢　泰(不動産鑑定士)

新版
共有不動産の鑑定評価
●共有物分割をめぐる裁判例と鑑定評価の実際＆
　所有者不明土地と共有問題
黒沢　泰(不動産鑑定士)